LA CHANSON QUÉBÉCOISE
DE LA BOLDUC À AUJOURD'HUI

D0762492

SÉRIE « ANTHOLOGIES »
DES CAHIERS DU CENTRE DE RECHERCHE
EN LITTÉRATURE QUÉBÉCOISE
DIRIGÉS PAR
MARIE-ANDRÉE BEAUDET, ROBERT DION
ET ANDRÉE MERCIER

Des subventions du Conseil des arts du Canada, du Fonds pour la formation de chercheurs et l'aide à la recherche (FCAR) du Québec et du ministère de l'Emploi et de l'Immigration du Canada ont permis la publication de ce livre.

ROGER CHAMBERLAND
ET ANDRÉ GAULIN

AVEC LA COLLABORATION DE

CLAUDE LÉGARÉ, PIERRE G. MAILHOT ET

RICHARD PLAMONDON

LA CHANSON QUÉBÉCOISE

DE LA BOLDUC À AUJOURD'HUI

ANTHOLOGIE

NUIT BLANCHE ÉDITEUR

Révision du manuscrit : Anne Carrier et Guy Champagne
Correction des épreuves : Linda Fortin
Composition et mise en pages : Aude Tousignant et
Isabelle Tousignant
Conception graphique : Anne-Marie Guérineau

Nuit blanche éditeur
1026, rue Saint-Jean, bureau 405, Québec (Québec) G1R 1R7

Diffusion pour le Canada : DMR Distribution inc.
3700A, boulevard Saint-Laurent
Montréal (Qc), H2X 2V4
Tél. : (514) 499-0072

Dépôt légal, 4e trimestre 1994
Bibliothèque nationale du Canada
Bibliothèque nationale du Québec
ISBN 2-921053-28-4

REMERCIEMENTS

Cette anthologie a pu voir le jour grâce au travail soutenu d'un certain nombre de collaborateurs et collaboratrices que nous aimerions plus spécialement remercier. Claude Légaré et Richard Plamondon, deux artistes en mal de leur métier, ont été présents dès la première heure et ont participé de près à la sélection des chansons qui composent cette anthologie. Ghislaine Lavoie, Caroline Paquet, Marie-Rachel Choinière, Denis Rousseau ont été très actifs dans l'établissement des biographies et des bibliographies. Nous sommes également redevables à Marie-Josée Boudreault qui s'est chargée de donner forme à tous les textes. La publication des chansons exigeait des autorisations ; Pierre G. Mailhot a su mener avec doigté et efficacité ces négociations avec les auteurs, les compositeurs, mais aussi avec les agents, les compagnies de disques et les éditeurs. Nous remercions chaleureusement tous ceux et celles qui, de près ou de loin, ont été contactés et ont facilité notre travail en nous accordant les droits de reproduction. Enfin, nous sommes reconnaissants à Anne Carrier et Linda Fortin, du CRELIQ de l'Université Laval, d'avoir su exercer leur oeil critique sur le manuscrit afin qu'il réponde aux exigences de notre éditeur, Guy Champagne, qui nous a toujours assurés de son soutien et de sa confiance.

INTRODUCTION

Voilà que paraît une anthologie de la chanson québécoise. Elle part de Québec, où la chanson s'enseigne à l'université depuis une dizaine d'années, et s'ajoute aux quelques mémoires de maîtrise et thèses de doctorat qui portent sur ce genre d'expression culturelle, sur des poètes de poésie sonorisée, sur des groupes ou des mouvements qui ont fait et font la chanson québécoise. Une fois de plus, elle inscrit la chanson en tant que texte écrit dans le champ littéraire. Peut-être faut-il encore le signaler : de tous ceux qui s'intéressent à la chanson – sociologues, ethnologues, musicologues et autres spécialistes –, les littéraires sont les plus nombreux à choisir la chanson comme objet d'étude (la bibliographie annexée à cet ouvrage en fait foi).

D'ailleurs, des recueils de textes de chansons ont déjà paru. Dès 1865, Ernest Gagnon, organiste et professeur de musique à l'École normale Laval, recueille et présente des « Chansons populaires du Canada ». Plus de soixante-dix ans plus tard, Marius Barbeau réalise son *Romancero du Canada*

(1937). Certes, ces deux pionniers travaillent principalement sur la chanson folklorique, mais leurs recherches portent en même temps sur l'oralité et ses traditions. On sait comment Paul Zumthor a su lier poésie oralisée et poésie sonorisée.

Nous serions encore justifiés de signaler, au chapitre des anthologies, tous les « chansonniers », ces recueils de chansons qui ont circulé chez les scouts, les guides, les jécistes, les jocistes, les routiers et bien d'autres confréries. L'œuvre de l'abbé Gadbois – ou le recueil du jésuite Jean Laramée – procède de cet esprit de sauvegarde des textes déjà fixés en soi par la mélodie (car la chanson appartient à la tradition de la poésie à formes fixes), que la mémoire risque pourtant de transformer, faute de lieux de référence. Il est vrai que beaucoup de souci moral entrait dans le rôle qu'ont joué des ecclésiastiques d'ici sur la « bonne » chanson. Force est de reconnaître que ces théologiens ont été parmi les premiers en France, puis au Québec, à se faire attentifs à la dimension utopique et prophétique de la chanson.

Autres temps, autres mœurs. Notre anthologie, elle, sert de mémoire historique de l'évolution du genre au Québec tout en adoptant une double approche sociale et littéraire. Comment notre chanson s'est-elle faite, et comment, parallèlement, a-t-elle contribué au développement du Québec moderne et contemporain ? Cette poétique chansonnière passe d'ailleurs à travers les modes et les époques : du Leclerc de « Québecquois » (chanson de parodie) au Vigneault de « Gens de mon pays » (chanson d'identification) ; du Rivard de « L'inconnu du terminus » (belle chanson d'absurde et de misanthropie) au Tremblay de « Simple pathétik » (chanson de la condition géopolitique) ; du Séguin de « L'ange vagabond » (chanson des espaces diglossiques) au De Larochellière de « Amère America » (chanson de l'homme multinationalisé). L'on pourrait continuer ainsi et voir Montréal de La Bolduc aux French B : le « Ça va venir découragez-vous pas » n'attend plus guère dans le télescopage des espaces et des temps (« Le métro bleu »). « Venir au monde » chante néanmoins Sylvain Lelièvre ; et jusqu'aux French B qui reprennent la morsure des rythmes anciens, en les *rappant,* et qui donnent au Claude Gauvreau d'*Étal mixte* (1951) une telle montée de colère (« Ode à l'ennemi ») que des benêts ont crié au racisme et reproché du coup au ministère des Affaires culturelles qui les a subventionnés d'avoir dilapidé « notre » argent.

De toujours, la chanson a dérangé. Elle le fait le plus souvent en charmant – « plaire et toucher » disaient les classiques –, s'infiltrant imperceptiblement par l'oreille et se logeant dans le cœur. C'est ainsi que la chanson québécoise a eu partie liée avec le Québec, ayant ponctué les temps forts de sa vie collective. À tel point qu'elle a été conscrite bien malgré elle, parfois. Elle était là, par exemple, dans la pulsion profonde des gens du « oui » lors du référendum de mai 1980 pendant que sur l'autre face plus obscure de notre lune québécoise l'on « folklorisait » : « Envoyons d' l'avant », « J'ai un beau château », une presque comptine, et surtout ce bon vieil air soufflé à l'harmonium de Calixa Lavallée ! Le coup fut dur pour la chanson qui restait là avec Félix, dans les coulisses du Centre Paul-Sauvé dont il devait sortir au cas où le « oui » l'eût emporté. Le plus grand nombre ce soir-là, dans les deux camps, « déchanta ».

Or, cela se passait au Québec où un homme politique comme René Lévesque allait demander à un poète d'annoncer « la venue de l'enfant ». Lors de la mort de ce même poète québécois, pleuré par toute la francophonie en 1988, des gens d'ici rendaient hommage à Leclerc sous le soleil d'août qui réchauffait la place Notre-Dame-des-Victoires.

En chantant « par cœur » l'« Hymne au printemps », ces milliers de Québécois franchissaient à nouveau toute la distance des horizons d'attente de deux générations d'humains : celle qui venait de la ruralité et de sa beauté paysanne, le Québec traditionnel duquel Leclerc célébrait « les crapauds [qui] chantent la liberté », à côté d'un Maurice Proulx et abbé volant filmant le broyage du lin ou les Îles-de-la-Madeleine ; celle qui entonnait à son tour un refrain hérité (« et les crapauds chantent la liberté ») en marquant les étapes forcées de la grande libération géopolitique québécoise. Tous avaient « dans la mémoire longtemps » cette « épiphanie » de la chanson québécoise, celle qui traverse les quatre décennies récentes et qui nous traverse aussi dans l'émotion identitaire.

Avec la chanson québécoise avoir le goût d'être soi, de se vivre comme sujet après avoir tant chanté l'ailleurs et les autres. Par la chanson québécoise se ressentir dans le comique ou le tragique de ses fureurs et de ses amours, à la manière espérante du « soleil [qui] brillera demain » (Claude Gauthier), dans la modestie feutrée qui se perd chez Eaton parce qu'

On voit jamais pleurer personne
Près des comptoirs des magasins
(Clémence DesRochers)

ou encore dans l'exubérance :

Si les bateaux que nous avons construits
Prennent la mer [...]

(Gilles Vigneault).

Car, avec la chanson, on n'en finit pas de se raconter.

À sa manière, cette anthologie y parviendra. Nous l'avons faite avec, entre autres personnes-ressources, deux « travailleurs culturels », des chansonniers qui – doit-on s'en étonner ? – n'étaient pas parvenus à vivre de leur métier aimé et difficile. Leur participation au milieu de la chanson nous a été particulièrement précieuse pour établir les paramètres généraux des diverses périodes et pour dater, avec une certaine justesse, les chansons que nous avions choisies de retenir. Parmi les contraintes de tous ordres, mentionnons les nombreuses interrogations dues au fait qu'on ne datait pas les microsillons, du moins jusqu'à récemment, qu'il n'existait pas de dépôt officiel d'édition, que les Institutions culturelles n'aident ce genre que *provisoir*ement.

Nombreux sont les chercheurs qui attendent toujours que la phonothèque québécoise leur soit plus accessible. C'est pourquoi nous exprimons ici notre reconnaissance à ceux qui nous ont assistés dans notre entreprise qui était aussi, comme la chanson québécoise, une merveilleuse aventure.

Précisons, en terminant, les balises du découpage. La première période, qui va de La Bolduc aux « Bozos » (1930-1959), nous est apparue comme celle des pionniers et de la consécration du genre de ce côté-ci de l'océan. S'ensuivit la période des « boîtes à chansons » (1960-1968) où un public jeune et nouveau a fait de la poésie sonorisée le lieu (u)topique de sa Révolution tranquille, une révolution qui affirmait le corps (l'amour) et le territoire reconquis. Puis, avec l'*Osstidcho,* la chanson québécoise avance par étapes forcées et franchit « le mur du son », fait fleurir le béton de la ville, lieu de son ancienne aliénation. Cette période d'or de la chanson québécoise (1969-1978) a même constitué une mise en scène allégorique d'une victoire, qui a fini par échouer sur les récifs du double et de l'altérant. Marquée par un ressac économique ainsi que par une vision plus rentrée de ses élans de vingt années d'avancée, la chanson reprend sa place sans se sentir dorénavant en service national commandé. Plus fragile, plus fragmentée, mais davantage sollicitée par toutes sortes d'avenues, moins dépendantes de l'horizon d'attente, la chanson québécoise s'inscrira dans des nouvelles valeurs sociales et refera autrement un imaginaire partagé entre le rêve et la réalité. Depuis 1979, une nouvelle génération s'impose – cette relève depuis si longtemps attendue ou annoncée –, un nouveau public aussi, des nouveaux publics apparaissent : la chanson à texte reste un discours, plus pluriel, dans le dialogue des générations. Le retour très récent à l'ancienne enveloppe musicale, plus acoustique, annonce une importance plus grande accordée au texte littéraire, y compris par le *rap* qui, dans sa diversité rythmique, emprunte à la maxime, au discours publicitaire, au jazz et aux *leitmotive*.

NOTICE D'EMPLOI

Par définition, une anthologie suppose des choix plus ou moins arbitraires. Dans le cas présent, pour chacune des périodes, nous avons retenu les chansons les plus représentatives d'un courant donné, d'un auteur important, ou relativement populaires, même si ne s'y retrouvent pas nécessairement les chansons qui ont occupé les premières places des palmarès ou de radioactivité qui, nous le concédons volontiers, participent également à la constitution de l'imaginaire musical au Québec.

Notre objectif étant de faire connaître les paroles qui constituent un répertoire significatif de la chanson au Québec, nous avons inévitablement élagué la très grande quantité de textes colligés. En outre, parce que les paroles seules ne garantissent pas la valeur d'une chanson, il nous est apparu opportun de faire figurer quelques pièces dont la jonction des mots et de la musique semblait innovatrice (par exemple, « Je voudrais voir la mer »). Évidemment, nous encourons le risque que d'aucuns jugent discutable la qualité « littéraire » de telle ou telle chanson, d'autant plus que cet aspect est difficilement – voire pas du tout – perceptible lors du passage de l'oral à l'écrit/du disque à l'anthologie.

Du volet western et country, aussi vaste soit-il, nous n'avons retenu que le Soldat Lebrun et Willy Lamothe qui en est l'instigateur, sur disque du moins, au Québec. Genre populaire s'il en est, le country et le western enregistre un chiffre d'affaires qui déclasse toute autre forme musicale, permet, dans une certaine mesure, l'existence de la chanson et, pour lui rendre tout à fait justice, il aurait fallu une anthologie complète. De la même manière, nous avons mis de côté un large pan de la chansonnette, c'est-à-dire toutes ces pièces qui ne font preuve d'invention ni sur le plan musical, ni sur le plan linguistique, ni dans leur thématique. L'espace compté, bien plus que les jugements de valeur, commandait de tels paramètres.

Précisions plus techniques : à moins d'indication contraire, nous avons indiqué le nom de l'interprète principal (I) uniquement, éliminant du coup tous ceux qui ont enregistré la chanson par la suite. Nous mentionnons toujours le nom de l'auteur (A) et du compositeur (C). Lorsqu'il n'y a aucune indication entre parenthèses, c'est qu'il s'agit d'un auteur-compositeur-interprète. L'ordre alphabétique de titres détermine le classement des chansons pour chacune des périodes.

En fin de volume, une brève notice biographique renseigne sur les auteurs que nous avons pu retracer. Deux bibliographies – une de la chanson québécoise et une pour chacun des auteurs au sujet desquels des ouvrages ont été publiés – enrichissent l'information forcément sommaire que nous fournissons. Finalement, deux index (chansons ; auteurs, compositeurs, interprètes) facilitent le repérage.

Nous indiquons par un astérisque la version enregistrée et retranscrite par nos soins, par deux astérisques celle qui figure sur la pochette du disque. Trois astérisques signifient que nous avons eu recours au texte imprimé dans un recueil de chansons ou à la musique en feuille. Dans tous les cas, nous avons respecté le texte original même si certaines pièces font large emploi de marques d'oralité. Il va de soi que les coquilles ont été corrigées. Nous sommes également conscients qu'une chanson peut connaître de nombreuses variantes au gré des interprétations, aussi avons-nous privilégié, dans la mesure du possible, la dernière version autorisée par l'auteur.

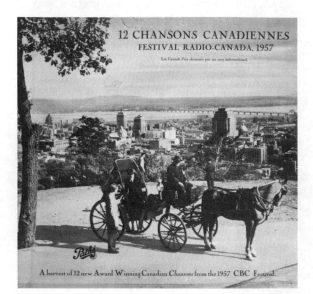

12 CHANSONS CANADIENNES
FESTIVAL RADIO-CANADA, 1957

Les Grands Prix décernés par un jury international.

A harvest of 12 new Award Winning Canadian *Chansons* from the 1957 CBC Festival.

PREMIÈRE PÉRIODE :
DE 1930 À 1959

Félix Leclerc, selon plusieurs, serait le père de la chanson québécoise. D'autres en donnent le crédit à Mary-Rose-Anna Travers-Bolduc, surnommée La Bolduc. Quant à nous, nous accréditerions plutôt ce dernier point de vue.

Or, les choses ne sont pas aussi simples. Qu'il suffise de rappeler que Raymond Lévesque est découvert par les Parisiens, comme Leclerc, que Lionel Daunais, passé lui aussi par la France, pratique la chanson à texte dès les années 1940. En outre, des chercheurs pourraient insister sur la présence d'une certaine chanson – politique, terroiriste, patriotique – bien avant 1930. Qui a tort ? Qui a raison ? Seule une réflexion sur le genre lui-même arriverait à concilier ces multiples opinions.

Invitée à une des veillées du bon vieux temps de Conrad Gauthier au Monument National, La Bolduc fut donc reçue à Montréal par l'intermédiaire du folklore et du spectacle de variétés. Sa production ne saurait être rattachée tout à fait à la chanson à texte, du moins à la manière des

Leclerc, Lévesque ou Daunais, même s'il faut reconnaître que La Bolduc a

> *chanté sur tous les tons*
> [afin de] *mettre d' la gaieté dans les maisons*
> *Pour oublier la dépression*

> (« Le nouveau gouvernement »).

Pour sa part, Daunais aurait chevauché la chanson classique (manière Fauré), les variétés lyriques et la chanson à texte. Lévesque est interprété depuis 1954 par Annie Cordy, Eddy Constantine et Bourvil. Et Leclerc, qui chante ici et là, à partir de 1945 surtout, voit sa pièce *Le p'tit bonheur* connaître le succès grâce aux chansons qu'il y intègre pour lier les 12 tableaux.

On comprend aisément que la production seule ne permet pas de trancher. Par conséquent, nous nous sommes tournés du côté de la réception. Conclusion ? À cet égard, Leclerc est, à l'évidence, le père de la chanson québécoise : le genre qu'il adopte, rattaché au folklore (tradition française) et aux variétés (tradition étatsunienne), est consacré en France où l'on y voit la continuité de Béranger, de Bruant, de Trenet. Par conséquent, et à la lumière des recherches sur Leclerc effectuées à l'Université Laval, nous posons l'hypothèse que la France a sanctionné le genre bien avant le poète :

le genre d'abord, le poète ensuite. Malgré cela, les Français ont compris Leclerc bien mieux que ne le font ses compatriotes. Nul n'est prophète en son pays...

Tel contemporain de l'époque, universitaire et musicien, Urbain Blanchet confirme notre point de vue en soulignant que le passage de Leclerc à Baie Saint-Paul, vers 1955, ne va pas de soi : la réputation de l'invité ne suffit pas encore à attirer le public. Pourtant, dès avril 1951, au *Café Continental* à Montréal, Leclerc avait reçu un accueil chaleureux soutenu (cinq soirs). En fait, il est d'à propos de se demander, comme d'aucuns le supposent, si le concours de Radio-Canada sur la chanson « canadienne », lancé en avril 1956, a créé une certaine définition du genre ou, au contraire, si l'existence du genre lui-même donne et les chansons du concours et les 12 chansons primées le 22 février 1957 ? Des exégètes ont vu dans cette initiative de Radio-Canada l'une des impulsions de la chanson québécoise ; nous la croyons plutôt issue d'un nouveau genre né à la fin de 1950 avec les ovations du public parisien et consacré au début de 1951 quand Leclerc reçoit le Grand Prix du disque de l'Académie Charles-Cros.

D'autre part, des études sur le genre ont permis de cerner l'influence de la censure cléricale sur l'isolement de la chanson du Québec par rapport à celle de la mère patrie. Le clergé, de mentalité ultramontaine et terroiriste, a accentué l'effet de coupure profonde qu'avait eu la Conquête sur ce genre dont les temps forts d'évolution se situent plus particulièrement aux XVIIIe et XIXe siècles.

Par ailleurs, il serait trop long, dans une telle introduction, de démontrer les efforts des nombreux actants du genre, surtout après 1950. À la radio ont été particulièrement actifs : un Fernand Robidoux qui lutte contre l'envahissement de la chanson étatsunienne sur les ondes de CHLC (Sherbrooke), de CHLN (Trois-Rivières), de CKVL (Verdun) et de CKAC (Montréal), et un Guy Maufette, avec son émission *Baptiste et Marianne*. Un artisan du spectacle tel Jacques Normand *(Le Saint-Germain-des-Prés, Le faisan d'or)* et des auteurs comme Benoît L'Herbier et Pierre Pétel ont également modelé une version québécoise du genre.

Bref, ces années 1940 et 1950 bouillonnent d'activités et des pionniers de toute sorte interviennent comme agents de consécration de la chanson à texte du Québec. Déjà, en 1957, les chansons primées à Radio-Canada parlent de l'espace d'ici (3 sur 12 portent sur Montréal, une autre, sur le fleuve), célèbrent l'amour et la nature. Ne sont-ce pas là trois sujets de Leclerc, parti en France en 1950 avec une trentaine de chansons ? De Daunais qui y ajoute l'humour, une distanciation utile de la vie ? Ou de Lévesque qui met comme sourdine à sa poésie le réalisme de la difficile condition de la « montréalitude » ? Québec, comme ville habitée, fait aussi une rentrée en force : en plus de Leclerc et de ses deux habitants de l'Île d'Orléans dont l'un chante précisément sans permis (« Contumace »), Hervé Brousseau s'amène avec ses patins (« Mon patin à l'envers ») et Jean-Paul Filion, porté par la vigoureuse voix de Jacques Labrecque, avec toute « La parenté ».

Quelque chose nous dit que la chanson québécoise sera une histoire de famille, d'une famille « sans nom » qui entreprendra la quête exigeante de l'identité.

L'ADIEU DU SOLDAT *

Viens t'asseoir près de moi petite amie
Dis-moi sincèrement que tu m'aimes
Et promets-moi que tu n' seras
L'amie de personne d'autre que moi

Aujourd'hui parents et amis
Je viens faire un dernier adieu
Je dois quitter mon beau pays
Pour traverser les grands flots bleus
Là les canons allemands grondent
Et leurs fusils sèment la mort
Mais pour protéger notre monde
Il faut aller risquer la mort

Vous ô ma mère chérie
Pardonnez-moi tout ce que j'ai fait
Mon père mes frères sœurs et amis
Gardez un souvenir de moi

J'ai vécu parmi vous ici
Le plus beau séjour mes amis
Et si Dieu me garde la vie
Je reverrai mon beau pays

Adieu ô ma mère chérie
Je pars pour un lointain séjour
Adieu je ne reviendrai plus
Au pays où j'ai l'amour

Soldat Lebrun (né Roland Lebrun)

AU BORD DE LA MER ARGENTÉE *

Elle est partie
Brisant ma vie
Emportant mon bonheur
Mais j'ai l'espoir
De la revoir
Sous un beau ciel enchanteur

Refrain
Au bord de la mer argentée
J'aime les souvenirs
Des beaux jours du passé
Faisant des rêves d'avenir
Espérant ton retour
En ce charmant pays
En ce beau jour de printemps
Je songe à toi toujours tendrement
Je donnerais même ma vie
Pour vivre encore une heure
Au bord des flots berceurs

Depuis le jour
Où tu partis
Brisant mon souvenir
Mais mon amour
Toujours grandit
Espérant en l'avenir

Refrain

Soldat Lebrun (né Roland Lebrun)

LE BOSSU *

Refrain
Sur un chemin passe un bossu
Qui traîne sa bosse bosse de bossu
Du soir au matin soleil ou pluie
Qui traîne sa bosse bosse de vie

Deux belles filles vinrent à passer
Indiscrètes elles ont demandé
C' que la bosse pouvait cacher
Il répondit sans hésiter

Refrain

Elle contient l'absurdité
De la brave humanité
Elle absorbe les complots
De ce bon vieux populo

Refrain

Les jeunes filles furent offusquées
Et pour sûr scandalisées
Sur ce elles ont répliqué
Ta bosse faudrait la couper

Refrain

Le bossu prit son couteau
Il le passa dans son dos
De la bosse il n'est sorti
Que vinaigre et fiel moisi

Dans un chemin tordu bossu
Roula la bosse bosse de bossu
Et qui mourut seul dans la nuit
Et qui mourut mourut d'ennui

Et qui mourut
Et qui mourut
Et qui mourut
Et qui mourut d'ennui

Dans un chemin y a plus d' bossu
Qui traîne sa bosse bosse de bossu
Du soir au matin soleil ou pluie
Qui traîne sa bosse bosse de vie

Bosse de vie
Bosse de vie
Bosse de vie
Bosse de vie

Marc Gélinas
© Les Disques Marco inc.

ÇA VA VENIR
DÉCOURAGEZ-VOUS PAS ***

Mes amis, je vous assure
Que le temps est bien dur.
Il faut pas s' décourager,
On va bien vite commencer.
De l'ouvrage, y va en avoir
Pour tout le monde, cet hiver.
Il faut bien donner le temps
Au nouveau gouvernement.

Refrain
Ça va venir, pis ça va venir,
Mais décourageons-nous pas
Moé, j'ai toujours le cœur gai,
Et je continue à turluter.
(Turlute)

On se plaint à Montréal,
Après tout, on n'est pas mal.
Dans la province de Québec,
On mange jamais not' pain sec.
Y a pas d'ouvrage au Canada,
Y en a ben moins dans les États.
Essayez pas d'aller plus loin,
Vous êtes certains de crever de faim.

Refrain + turlute

Ça coûte cher de c' temps-ci
Pour se nourrir à crédit.
Pour pas que ça monte à la grocerie,
Je me tape fort sur les biscuits.
Mais je peux pas faire de l'extra,
Mon p'tit mari travaille pas.
À force de me priver de manger,
J'ai l'estomac ratatiné.

Refrain + turlute

Me voilà mal amanchée,
J'ai des trous dans mes souliers.
Mes talons sont tout de travers,
Et pis, le bout qui r'trousse en l'air.
Le dessus est tout fendu,
La doublure toute décousue.
Les orteils passent en travers,
C'est toujours mieux que d' pas en avoir.

Refrain + turlute

Le propriétaire qui m'a loué,
Il est bien mal amanché
Ma boîte à charbon est brûlée,
Et puis j'ai cinq vitres de cassées ;
Ma lumière est décollectée,
Pis mon eau est pas payée.
Y ont pas besoin de venir m'achaler,
M'as les saprer en bas de l'escalier.

Refrain + turlute

La Bolduc (née Mary-Rose-Anna Travers)

31

LA CHANSON DU BAVARD **

Écoutez mes bons amis
La chanson que je vais vous chanter
C'est à propos du radio
Je vais tout vous raconter
Il y en a qui prétendent
Que j'ai la langue paralysée
Et d'autres se sont imaginé
Que j'avais le nerf du cou cassé

Refrain
Il y en a qui sont jaloux
Ils veulent me mettr' des bois dans les
[roues
Je vous dis tant que je vivrai
J' dirai toujours moé pis toé
Je parle comme l'ancien temps
J'ai pas honte de mes vieux parents
Pourvu que j' mets pas d'anglais
Je nuis pas au bon parler français !
(Turlute)

Vous allez me prendre pour une commère
Mais c'est mon désir le plus cher
On nous a toujours enseigné
De bien penser avant d' parler
Il y en a qui sont rigolos
Y ont la bouche comme un radio
Pour les empêcher d' parler
Faut leur ôter l'électricité

Refrain

On a beau faire not' ch'min droit
Et critiqué par plus bas que soi
C'est la faute des vieilles commères
Qui s' mêlent pas de leurs affaires
Il y en a à la belle journée
Qui passent leur temps à bavasser
Y devraient cracher en l'air
Et ça leur tomberait sus l' nez

Refrain

Y en a d'autres de leur côté
Qui m' trouvent pas assez décolletée
Essayer d' plaire à tout le monde
J' vous dis que c'est dur en scie ronde
Je m'habille modestement
Pis mes chansons sont d' l'ancien temps
Mais partout où j' vais turluter
J'ai pas honte de me présenter

Refrain

La Bolduc (née Mary-Rose-Anna Travers)

33

LE CIEL SE MARIE AVEC LA MER ***

La mer a mis sa robe verte
Et le ciel bleu son œillet blanc
Elle a voulu être coquette
Pour dire au ciel en s'éveillant :

« N'oublie pas, mon cœur, ni la fleur,
                  [ni le jonc ;
N'oublie pas surtout que demain nous
                  [nous marierons ! »

Les pieds dans les sables des dunes
Je les ai vus qui s'embrassaient
À l'ombre des joncs des lagunes
Et puis la mer qui lui disait :

« N'oublie pas, mon cœur, ni la fleur,
                  [ni le jonc ;
N'oublie pas surtout que demain nous
                  [nous marierons ! »

Une fleur à la boutonnière
Le lendemain se mariait
Le ciel au bras de la mer fière
D'avoir du soleil en bouquet.

Il y avait leur cœur, et les fleurs, et le
[jonc...
Chaque jour depuis mille fois revit cette
[chanson !

Jacques Blanchet
© Les Éditions Ma Muse s'amuse

HYMNE AU PRINTEMPS ***

Les blés sont mûrs et la terre est mouillée
Les grands labours dorment sous la gelée,
L'oiseau si beau, hier, s'est envolé ;
La porte est close sur le jardin fané…

Comme un vieux râteau oublié
Sous la neige je vais hiverner,
Photos d'enfants qui courent dans les champs
Seront mes seules joies pour passer le temps.

Mes cabanes d'oiseaux sont vidées,
Le vent pleure dans ma cheminée
Mais dans mon cœur je m'en vais composer
L'hymne au printemps pour celle qui m'a
                                    [quitté.

Quand mon amie viendra par la rivière,
Au mois de mai, après le dur hiver,
Je sortirai, bras nus, dans la lumière
Et lui dirai le salut de la terre…

Vois, les fleurs ont recommencé
Dans l'étable crient les nouveaux-nés,
Viens voir la vieille barrière rouillée
Endimanchée de toiles d'araignée ;
Les bourgeons sortent de la mort,
Papillons ont des manteaux d'or,
Près du ruisseau sont alignées les fées
Et les crapauds chantent la liberté (bis)

Félix Leclerc

JARDIN D'AUTOMNE *

Jardin d'automne sous le ciel lourd
Des passe-roses desséchées
Parmi le froid
À la faveur d'un peuplier
Nous nous aimerons en secret

Des feuilles mortes jouent aux moineaux
Sur notre tête
Des feuilles de chênes
Et de bouleaux

Une cloche au loin sonne au couvent
Les heures brèves de ce dimanche
Qui dès demain se classera
Au rang de tous nos souvenirs

Jardin d'automne sous le ciel lourd
Des passe-roses desséchées
Parmi le froid
Dans le sentier des immortelles
Près d'une rivière et d'un vieux pont

Jardin d'automne sous le ciel lourd
Viens mon ami rentrons bien vite
Avant la pluie

Pierre Pétel
© Les Éditions Archambault inc.

MÉO PENCHÉ **

Il aimait tapocher les gars du quartier
Son nom c'était Méo Penché
À douze ans, fort comme un homme
Il n'avait peur de personne
Touche pas à Méo Penché ! (bis)

Son père lui avait dit : « Tu seras barbier »
Mais il n'aimait pas ce métier
Le voilà donc en colère
Jetant tous les clients par terre
Choque-toé pas Méo Penché ! (bis)

À son père alors il a dit :
« Ça sert à rien ; pour ces jobs-là chus trop
                                    [malin »
Et tout en lui montrant les deux poings :
« C'est avec ça que j' vas faire du foin
                                    [poupa ! »

C'est là qu'il a commencé à s'entraîner :
Y en a mangé des claques su' l' nez
Le ring c'était son affaire, il massacrait
                                    [l'adversaire
Choque-toé pas Méo Penché ! (bis)

En deux ans, il est devenu sans trop forcer
Champion poids-lourd du monde entier
Y fait de l'argent, mais c'est moche
Y avait des trous dans ses poches ;
Wo wo wo Méo Penché !

Aujourd'hui y a pas de misère
Il est barbier comme son père
Wo wo wo Méo Penché !

Les Jérolas
(Jean Lapointe et Jérôme Lemay)

MON PATIN À L'ENVERS *

J'ai mis par un beau soir d'hiver
Mon patin à l'envers
J'ai dit : « Ma Françoise jolie
Viens avec moi
L'étang est là qui nous attend
Et qui nous tend le vent
La nuit est là qui nous sourit
Et qui nous tend la vie »

J'ai mis par un beau soir d'hiver
Mon patin à l'envers
Elle arrive moi j' lui souris
En parcourant le rayon de la lune
Gauche droite comme à la guerre
Oui mais en mieux car on est deux
Gauche droite frisson de glace
Fine surface des amoureux

Sous nos poids et les coups de lames
Soudain céda le froid
Elle s'est retrouvée d'un seul coup
Tout contre moi
L'endroit n'était pas
Tout à fait propice à nos ébats
Et il ne nous restait qu'à sortir
Nous n'avions pas le choix

Sous les croisés les coups de lames
Soudain céda le froid
On a ri on a souri
En reprenant le rayon de la lune
Gauche droite comme à la guerre
Oui mais en mieux car on est deux
Gauche droite frisson de glace
Fine surface des amoureux

Tout comme mon patin d'hier
Mon cœur est à l'envers
Ma jolie Françoise jolie
N'est plus à moi
Un autre patin plus malin
L'a prise sur mon chemin
Notre étang n'est plus qu'un couplet
Sans air et sans refrain

Tout comme mon patin d'hier
Mon cœur est à l'envers
Et je ris et je redis
Pour oublier le rayon de la lune
Gauche droite comme à la guerre
Oui mais en mieux car on est deux
Gauche droite frisson de glace
Fine surface des amoureux

Hervé Brousseau
© Éditions Jacques Labrecque

42

NOTRE SENTIER ***

Notre sentier près du ruisseau
Est déchiré par les labours ;
Si tu venais, dis-moi le jour
Je t'attendrai sous le bouleau.

Les nids sont vides et décousus
Le vent du nord chasse les feuilles
Les alouettes ne volent plus
Ne dansent plus les écureuils
Même les pas de tes sabots
Sont agrandis en flaques d'eau.

Notre sentier près du ruisseau
Est déchiré par les labours ;
Si tu venais, fixe le jour
Je guetterai sous le bouleau.

J'ai réparé un nid d'oiseaux
Je l'ai cousu de feuilles mortes
Mais si tu vois sur tous les clos
Les rendez-vous de noirs corbeaux,
Vas-tu jeter aux flaques d'eau
Tes souvenirs et tes sabots ?

Tu peux pleurer près du ruisseau
Tu peux briser tout mon amour ;
Oublie l'été, oublie le jour
Oublie mon nom et le bouleau...

Félix Leclerc

LA PARENTÉ ***

La parenté est arrivée nous visiter
Tout comm' au Jour de l'an
La parenté est invitée pour la journée
Que di que yé ça va marcher

      Ah c'est la fête à mon grand-pér'
      Ah c'est la tarte à ma grand-mér'
      C'est la tante à mon beau-frér'
      Ah la belle-sœur à mon cousin
      Ah c'est la fête à mon grand-pér'
      Que y a que y a du mond' dans la
                     [salle à manger

La parenté a s'est bourrée de lard salé
Tout comm' au Jour de l'an Ha !
La parenté a va rester pour la veillée
Y est trop d' bonne heure pour s'en aller

      Ah c'est la fête à mon grand-pér'
      Ah c'est la pipe à ma grand-mér'
      Les cancans des créatures
      Avec l'air bête à ma belle-mér'
      Ah c'est la fête à mon grand-pér'
      Ah fumez donc Ah fumez donc
      Encore un peu

Ah c'est la fête à mon grand-pér'
Ah la marmaille à ma grand-mér'
C't effrayant comm' y a du train
Pis le bébé qu' a faite à terr'
Ah c'est la fête à mon grand-pér'
Pis c'est la chatte qui fait l' ménage
Avec le chien

La parenté s'est trimoussée Ha ! pour danser
Tout comm' au Jour de l'an Ha !
La parenté s'est accouplée ben enlacée
Les hommes les femmes ont des frémilles dans
                                        [les pieds

Ah c'est la fête à mon grand-pér'
Le plancher net à ma grand-mér'
C'est la gigue à mon beau-frér'
Avec le vialon du cousin
Ah c'est la fête à mon grand-pér'
Et comm' on dit on est icitte
Pour s'amuser

La parenté va s'en r'tourner chacun chez eux
Tout comm' au Jour de l'an Ha !
La parenté mon oncl' Médé ma tant' Laura
Mon oncl' Noré ma tant' Emma

parlé :   Bon ben bonsoir là
Vous vous r'prendrez
Comptez pas les tours
On n'é pas sorteux

chanté :   Mon pauvr' grand-pér'
Y s'est couché
Ben fatigué

Jean-Paul Filion (A+C)

Jacques Labrecque (I)

© Éditions Jacques Labrecque

LES PERCEURS DE COFFRES-FORTS ***

Refrain
C'est nous les perceurs de coffres-forts
Habiles à manier le bâton fort
Si nous ne chantons pas très fort
C'est qu'on n'a pas le coffre fort

Fermez la porte, poussez le verrou
À gauche ou à droite tournez le bouton
Peu nous importe, en bons filous
On ira jouer dans vos combinaisons

Refrain

Si vous trouvez que votre galette
N'est pas en sûreté dans un vieux bas de laine
Tenez bouclée votre cassette
On allumera la torche acétylène

Monsieur l' richard, toujours inquiet
Des soucis de votre haute situation
Dans vos plumages dormez en paix
On vous soulagera de vos obligations

Refrain

Aristocrates, nous mettons des gants
Pour palper les perles fines en connaisseurs
Très diplomates on dit, galants
Passez-moi j' vous prie la pince-monseigneur

Le boulot fait, sans faire de bruit
On r'donne à la pièce son allure familiale
Un coup d' balai sur vos tapis
On efface même nos empreintes digitales

Refrain

Lionel Daunais (A+C)
Trio lyrique (I)

QUAND LES HOMMES
VIVRONT D'AMOUR ***

Quand les hommes vivront d'amour
Il n'y aura plus de misère
Et commenceront les beaux jours
Mais nous, nous serons morts, mon frère.

Quand les hommes vivront d'amour
Ce sera la paix sur la terre
Les soldats seront troubadours
Mais nous, nous serons morts, mon frère.
Dans la grande chaîne de la vie
Où il fallait que nous passions
Où il fallait que nous soyons
Nous aurons eu la mauvaise partie.

Quand les hommes vivront d'amour
Il n'y aura plus de misère
Et commenceront les beaux jours
Mais nous, nous qui serons morts, mon frère.
Nous qui aurons aux mauvais jours
Dans la haine et puis dans la guerre
Cherché la paix cherché l'amour
Qu'ils connaîtront alors, mon frère.

Dans la grande chaîne de la vie
Pour qu'il y ait un meilleur temps
Il faut toujours quelques perdants,
De la sagesse ici-bas c'est le prix.

Quand les hommes vivront d'amour
Il n'y aura plus de misère
Et commenceront les beaux jours
Mais nous, nous serons morts, mon frère.

Raymond Lévesque

LE QUÉBECQUOIS ***

C'était un Québecquois
Narquois comme tout Québecquois
Qu'on trouva pendu l'autre fois
Sous la gargouille d'un toit…

Il était amoureux,
Ça rend un homme bien malheureux
Écoutez son histoire un peu,
Après vous rirez mieux.

La fille lui avait dit puisque tu m'aimes,
Fais-moi une chanson simple et jolie
Le gars à sa table toute la nuit
Trouva ce que je joue à l'instant même…

C'était bien, mais il mit des prouchkinovs
Des icônes, d' la vodka, des troïkas…
Et hop et galope dans les neiges de Sibérie
Petersbourg et la Hongrie.
Y avait là Nitratchka, Alex et Prokofief,
Molotov et Natacha.

La fille écouta ce méli-mélo
Et dit : « c'est loin et c'est trop. »
Le pauvre Québecquois
Pas même remis de son émoi,
Se replongea dans les bémols
En arrachant son col…

Il était amoureux,
Ça rend un homme bien courageux,
Il pensa trouver beaucoup mieux
Avec cet air en bleu...

Blues, Tennessee
Brooklyn, California
Blues, apple pie
Alleluia, Coca-cola.

La belle bien-aimée
En entendant ces boos-là
Fut si grandement affolée
Qu'au couvent elle entra...

Le pauvre Québecquois
Découragé, saigné à froid
Gagna son toit par le châssis
Et s'y pendit.

Par les matins d'été
Quand les oiseaux vont promener,
Derrière la grille du couvent
Monte ce chant troublant...

C'était un Québecquois
Qui voulait me célébrer,
Hélas ! il avait oublié
De m' regarder...

Rest' in pace...

Félix Leclerc

Oscar Thiffault

Il mouillera plus pantout

LE RAPIDE BLANC ***

Y va frapper à la porte
Ah ! Ouingne in hin in (bis)
La bonne femme lui a d'mandé
Ce qu'il voulait, ce qu'il souhaitait
Oh ! je voudrais madame, je voudrais bien rentrer
Ah ben ! a dit : « Entrez donc ben hardiment
Mon mari est au Rapide blanc
Y a des hommes de rien qui rentrent pis qui
[rentrent
Y a des hommes de rien qui rentrent pis ça fait
[rien. »

Après qu'il a eu entré
Ah ! Ouingne in hin in (bis)
La bonne femme lui a d'mandé
Ce qu'il voulait, ce qu'il souhaitait
Oh ! je voudrais madame, je voudrais bien m'
[chauffer
Ah ben ! a dit : « Chauffe-toi donc ben hardiment
Mon mari est au Rapide blanc
Y a des hommes de rien qui s' chauffent qui s'
[chauffent
Y a des hommes de rien qui s' chauffent pis ça fait
[rien. »

Après qu'il s'est eu chauffé
Ah ! Ouingne in hin in (bis)
La bonne femme lui a d'mandé
Ce qu'il voulait, ce qu'il souhaitait
Oh ! je voudrais madame, je voudrais bien m'
[coucher
Ah ben ! a dit : « Couche-toi donc ben hardiment
Mon mari est au Rapide blanc
Y a des hommes de rien qui s' couchent qui s'
[couchent
Y a des hommes de rien qui s' couchent pis ça fait
[rien. »

Après qu'il s'est eu couché
Ah ! Ouingne in hin in (bis)
La bonne femme lui a d'mandé
Ce qu'il voulait, ce qu'il souhaitait
Oh ! je voudrais madame, je voudrais bien vous
[embrasser
Ah ben ! a dit : « Embrasse-moi donc ben
[hardiment
Mon mari est au Rapide blanc
Y a des hommes de rien qui m'embrassent qui
[m'embrassent
Y a des hommes de rien qui m'embrassent pis ça
[fait rien. »

Après qu'il l'eut embrassée
Ah ! Ouingne in hin in (bis)
La bonne femme lui a d'mandé
Ce qu'il voulait, ce qu'il souhaitait
Oh ! je voudrais madame, je voudrais bien m'en
[aller
Ah ben ! a dit : « Sacre ton camp ben hardiment
Mon mari est au Rapide blanc
Y a des hommes de rien qui s'en vont pis qui s'en
[vont
Y a des hommes de rien qui s'en vont pis qui font
[rien. »

Oscar Thiffault

SUR L' PERRON ***

En veillant sur l' perron
Par les beaux soirs d'été
Tu m' disais c'est si bon
De pouvoir t'embrasser

Assis l'un contre l'autre
Sans s'occuper des autres
On s' faisait du plaisir
En parlant d'avenir

Quand les gens d' l'autre palier
Étaient prêts à entrer
Il fallait se serrer
Pour les laisser passer

On était les derniers
À aller se coucher
Les soirs n'étaient pas longs
En veillant sur l' perron

L' lendemain soir tu revenais
Puis on recommençait
C'était toujours nouveau
Et de plus en plus beau

Des fois on s'amusait
D' rire des gens qui passaient
Parce qu'ils ne s' doutaient pas
Qu' nous deux on était là

Puis un soir tu m'as dis
On s' marierait samedi
J'ai vite répondu oui
J'étais au paradis

Et maintenant dans le noir
C'est not' petit garçon
Qu'on endort tous les soirs
En veillant sur l' perron

Et quand une petite fille
Augmentera notre famille
Et puis qu'elle grandira
Ce s'ra elle qui veillera

Le soir sur l' perron
Avec un aut' garçon
Pendant qu'à la fenêtre
On guett'ra sans l' paraître

On s'ra vieux dans c' temps-là
Mais on ne s'en plaindra pas
En s' berçant tous les deux
On s'ra toujours heureux

Tant qu'on pourra s' parler
Des soirs qu'on a passés
Moi fille et toi garçon
En veillant sur l' perron

Camille Andréa (A+C)

Dominique Michel (née Aimée Sylvestre) (I)

LES TROTTOIRS *

Avez-vous r'marqué sur les trottoirs
Les p'tits enfants s'amusent
Avez-vous r'marqué sur les trottoirs
Les grands passent et les usent
Avez-vous r'marqué sur les trottoirs
Les p'tits enfants font des rondes
Mais les gens pressés n'ont pas d' mémoire
Et les arrêtent et les grondent

Avez-vous r'marqué sur les trottoirs
Les p'tites filles jouent à la mère
Et les p'tites poupées sans le savoir
Ont un père à la guerre
Car sur les perrons de p'tits soldats
Se livrent dure bataille
Mais ça ne dure pas long quand un soldat
Tombe su' l' derrière et puis braille

Avez-vous r'marqué sur les trottoirs
Les p'tits enfants se racontent
Toutes improvisées de belles histoires
Qui valent au moins bien des contes
Quelquefois des grands dans l'auditoire
Ridiculisent leur prose
Ce n' sont pas les grands vous pouvez m' croire
Qui sauraient faire la même chose

Avez-vous r'marqué sur les trottoirs
Quand on regarde là-haut
On peut voir briller dans toute sa gloire
Le ciel et son flambeau
Mais les grands qui passent sur les trottoirs
Ne voient même plus la lumière
Car les grands qui passent sur les trottoirs
Regardent toujours par terre

C'est pourquoi mon Dieu je vous demande
Si c'la est dans votre vue
C'est pourquoi mon Dieu je vous demande
Que les grands marchent dans la rue

Raymond Lévesque (A+C)

Bourvil (I)

UNE PROMESSE ***

À celui qui en veut à toute chose heureuse
Et caresse avec joie les malheurs qu'il provoque
Souriant bêtement des abîmes qu'il creuse
Et ne sachant trop plus ce qui fait rire ou choque

À celui-là je dis : « Il est une promesse
Une fleur d'amour, un sourire d'enfant
Logés au cœur même de ton âme en détresse
Sois heureux du soleil et des nuages autour »

À celui qui au cœur ne garde nulle place
Aux joyeux souvenirs que notre enfance crée
Aucun tendre remords nul accord de guitare
Nous faisant souvenir qu'on a déjà aimé

À celui-là je dis : « Il est une promesse
Une fleur d'amour, un sourire d'enfant
Logés au cœur même de ton âme en détresse
Sois heureux du soleil et des nuages autour »

Sois heureux du maçon qui travaille la pierre
Sois heureux de la fille qui est faite pour aimer
Sois heureux de l'oiseau qui vole pour sa misère
Autant que pour sa joie et ne sait que chanter

Guy Godin (A)

André Lejeune
(né André Lajeunesse) (C+I)

62

Claude Léveillée

FL 289

Pierre
Létourneau
Vol. 1

DEUXIÈME PÉRIODE :
DE 1960 À 1968

Autant la chanson emprunte des chemins sinueux jusqu'à la fin des années 1950, cherchant sa voie comme genre, autant elle éclate de toutes parts pendant la prochaine décennie. C'est en partie par les « boîtes à chansons » qu'elle est propagée, de la Maison-du-Pêcheur (Percé) à la Butte à Matthieu, en passant par La Piouke et Le Cromagnon pour ne nommer que celles-là. Elles poussent partout et elles attirent cette jeunesse des collèges classiques « autorisée » à les fréquenter puisque l'alcool y est interdit. C'est d'ailleurs cette clientèle négligée des 16 à 21 ans (âge de la majorité à cette époque) qui assure en partie la popularité des boîtes à chansons : force montante, elle vient entendre dans ces textes un écho de ses propres sentiments, de ses propres désirs, de ses propres perceptions.

Dans « La boîte à chansons », Georges Dor évoque l'espèce de redécouverte collective de la nature (« On y entend la mer ° Venue du fond des âges ») vécue dans des salles où l'on s'entasse et s'enfume pour écouter la poésie sonorisée et la partager comme « une solitude rompue » selon l'expression d'Anne Hébert. Il est d'ailleurs significatif de voir comment cette chanson qui naît s'attache à la Gaspésie, ce grand large absent du Montréal « cassé et monnayé » dont parle le romancier Jacques Renaud *(Le cassé),* tentant de relier l'espace et les espaces, ce que réussissent les grands succès de l'heure. Une chanson comme « La Manic » renvoie ses auditeurs à cet ambitieux projet de la Révolution tranquille. À quoi tient sa popularité sinon à l'appel de groupes d'hommes isolés, demandant à une collectivité restée dans les trois villes fondatrices, nommément désignées, de ne pas les oublier :

> *Dis-moi ce qui se passe à Trois-Rivières*
> *Et à Québec*
> [...]
> *Dis-moi ce qui se passe à Montréal*
> *Dans les rues sales et transversales.*

Ce grand succès de Dor rejoint ceux de Gilles Vigneault qui chante son petit village en dehors de la « map » formé de quelques maisons et d'un hangar « qui sert d'aéroport ». Vigneault dont on entend – attend – un pouvoir de la poésie chantée qui fera fleurir des orangers « dans le jardin de ma tante Emma ». Il faut entendre la réaction à ce passage des « Menteries », monologue significatif du climat d'alors (enregistrement d'un spectacle à la Comédie-Canadienne). La lecture que les Québécois en ces années de la Révolution tranquille font des textes ne coïncide pas toujours avec le sens donné par l'auteur : où les jeunes poètes et chansonniers chantent l'amour et la libération des contraintes, on comprend l'amour et le pays. Certes, des textes traitent de ce pays, indirectement (« Le grand six-pieds » de Claude Gauthier) ou directement (« Québec, mon pays » de Raymond Lévesque, « Ti-Jean Québec » de Jean-Paul Filion, « Les gens de mon pays » de Vigneault). Mais le plus souvent, les chansonniers célèbrent l'amour dans sa quête personnelle et collective (« Les colombes » de Pierre Létourneau, « Le soleil brillera demain » de Gauthier, « Rappelle-toi Barbarella » de Robert Charlebois).

On dira davantage alors qu'il s'agit d'une chanson de la quête identitaire, car même « Les gens de [ce] pays » chantent plus les gens que le territoire lui-même : n'est-ce pas eux, après tout, qui « [s'entêtent] à semer des villages » dans « ce neigeux pays » ? Filion a bien exprimé cette fonction d'identification dans « Tu m'as mis au monde ». Il introduit cette chanson à la princesse charmante (notez l'interversion des rôles eu égard au modèle courtois) par un récitatif avec accompagnement dans lequel il avoue ouvrir l'avenir à grands coups de chansons, comme son père ouvrait les routes avec sa charrue. C'est clair. Cet idéal de vie retrouvé, après l'éparpillement de la vie coloniale qui a fait perdre le principe même de son unité, Dor le rend encore dans sa « Boîte à chansons » :

On y entend battre les cœurs à l'unisson.

Ainsi, la chanson québécoise qui naît comme genre reprend « le cœur à rire » (plutôt qu'« à pleurer ») du vieux folklore et du chant des Patriotes et assure la cohésion d'un groupe national qui se redécouvre. Voilà probablement pourquoi cette nouvelle chanson du Québec devient vite une ambassadrice à l'étranger, dans la francophonie plus particulièrement.

Déjà, les Bozos de 1959 – un groupe de cinq chansonniers formé de Clémence DesRochers, Jean-Pierre Ferland, Raymond Lévesque, Hervé Brousseau, Claude Léveillée qui sera remplacé par Jacques Blanchet – s'inscrivaient par leur nom même dans la continuité historique. Sortis d'une chanson leclérienne d'errance, ils aspirent à enraciner le rêve lui-même. À eux et à leur suite d'autres poètes chantants s'ajoutent et poursuivent autant la recherche formelle du texte – pensons à « Une hirondelle » de Pierre Calvé, ce chansonnier qui apporte aussi les rythmes sud-américains – que l'invention d'un son propre, celui du violon (Rochon/Vigneault), qui se détache lentement du folklore (Lawrence Lepage) ou de l'accordéon musette (Blanchet ou Brousseau). C'est sans doute avec Vigneault, héritier du plain-chant, que la mélodie emprunte au fond de l'air lui-même. Les musiciens qui entourent cette neuve chanson du Québec lui rechercheront une musicalité propre ; DesRochers ou les orchestrateurs Paul de Margerie et André Gagnon pourraient à ce chapitre être cités en exemples. Ici aussi, il serait long de rendre justice à chacun des actants de la période. En effet, les divisions par période peuvent revêtir un aspect réducteur. Si Charlebois n'est pas encore tout à fait celui qu'il sera vraiment, on ne saurait dire la même chose de Ferland qui s'amène « à cent milles à l'heure », comme le premier *boogaloo* de cette jeune chanson. À ses côtés, Létourneau ou Claude Dubois signent déjà ces succès qui deviendront des classiques. Apparaissent aussi des noms avec lesquels la chanson québécoise devra compter. C'est un Gauthier qui ne se dément pas, de ses premiers airs et textes jusqu'à *Planète cœur*. C'est aussi Dor qui fournit de très beaux textes. C'est encore DesRochers dont l'œuvre trace comme un micro-espace de la vie mémoriale : la sienne, celle de sa « sainte famille » en Estrie, pour plagier une expression du Louisianais Zachary Richard, et celle de tout un collectif historique évoqué dans sa chanson « Enquête ». Une « quête » elle-même doublée par une « enquête », c'est-à-dire que la chanson, face visible de la lune québécoise, exprime aussi sa face cachée, plus douloureuse et torturée, qu'a bien rendue la poésie d'un Gaston Miron *(L'homme rapaillé)* ou d'un Paul Chamberland *(L'afficheur hurle)*.

En quelques années, le Québec de la « bonne » chanson devient le Québec de la chanson. Des noms sont éphémères mais fort talentueux (Brousseau, Lepage ou Tex Lecor) ; avec d'autres déjà nommés la chanson québécoise part en orbite dans le dialogue des cultures nationales. Ainsi, Léveillée avec sa musique nostalgique touche autant son propre public que celui d'Édith Piaf. Détachons deux voix de l'ensemble : urbain déjà, Ferland dont l'œuvre imposante préfigure celle à venir d'un Charlebois ou d'un Dubois ; Vigneault, rural et comme sorti du Moyen Âge, chante l'amour et la nature dans l'évanescence du temps, un Vigneault qui s'est d'ailleurs bien situé par rapport à son destinataire dans sa chanson quasi testamentaire « La complainte ».

Bien sûr, il y a aussi Leclerc, fréquemment en France et – disons-le – encore loin du Leclerc d'après 1970, le poète de la colère chantée et de l'enracinement souverain à son île « fleur-de-lysée ». Quant aux femmes, à part DesRochers, Marie Savard et Monique Miville-Deschênes, elles restent surtout confinées à un rôle d'interprètes en attendant les années 1980 alors qu'elles envahissent la chanson. Parmi elles, signalons l'exceptionnelle Monique Leyrac – comment oublier le classique trio Vigneault-Léveillée-Leyrac –, Renée Claude et l'intrépide Pauline Julien qui s'adonneront à l'écriture par la suite.

LES ANCÊTRES ***

D'aussi loin que je me souvienne
Ils étaient faits pour le bonheur
Pour une vie trop quotidienne
Et pour le pire et le meilleur

Je parle d'eux sans les nommer
Car vous portez un peu leurs noms
Je sais qu'ils étaient pauvres et bons
Qu'ils étaient tous parents ensemble

Et qu'ils savaient tenir le coup
Du mois de janvier au mois de décembre
Et qu'ils aimaient prendre un p'tit coup
Et qu'ils aimaient aussi la danse

Je les revois grandeur nature
Enlacés pour danser la gigue
Et les croix de leurs signatures
Me font signe de leur fatigue

Je parle d'eux pour me convaincre
Qu'ils n'ont eu ni tort ni raison
Que survivre c'était déjà vaincre
Et qu'il fallait bâtir maison
Mais le jour des morts est passé
Fini le temps des survivants
Je ne veux pas d'un beau passé
Pour me consoler du présent

Les yeux faits pour la vigilance
Courbés entre l'arbre et le vent
Ils se taisaient mais leur silence
Nous a servi de paravent

Je parle d'eux par habitude
Ce que j'en dis c'est pour conter
L'histoire de leur servitude
Et pour enfin me révolter
Contre la peur et la quiétude
Et c'est pour enfin récolter
Ailleurs que d'une solitude
Ce pour quoi ils ont patienté

D'aussi loin que le temps nous vienne
Il nous vient un peu des aïeux
Leurs noms se mêlent à nos poèmes
Fini le silence des vieux

Venez voir un peu les ancêtres
On a continué l'univers
Le jour se lève à nos fenêtres
Et les sapins sont toujours verts
Dans notre vive appartenance
À cette terre et à ce temps
Nous n'aurons pas votre patience
Et nous serons payés comptant

Georges Dor (né Georges Doré)
© Les Éditions Emmanuel inc.

71

L'ANSE PLEUREUSE *

Au lieu d'un abri pour l'hiver
Un feu de janvier sur la neige
Si tu m'offrais en haute mer
Des eaux de soleil et de pêche
Au lieu d'un manteau à broder
D'une peau de mouton à filer
Si tu m'offrais pour vêtement
Le vent chaud et rien que le vent

J'écouterais ces beaux mensonges
Que je garderais pour les nuits
Où il n'y aura dans mes songes
Qu'un plein de lune sur le lit
Si tu crois troubler ma jeunesse
Avec la force de tes bras
J'aimerais mieux ta main qui caresse
Pourquoi ne me touche-t-elle pas

Je suis une folle amoureuse
Vêtue de blanches poudreries
Au fond de mon anse pleureuse
Rafales étouffent mes cris
Bientôt je baisserai la lampe
Tu ne trouveras plus ma porte
Si tu avais parlé ma langue
Je regretterais
Je regretterais
D'être morte

Monique Miville-Deschênes

AUTANT EN EMPORTE LE VENT *

Autant en emporte le vent
Des carrosses en or, des bagues en diamant
Moé j'en trouve dans les yeux d' mon chien
Pis dans toutes les p'tites fleurs le long d'
[mon chemin
Autant en emporte le vent.

Si ton amour y' t'a quitté
Pour une raison d' sécurité
C'est p't-être qu' a pas vu dans tes mains
Les océans, les clôtures de boulin.
C'est p't-être qu' a pas vu dans tes mains
Les océans, les clôtures de boulin.

Autant en emporte le vent
Des carrosses en or, pis des bagues en diamant
Moé j'en trouve dans les yeux d' mon chien
Pis dans toutes les p'tites fleurs le long d'
[mon chemin
Autant en emporte le vent.

Couche-toi dessous le firmament
Abrille-toi d'étoiles pis sois content
Parc' qu' t' as jamais vu un oiseau qui est
[mort
Parc' qu'y faisait trop beau dehors.
T' as jamais vu un oiseau qui est mort
Parc' qu'y faisait trop beau dehors.

Autant en emporte le vent
Des belles maisons sans derrière ni devant
Donne-moé un coin d' mes pays d'en haut
Pis une cabane pour mon château
Autant en emporte le vent.

T' as frappé où là on pouvait t'aider
À toutes ces portes numérotées
On t'a souri, on t'a dit : « C'est bon ! »
Mais pourquoi prendre une chance
On n' sait même pas ton nom.
On t'a souri, on t'a dit : « C'est bon ! »
Mais pourquoi prendre une chance
On n' sait même pas ton nom.

Autant en emporte le vent
Ceux qui jugent le talent à la couleur d'
[l'argent
Des millions ça l'amène des ulcères
À quoi ça sert à six pieds sous terre ?

Autant en emporte le vent
Peut-être un jour la gloire viendra
Te ramasser dans sa moisson
Sois sûr d'avoir sur ton dos
Ta vieille guitare et tes pinceaux.
Sois sûr d'avoir sur ton dos
Ta vieille guitare et tes pinceaux.

Autant en emporte le vent
Des robes en soie pis des collets blancs
Là-haut je mènerai le bal
Même en enfer, sans capital.

Tex Lecor (né Paul Lecorre)
© Éditions Jacques Labrecque

AVANT DE M'ASSAGIR ***

Avant de m'assagir, avant de jeter l'ancre
De ménager mon cœur, de couver ma santé
Avant de raconter mes souvenirs à l'encre
De vouloir sans pouvoir, de compter mes lauriers.
Avant cette saison, avant cette retraite
Je veux sauter les ponts, les murs et les hauts-
[bords
Je veux briser les rangs, les cadres et les fenêtres
Je veux mourir ma vie et non vivre ma mort.

Je veux vivre en mon temps, saboter les coutumes
Piller les conventions, sabrer les règlements.
Avant ce coup de vieux, avant ce mauvais rhume
Qui tuera mes envies et mes trente-deux dents
Et si je le pouvais, je ferais mieux encore
Je me dédoublerais, pour vivre comme il faut
Le jour pour ce qu'il est, la vie pour ce qu'elle
[vaut
Ça c'est mourir sa vie et non vivre sa mort.

Je ne veux rien savoir, je ne veux rien comprendre
Je veux recommencer, je veux voir, je veux
[prendre
Il sera toujours temps et jamais assez tard
D'accrocher ses patins, d'éteindre son regard

Je ne veux pas survivre, je ne veux pas subir
Je veux prendre mon temps, me trouver,
                                        [m'affranchir
Me tromper de bateau, de pays ou de port
Et bien mourir ma vie et non vivre ma mort.

Mais au premier détour, à la première peine
Je me mets à gémir, à pleurer sur mon sort
À penser à plus tard, à calculer mes cennes
Et à vivre ma vie et à vivre ma mort.
Je cherche votre cou, je vous prends par la taille
On se fait si petit, petit, quand on a peur
Je ne suis plus géant, je ne suis plus canaille
Je couve ma santé, je ménage mon cœur.

Et puis je me reprends et puis je me répète
Qu'avant cette saison, avant cette retraite
Il faut sauter les ponts, les murs et les hauts-bords
Il faut mourir sa vie et non vivre sa mort
Et pendant ce temps-là le printemps se dégivre
Le jour fait ses journées, la nuit fait ses veillées
C'est à recommencer que l'on apprend à vivre
Que ce soit vrai ou pas, moi j'y crois.

Jean-Pierre Ferland

LA BOULÉ *

J' t'emmène dans ma boulé
Dans ma boulé sifflante
Donne-moi ta main
Pis tiens-toi ben
Un mille de long rien qu'à courir
Sur des roches molles
Pis des billots entourés d'eau

Attention pas tomber
Donne-moi ta main
Tu vas fouiller
Attention pas te mouiller
Tu mets ton pied dret à côté
Donne-moi ta main

Pis d' l'eau, pis d' l'eau, pis d' l'eau
                                    [qui siffle
Comme un mouton qui pisse

J' t'emmène dans ma boulé
Dans ma boulé volante
Donne-moi ton bras
Pis tiens-toi mieux
Un mille de long rien qu'à danser
Sur des roches plates
Pis des coquilles entourées de sable
On va sauter pis s'arroser
Mouiller de soleil avec nos pieds

78

Mouiller ta joue avec mes dents
Donne-moi ta main et pis ton bras

Pis d' l'eau, pis d' l'eau, pis d' l'eau
[qui vole
Comme un mouton qui se pousse

J' t'emmène dans ma boulé
Dans ma boulé coulante
Donne-moi ta taille
Pis tiens-toi molle
Un mille de long rien qu'à flâner
Sur du galet pis des cailloux entourés
[de sable
On va s'aimer sans écarter nos genoux
[mouillés
Toute la journée
Becquer ta joue ta main et pis ton bras
[et pis ta taille

Pis d' l'eau, pis d' l'cau, pis d' l'eau
[qui coule
Coule comme un mouton qui boit

J' t'emmène dans ma boulé
Dans ma boulé dormante

Donne-moi pus rien
Pis tiens-toi loin
Un mille de long rien qu'à se coucher
Sur du beau sable et pis de la mousse
[entourée d'herbe

Pis après ça faudra dormir comme des
        [enfants sans mettre de mur
Entre nos dents
Donne-moi ta main et pis ton bras et
        [pis ta taille et pis pus rien

Pis d' l'eau, pis d' l'eau, pis d' l'eau
        [qui dort
Comme un mouton qui fume

J' t'emmène dans ma boulé
Pis là
(Turlute)

Robert Charlebois

BOZO-LES-CULOTTES ***

Il flottait dans son pantalon,
De là lui venait son surnom,
Bozo-les-culottes.
Y avait qu'une cinquième année,
Il savait à peine compter,
Bozo-les-culottes.
Comme il baragouinait l'anglais,
Comme gardien d' nuit il travaillait,
Bozo-les-culottes.
Même s'il était un peu dingue,
Y avait compris qu' faut être bilingue,
Bozo-les-culottes.
Un jour quelqu'un lui avait dit
Qu'on l'exploitait dans son pays,
Bozo-les-culottes.
Qu' les Anglais avaient les bonnes places
Et qu'ils lui riaient en pleine face,
Bozo-les-culottes.
Il n'a pas cherché à connaître
Le vrai fond de toute cette affaire,
Bozo-les-culottes.
Si son élite, si son clergé,
Depuis toujours l'avaient trompé,
Bozo-les-culottes.
Y a volé de la dynamite
Et dans un quartier plein d'hypocrites,
Bozo-les-culottes.
A fait sauter un monument
À la mémoire des conquérants,
Bozo-les-culottes.

Tout le pays s'est réveillé
Puis la police l'a poigné,
Bozo-les-culottes.
On l'a vite entré en dedans,
On l'a oublié depuis ce temps,
Bozo-les-culottes.

Mais depuis que tu t'es fâché,
Dans le pays ça bien changé,
Bozo-les-culottes.
Nos politiciens à gogo
Font les braves, font les farauds,
Bozo-les-culottes.
Ils réclament enfin nos droits
Et puis les autres ne refusent pas,
Bozo-les-culottes.
De peur qu'il y en aurait d'autres comme toé
Qu' aient le goût de recommencer,
Bozo-les-culottes.
Quand tu sortiras de prison,
Personne voudra savoir ton nom,
Bozo-les-culottes.
Quand on est d' la race des pionniers,
On est fait pour être oublié,
Bozo-les-culottes.

Raymond Lévesque
© Les Éditions Gamma ltée

C'EST POUR ÇA *

Quand je regarde loin au fond de moi
Quand je regarde loin au fond de moi
    je ne comprends plus rien
Quand je regarde loin au fond de moi
    je ne comprends plus rien au monde moi
C'est pour ça que je chante tout bas
Ce que je ne peux pas mieux dire

Quelque chose s'endort au fond de moi
Quelque chose s'endort au fond de moi
    qui ne veut pas sortir
Quelque chose s'endort au fond de moi
    qui ne veut pas sortir du fond de moi
C'est pour ça que je chante tout bas
Ce que je ne peux pas mieux dire

Toutes les bonnes gens autour de moi
    gueulent qu'ils ont raison et gueulent trop
        [fort
Toutes les bonnes gens autour de moi
    gueulent qu'ils ont raison et gueulent trop
        [fort :
    « La terre est ronde »
C'est pour ça que pour les arrondir
    je chanterai un peu moins bas

Et si je me mettais à crier pour vous dire
Et si je me mettais à crier pour vous dire
    que le monde va bientôt finir
Et si je vous criais qu'il ne finira pas comme
    il a commencé par une sorte de TAMTIDILAM
Mais tout ça vous le savez déjà
C'était dans les journaux d'hier

Robert Charlebois

LA CHANSON DES PISSENLITS *

J'ai couru vingt milles et me voici
Fatigué, délavé par la pluie
Je t'apporte quelques pissenlits
C'est le vent qui les a défraîchis

Pourquoi nous as-tu quittés si tôt
Dieu châtie bien ceux qu'il aime trop
Que ferai-je de tous mes dimanches
Maintenant que tu es sous les planches

Mes cousins viendront te raconter
Qu'ils ont pleuré comme lièvre en cage
N'en crois rien ils ont plutôt pensé
Au partage de ton héritage
Ils auront je les vois bien d'ici
La voix pâle et aussi l'œillet gris
Mais demain après la mise en terre
Ils iront gueuler chez le notaire

J'ai couru vingt milles et me voici
Fatigué, délavé par la pluie
Je t'apporte quelques pissenlits
C'est le vent qui les a défraîchis

Au village depuis qu' t' es parti
Les chats ne sortent plus que la nuit
Aux fenêtres des maisons les fleurs
Ont déjà perdu toutes couleurs

C'est mon chien qui va chercher longtemps
La fontaine où tu l'amenais boire
Le vieux Julien qui se meurt lentement
M'a prié de te dire au revoir
C'était lui le copain des jours tendres
À qui parfois tu faisais comprendre
En criant pour qu'il puisse t'entendre
Que les femmes il faut s'y laisser prendre

Au bon Dieu tu croyais pas souvent
Mais un soir où la nuit était pâle
Je t'ai vu tu parlais aux étoiles
Comme aux copains retrouvés d'antan
Et si au fond de l'immensité
Tu t'ennuies en comptant les secondes
Pense à moi de l'autre bout du monde
Pense à moi si tu le veux si tu le peux

Pendant l'éternité

Pierre Létourneau
© Les Éditions Archambault inc.

LES COLOMBES **

On s' voyait deux fois la semaine
Ça passait si vite que bientôt
On multipliait les rendez-vous
Au ciné, coin des rues
Quand j' te disais je t'emmène
À chaque fois tout était nouveau
Dans la chambre on vivait loin de tout
Et les heures ne passaient plus
Pendant que les colombes de la rue des Sèves
Se faisaient comme une ronde autour de nos
[rêves

Et puis quand on s'éveillait
J' te disais des histoires insensées
Qui te faisaient rire et en partant
On se disait à bientôt
Si deux jours nous séparaient
C'était long comme une éternité
Aussi nous avons pensé souvent
Que l'autre avait disparu
Pendant que les colombes de la rue des Sèves
Se faisaient comme une ronde autour de nos
[rêves

Peu à peu moi j'ai changé
J' n'ai jamais su ni pourquoi ni pour qui
Était-ce une folie je n'en sais rien
Mais je sais que j'y perdais
Y avait rien à espérer
Tout prenait la couleur de l'ennui
C'était comme si au fond des mains
La fleur d'amour se fanait
Et dire que les colombes de la rue des Sèves
Se faisaient comme une ronde autour de nos
[rêves

Cinq ans ont passé depuis
Et si tu m' voyais parfois
Tu me verrais la tête penchée
L'œil et le geste lointains
Et sur les murs de mes nuits
Où se dessine une ombre quelquefois
Qui est celle de t'avoir blessée
Sans que je n'y puisse rien

Pierre Létourneau
© Les Éditions Archambault inc.

88

COMME UN MILLION DE GENS ***

Il est né un jour de printemps
Il était le septième enfant
D'une famille d'ouvriers
N'ayant pas peur de travailler
Comme un million de gens
Il a grandi dans un quartier
Où il fallait pour subsister
Serrer les dents les poings fermés

Autour de lui y avait plus petits et plus
[grands
Des hommes semblables en dedans

En mangeant un morceau de pain
Il avait vu que le voisin
Avait quelque chose sur le sien
Qu'il aurait bien aimé goûter
Comme un million de gens
Il a cessé d'étudier
Car il fallait pour mieux manger
Serrer les dents et travailler

Autour de lui y avait plus petits et plus
[grands
Des hommes semblables en dedans

Puis un jour il a rencontré
Une femme qu'il a mariée
Sans pour cela se demander
Si du moins il pouvait l'aimer
Comme un million de gens
Ils ont vieilli dans leur quartier
Et leurs enfants pour subsister
Serrent les dents les poings fermés

Mais autour d'eux y aura plus petits et plus
                                          [grands
Des hommes semblables en dedans

Comme un million de gens
Qui pourraient se rassembler
Pour être beaucoup moins exploités
Et beaucoup plus communiquer
Se distinguer, se raisonner
S'émanciper
Se libérer s'administrer
Se décaver, s'équilibrer
S'évaporer
S'évoluer, se posséder

Mais autour d'eux y avait plus petits et
                                          [plus grands
Des hommes semblables en dedans.

Claude Dubois
© Les Éditions Pingouin

LA DANSE À SAINT-DILON ***

Samedi soir à Saint-Dilon
Y avait pas grand-chose à faire
On a dit : « On fait une danse,
On va danser chez Bibi. »
On s'est trouvé un violon
Un salon, des partenaires
Puis là la soirée commence,
C'était vers sept heures et demie

Entrez mesdames, entrez messieurs, Mariannea sa
belle robe et puis Rolande a ses yeux bleus.
Yvonne a mis ses souliers blancs, son décolleté
puis ses beaux gants, ça aime à faire les choses en
grand, ça vient d'arriver du couvent. Y a aussi
Jean-Marie, mon cousin puis mon ami qu'a mis sa
belle habit avec ses petits souliers vernis. Le voilà
mis comme on dit comme un commis voyageur.

Quand on danse à Saint-Dilon
C'est pas pour des embrassages
C'est au reel puis ça va vite
Il faut pas passer des pas
Il faut bien suivre le violon
Si vous voulez pas être sages
Aussi bien partir tout de suite
Y a ni temps ni place pour ça

Tout le monde balance et puis tout le monde danse. Jeanne danse avec Antoine et puis Jeannette avec Raymond. Tit-Paul vient d'arriver avec Thérèse à ses côtés, ça va passer la soirée à faire semblant de s'amuser mais ça s'ennuie de Jean-Louis, son amour et son ami, qui est parti gagner sa vie, l'autre bord de l'île Anticosti, est parti un beau samedi comme un maudit malfaiteur.

> Ont dansé toute la soirée
> Le Brandy puis la Plongeuse
> Et le Corbeau dans la cage
> Et puis nous voilà passé minuit
> C'est Charlie qui a tout câllé
> A perdu son amoureuse
> Il s'est fait mettre en pacage
> Par moins fin mais plus beau que lui

Un dernier tour, la chaîne des dames avant de partir, a m'a serré la main plus fort, a m'a regardé, j'ai perdu le pas. Dimanche au soir, après les vêpres, j'irai-t'i' bien j'irai t'i' pas ? Un petit salut, passez tout droit, j'avais jamais viré comme ça ! Me voilà toute étourdie, mon amour et mon ami ! C'est ici qu'il s'est mis à la tourner comme une toupie. Elle a compris puis elle a dit : « Les mardis puis les jeudis, ça ferait-t'i' ton bonheur ? »

Quand un petit gars de Saint-Dilon
Prend sa course après une fille
Il la fait virer si vite
Qu'elle ne peut plus s'arrêter
Pour un petit air de violon
A' vendrait toute sa famille
À penser que samedi en huit
Il peut peut-être la r'inviter

Puis là ôte ta capine puis swing la mandoline
et puis ôte ton jupon puis swing la Madelon,
Swing-la fort et puis tords-y le corps
puis fais-y voir que t' es pas mort !

Les femmes ont chaud !

Gilles Vigneault
© Éditions du Vent qui Vire

DEUX ENFANTS DU MÊME ÂGE ***

Refrain
Deux enfants du même âge
Deux enfants pas très sages
Sont partis ce matin
Se tenant par la main
Sans se soucier de rien
Ces enfants du même âge
Ces enfants si peu sages
S'en vont chercher au loin
Par les rues, les chemins
Le pays d'où l'on n' revient

Des grands beaucoup trop sages
Qui n'avaient pas leur âge
Jaloux de leur destin
Méprisant leur chagrin
Les suivirent l'œil malin
Car ces grands toujours sages
Qui n'avaient plus leur âge
Déjà partirent au loin
Chercher par les chemins
Ce pays, mais en vain…

Refrain

Méfiez-vous des gens sages
Ceux qui n'ont pas votre âge
Ils essaieront toujours
De vous montrer un jour
Leur chemin de l'amour
Ils sont maint'nant trop sages
Pour comprendre qu'à votre âge
Il existe dans vos cœurs
Dans toute sa grandeur
Ce pays du bonheur…

Ces enfants pas très sages
Ont tout juste notre âge
Nous partirons demain
Nous tenant par la main
Sans nous soucier de rien
Vous qui avez notre âge
Ne dev'nez pas trop sages
Allez chercher au loin
Par les rues, les chemins
Ce pays d'où l'on n' revient… jamais.

Germaine Dugas
© Les Éditions Archambault inc.

95

LES FLEURS DE MACADAM ***

On a poussé à l'ombre des cheminées
Les pieds dans le mortier
Le nez dans la boucane.
Moitié cheminée, moitié merisier
Comme une fleur de macadam.

Un brin d' soleil, six pieds d' boucane
Un escalier en tire-bouchon
Les voisins d'en haut qui s' chicanent
Ma mère qui veille sur son balcon.
Deux pissenlits, trois cents poubelles
Alignées comme mes seize ans
Et dans leur dos un coin d' ruelle
Mon premier verre de whisky blanc.

La fantaisie plus grande qu' la panse
On rêve d'acheter ces cheminées
De s'en faire une lorgnette immense
Pour voir c' qui s' passe de l'aut' côté.
Comme à chaque jour suffit sa peine
Frette en hiver, chaude en été
On s' dit : « Ma cour vaut bien la sienne
Même si c'est pas toujours rose bébé. »

Et comme on pousse v'là comme on cause
Les dents prises dans l' béton armé
Fantaisie en forme de prose
Écrite à l'œil rythmée au pied
Le poing tendu le juron juste
La peur de rien, l'envie de tout
Mais la peur bleue du plus robuste
Au premier jupon qui se fait doux

Le macadam c'est comme la cliche
Ça passe quand on y met le temps
Mais pour moi plus le temps s'effrite
Moins j'ai le goût des fleurs des champs
Quand je serai vieux quand je serai riche
Quand j'aurai eu trois fois vingt ans
Sur la plus haute des corniches
J'irai proser mes vieux printemps.

Qu'on aligne mes trois cents poubelles
Et qu'on plante deux pissenlits
Que ma rue mette ses jarretelles
La fleur de macadam s'ennuie.

Et j'irai me reposer à l'ombre des cheminées
Les pieds dans le mortier
Le nez dans la boucane
Moitié cheminée, moitié merisier
Comme une fleur de macadam.

Jean-Pierre Ferland
© Les Éditions Archambault inc.

LE FOU DE L'OCÉAN ***

Dans les cheveux de plage
S'ouvrent les coquillages
Pour écouter le chant
Du fou
Aux cheveux roux
Qui marche sous l'océan

Monte un bruit de cordages
Aux oreilles de plage
C'est le triste langage
Du fou
Aux cheveux roux
Qui rêve d'abordage

Mais les poissons sont sourds
Et l'océan est lourd
Sur la nuque de proue
Du fou
Aux cheveux roux
Que l'océan bafoue

Dans les cheveux de plage
Dorment les coquillages
N'écoutent plus le chant
Du fou
Aux cheveux roux
Qui marche sous l'océan

Marie Savard

FRÉDÉRIC ***

Refrain
Je me fous du monde entier
Quand Frédéric me rappelle
Les amours de nos vingt ans
Nos chagrins, not' chez-soi,
Sans oublier les copains des perrons
Aujourd'hui dispersés aux quatre vents
On n'était pas des poètes
Ni curés, ni malins,
Mais papa nous aimait bien
Tu t' rappelles le dimanche
Autour d' la table
Ça riait, discutait ;
Pendant qu' maman nous servait

Mais après…
Après la vie t'a bouffé
Comme elle bouffe tout l' monde
Aujourd'hui ou plus tard
Et moi j'ai suivi…
Depuis l' temps qu'on rêvait
De quitter les vieux meubles
Depuis l' temps qu'on rêvait
De se retrouver tout fin seuls.
T' as oublié Chopin
Moi, j'ai fait de mon mieux
Aujourd'hui tu bois du vin
Ça fait plus sérieux
Le père prend un coup d' vieux…
Et tout ça fait des vieux…

Refrain

Mais après...
Après ce fut la fête
La plus belle des fêtes
La fête des amants
Ne dura qu'un printemps
Puis l'automne revint
Cet automne de la vie
Adieu bel Arlequin
Tu vois qu'on t'a menti !
Écroulés les châteaux
Adieu nos clairs de lune !
Après tout faut c' qui faut
Pour s'en tailler une
Une vie sans arguments...
Une vie de bon vivant...

Refrain

Tu t' rappelles Frédéric ?
Salut !

Claude Léveillée

LES GARS DU QUARTIER *

De trop longues manches
La jambe croisée
Les poings sur les hanches
Et bien accotés
En sifflant un air
Un air de famille
Ils regardent les filles
Les regardent passer
Près du vieux couvent
Ou de la p'tite grille
Ils clignent de l'œil droit
Et jouent des pupilles
C'est un code à eux
Pour mieux exprimer
Que la fille du petit vieux
Elle est bien roulée

Refrain
Ce sont les coutumes
Des gars du quartier
Dans leurs vieux costumes
Aux genoux rapiécés
Faut leur pardonner
C'est leur seul bon temps
Faut leur pardonner
C'est leur seul passe-temps

Quand le vieux curé
Le soir fait son tour
Il va leur parler
De foi et d'amour
Les gars en profitent
Pour le questionner
Sur les origines
Des trop vieux péchés
Il répond : « C'est bête »
Et les questionne pour
Se les mettre en boîte
Chacun à leur tour
Ils s'en vont lentement
La tête un peu basse
En se promettant
Des questions en masse

Refrain

La nuit sur la ville
Les envoie flâner
Dans de sombres grills
Aux rideaux tirés
Il y vont porter
Leurs embêtements
Ils y vont noyer
Leurs emmerdements
Et quand ils ont bu
À en perdre pied
Ils vont dépourvus
De leur dignité

S'asseoir sur un banc
Ou y sommeiller
Ou silencieusement
Peut-être y pleurer

Refrain

Hervé Brousseau

LES GENS DE MON PAYS ***

Les gens de mon pays
Ce sont gens de parole
Et gens de causerie
Qui parlent pour s'entendre
Et parlent pour parler
Il faut les écouter
C'est parfois vérité
Et c'est parfois mensonge
Mais la plupart du temps
C'est le bonheur qui dit
Comme il faudrait de temps
Pour saisir le bonheur
À travers la misère
Emmaillé au plaisir
Tant d'en rêver tout haut
Que d'en parler à l'aise

Parlant de mon pays
Je vous entends parler
Et j'en ai danse aux pieds
Et musique aux oreilles
Et du loin au plus loin
De ce neigeux désert
Où vous vous entêtez
À jeter des villages
Je vous répéterai
Vos parlers et vos dires
Vos propos et parlures
Jusqu'à perdre mon nom

À voix tant écoutées
Pour qu'il ne reste plus
De moi-même qu'un peu
De votre écho sonore

Je vous entends jaser
Sur les perrons des portes
Et de chaque côté
Des cléons des clôtures
Je vous entends chanter
Dans la demi-saison
Votre trop court été
Et votre hiver si long
Je vous entends rêver
Dans les soirs de doux temps
Il est question de bois
De ventes et de gréments
De labours à finir
D'espoir et de récoltes
D'amour et du voisin
Qui va marier sa fille

Voix noires voix durcies
D'écorce et de cordage
Voix des pays plain-chant
Et voix des amoureux
Douces voix attendries
Des amours de village
Voix des beaux airs anciens
Dont on s'ennuie en ville
Piailleries d'écoles
Et palabres et sparages

Magasin général
Et restaurant du coin
Les ponts les quais les gares
Tous vos cris maritimes
Atteignent ma fenêtre
Et m'arrachent l'oreille

Est-ce vous que j'appelle
Ou vous qui m'appelez
Langage de mon père
Et patois dix-septième
Vous me faites voyage
Mal et mélancolie
Vous me faites plaisir
Et sagesse et folie
Il n'est coin de la terre
Où je ne vous entende
Il n'est coin de ma vie
À l'abri de vos bruits
Il n'est chanson de moi
Qui ne soit toute faite
Avec vos mots vos pas
Avec votre musique

Je vous entends rêver
Douce comme rivière
Je vous entends claquer
Comme voiles du large
Je vous entends gronder
Comme chute en montagne
Je vous entends rouler
Comme baril de poudre

Je vous entends grandir
Comme grain de quatre heures
Je vous entends cogner
Comme mer en falaise
Je vous entends passer
Comme glace en débâcle
Je vous entends demain
Parler de liberté

Gilles Vigneault

LE GRAND SIX-PIEDS ***

Aux alentours du Lac Saguay
Il était venu pour bûcher
Et pour les femmes...

Il trimait comme un déchaîné
Pis l' sam'di soir allait giguer
Avec les femmes...

Un Québécois comme y en a plus
Un grand six-pieds poilu en plus
Fier de son âme

Je suis de nationalité
Canadienne-française[1]
Et ces billots j' les ai coupés
À la sueur de mes deux pieds
Dans la terre glaise
Et voulez-vous pas m'embêter
Avec vos mesures à l'anglaise

Mais son patron, une tête anglaise,
Une tête carrée entr' parenthèses
Et malhonnête...

Mesurait l' bois du Grand six-pieds
Rien qu'à l'œil un œil fermé
Y était pas bête…

Mais l' Grand six-pieds l'avait à l'œil
Et lui préparait son cercueil
En épinette

Je suis de nationalité
Canadienne-française[1]
Et ces billots j' les ai coupés
À la sueur de mes deux pieds
Dans la terre glaise
Et voulez-vous pas m'emmerder
Avec vos mesures à l'anglaise

Puis un matin dans les rondins
Il lui a gossé les moustaches
D'un coup de hache…

On a fêté le Grand six-pieds
Y avait d' la bière dans l'héritier
Et puis les femmes…

Monsieur l' curé voulut l' confesser
Mais l' Grand six-pieds lui a chanté
Sur sa guitare

Je suis de nationalité
Canadienne-française[1]
Et ces billots j' les ai coupés
À la sueur de mes deux pieds
Dans la terre glaise
Et voulez-vous pas m'achaler
Avec vos mesures à l'anglaise

Claude Gauthier

---

1. Claude Gauthier, à partir de 1965, chante
« Je suis de nationalité québécoise-
française », puis, après 1970, « Je suis de
nationalité québécoise ».

L'HÉRITAGE ***

À la mort de leur mère
Tous les fils sont venus
Pour parler au notaire
Afin d'avoir des écus.

Refrain
Chapeaux noirs
les yeux dans l'eau
Les mouchoirs
les gros sanglots
Rage au cœur
couteaux tirés
Gerbes de fleurs
Miserere…

Les bons de la victoire
Disparurent en premier
Et les fonds de tiroirs
Étalés sur le plancher.

Refrain

— « Moi, je prends la maison
Je suis l'aîné des garçons. »
« Non toi, ce sera l' piano
— Emporte-le donc sur ton dos. »

Refrain

— « La terre, voyons, notaire,
On s' la divise en lopins. »
— « Non, c'est pas nécessaire
Elle l'a donnée aux voisins. »

Refrain

— « Dites-nous donc, les bâtiments
Qui c'est qui va' n' hériter ? »
— « C'est écrit dans l' testament
Qu' ça va aux œuvres de charité. »

Refrain

Le fils qui est méd'cin
Hérite du râteau à foin,
Celui qui est aviateur
D'une paire de bœufs sans valeur.

Refrain

Béatrice voulait le veau
C'est Siméon qui l'a eu
Donc elle a ouvert le clos,
V'là l'orphelin dans la rue.

Refrain

L'engagé d' la maison
Reste collé avec l'horloge
Dans l' tic-tac de l'horloge
Était roulé un million…

Chapeaux noirs
les yeux dans l'eau
Les mouchoirs
les gros sanglots
Rage au cœur
couteaux tirés
C'est la vieille qui a gagné...

Félix Leclerc
© Les Éditions Archambault inc.

JACK MONOLOY ***

Jack Monoloy aimait une Blanche
Jack Monoloy était Indien
Il la voyait tous les dimanches
Mais les parents n'en savaient rien
Tous les bouleaux de la rivière Mingan
Tous les bouleaux s'en rappellent
La Mariouche elle était belle
Jack Monoloy était fringant
Jack Jack Jack Jack Jack
Disaient les canards les perdrix
Et les sarcelles
Monoloy, disait le vent,
La Mariouche est pour un Blanc

Avait écrit au couteau de chasse
Le nom de sa belle sur les bouleaux
Un jour on a suivi leur trace
On les a vus au bord de l'eau
Tous les bouleaux de la rivière Mingan
Tous les bouleaux s'en rappellent
La Mariouche elle était belle
Jack Monoloy était fringant
Jack Jack Jack Jack Jack
Disaient les canards les perdrix
Et les sarcelles
Monoloy, disait le vent,
La Mariouche est pour un Blanc

Jack Monoloy est à sa peine
La Mariouche est au couvent
Et la rivière coule à peine
Un peu plus lentement qu'avant
Tous les bouleaux de la rivière Mingan
Tous les bouleaux s'en rappellent
La Mariouche elle était belle
Jack Monoloy était fringant
Jack Jack Jack Jack Jack
Disaient les canards les perdrix
Et les sarcelles
Monoloy, disait le vent,
La Mariouche est pour un Blanc

Jack Monoloy, Dieu ait son âme :
En plein soleil dimanche matin
En canot blanc du haut de la dam
Il a sauté dans son destin
Tous les bouleaux de la rivière Mingan
Tous les bouleaux s'en rappellent
La Mariouche elle était belle
Jack Monoloy était fringant
Jack Jack Jack Jack Jack
Disaient les canards les perdrix
Et les sarcelles
Monoloy, disait le vent,
La Mariouche est pour un Blanc

La Mariouche est au village
Jack Monoloy est sur le fond de l'eau
À voir flotter tous les nuages
Et les canots et les billots
Tous les bouleaux de la rivière Mingan
Tous les bouleaux ont mémoire
Et leur écorce est toute noire
Depuis que Monoloy a sacré le camp
Jack Jack Jack Jack Jack
Disaient les canards les perdrix
Et les sarcelles
Monoloy, disait le vent,
La Mariouche est pour un Blanc

Gilles Vigneault

LA MANIC ***
(La complainte de la Manic)

Si tu savais comme on s'ennuie
À la Manic
Tu m'écrirais bien plus souvent
À la Manicouagan
Parfois je pense à toi si fort
Je recrée ton âme et ton corps
Je te regarde et m'émerveille
Je me prolonge en toi
Comme le fleuve dans la mer
Et la fleur dans l'abeille

Que deviennent quand je suis pas là
Mon bel amour
Ton front doux comme fine soie
Et tes yeux de velours
Te tournes-tu vers la Côte-Nord
Pour voir un peu pour voir encore
Ma main qui te fait signe d'attendre
Soir et matin je tends les bras
Je te rejoins où que tu sois
Et je te garde

Dis-moi ce qui se passe à Trois-Rivières
Et à Québec
Là où la vie a tant à faire
Et tout ce qu'on fait avec
Dis-moi ce qui se passe à Montréal
Dans les rues sales et transversales
Où tu es toujours la plus belle
Car la laideur ne t'atteint pas
Toi que j'aimerai jusqu'au trépas
Mon éternelle

Nous autres on fait les fanfarons
À cœur de jour
Mais on est tous des bons larrons
Cloués à leurs amours
Y en a qui jouent de la guitare
D'autres qui jouent de l'accordéon
Pour passer le temps quand y est trop long
Mais moi je joue de mes amours
Et je danse en disant ton nom
Tellement je t'aime

118

Si tu savais comme on s'ennuie
À la Manic
Tu m'écrirais bien plus souvent
À la Manicouagan
Si t' as pas grand-chose à me dire
Écris cent fois les mots « je t'aime »
Ça fera le plus beau des poèmes
Je le lirai cent fois
Cent fois cent fois c'est pas beaucoup
Pour ceux qui s'aiment.

Georges Dor (né Georges Doré)

RENÉE CLAUDE Vol. 3 "il y eut un jour"

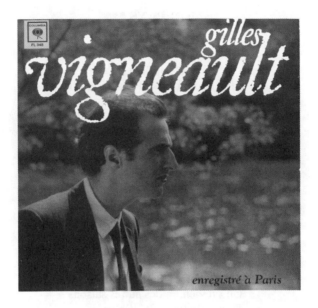

MON PAYS ***

Mon pays ce n'est pas un pays
        c'est l'hiver
Mon jardin ce n'est pas un jardin
        c'est la plaine
Mon chemin ce n'est pas un chemin
        c'est la neige
Mon pays ce n'est pas un pays
        c'est l'hiver

Dans la blanche cérémonie
Où la neige au vent se marie
Dans ce pays de poudrerie
Mon père a fait bâtir maison
Et je m'en vais être fidèle
À sa manière à son modèle
La chambre d'amis sera telle
Qu'on viendra des autres saisons
Pour se bâtir à côté d'elle

Mon pays ce n'est pas un pays
        c'est l'hiver
Mon refrain ce n'est pas un refrain
        c'est rafale
Ma maison ce n'est pas ma maison
        c'est froidure
Mon pays ce n'est pas un pays
        c'est l'hiver

De mon grand pays solitaire
Je crie avant que de me taire
À tous les hommes de la terre
Ma maison c'est votre maison
Entre mes quatre murs de glace
Je mets mon temps et mon espace
À préparer le feu la place
Pour les humains de l'horizon
Et les humains sont de ma race

Mon pays ce n'est pas un pays
   c'est l'hiver
Mon jardin ce n'est pas un jardin
   c'est la plaine
Mon chemin ce n'est pas un chemin
   c'est la neige
Mon pays ce n'est pas un pays
   c'est l'hiver

Mon pays ce n'est pas un pays
   c'est l'envers
D'un pays qui n'était ni pays ni patrie
Ma chanson ce n'est pas ma chanson
   c'est ma vie
C'est pour toi que je veux posséder
   mes hivers…

Gilles Vigneault

MON VIEUX FRANÇOIS ***

Tu sais mon vieux François
La ville c'est pas pour moé
Retournons dans notre île
Amène-moé avec toé
Icitte y a trop d' machines
Ça sent le renfermé
Et pis bonté divine
On voit pas nos journées

J' voudrais voir le village
Là ousque je suis né
Ta barque sur le rivage
Les agrès à côté
J' voudrais voir l'alouette
Et l'entendre chanter
Regarder les mouettes
Le soir seul avec toé

J' voudrais voir sur la rive
La caille s'envoler
Voir travailler la grive
Là drette devant moé
Partons la mer est belle
Embarquons-nous demain
J'ai rapiécé la voile
Dans l' grenier ce matin

Prends ton filet de pêche
Pars avec la marée
Prends-moé d' la morue fraîche
J'ai si l' goût d'en manger
J' veux pas mourir en ville
Toé aussi ben que moé
Retournons dans notre île
Amène-moé avec toé

Tu sais mon vieux François
La ville c'est pas pour moé
Retournons dans notre île
Amène-moé avec toé
Icitte y a trop d' machines
Ça sent le renfermé
Et pis bonté divine
On voit pas nos journées

Quand les outardes remonteront vers le sud
Je t'enverrai un mot de moé ma vieille
Je serai là sur la batture de l'île
Et tu verras mes bras tendus vers toé
Quand les érables auront perdu leurs feuilles
Et que les vents d'automne reviendront
Passeront plus les grands bâteaux au large
Et les pêcheurs dans l'île reviendront

Quand l'herbe tendre
Sera couverte de givre
Et que les bois garderont nos amours
Tu chanteras cette vieille chanson de l'île
Pour un pêcheur qui n'est point de retour

Tu sais mon vieux François
La ville c'est pas pour moé
Retournons dans notre île
Amène-moé avec toé
Icitte y a trop d' machines
Ça sent le renfermé
Et pis bonté divine
On voit pas nos journées

Lawrence Lepage

LE PAYS DONT JE PARLE *

Je connais un pays qui me plaît et que j'aime
Un pays qui n'est pas fait pour les étrangers
Je le foule du pied, souvent je m'y promène
Je peux le parcourir même les yeux fermés

Il étend devant moi ses cimes et ses plaines
Je caresse la terre et j'y frotte ma joue
Et le vent que j'entends, ô languissant poème
Est plus doux que la laine tellement il est doux

Si je m'étends sur lui c'est une plage chaude
C'est du sable mouvant qui m'enlise sans bruit
Si la marée se lève comme un soleil à l'aube
C'est sur son flanc humide que j'y refais mon lit

   Comme un arbre géant, il m'enlace et m'étreint
Il entre ses racines au plus profond de moi
Déjà je suis à lui et je lui appartiens
Je suis de même souche, je suis de même bois, de
                                              [bois

Le pays dont je parle n'est ni petit ni grand
Et comme je suis femme j'en parle, j'en parle tant
Ce pays qui m'enchaîne je le chante à tous vents
Et ce pays que j'aime c'est l'homme qui m'attend

Christine Charbonneau

LE SOLEIL BRILLERA DEMAIN ***

Ce matin il pleuvait sur la ville
et ton cœur est mouillé de chagrin
car le soleil a gagné l'exil
et ton amour le même chemin.

Tu refuses d'ouvrir les paupières
t' as fermé ta fenêtre à la vie
tu ne respires plus que la poussière
tu ne crois plus à la poésie…

Refrain
Mais le soleil brillera demain
ses rayons forceront ta fenêtre
tu sentiras en toi tout renaître
et la vie te tendra la main.
Quant à l'amour que tu as perdu
c'est peut-être aussi bien de la sorte
et dis-toi que la vie qui t'emporte
t'emporte vers un cœur inconnu…

Le soleil depuis quelque temps
a séché les pavés de la ville
et la fillette au bras d'un amant
se promène amoureuse et tranquille.

126

Moi je le regarde tristement
à mon tour j'ai perdu le sourire
mais c'est elle qui est là pour me dire
avec un air de petit enfant…

Refrain

Claude Gauthier

TÊTE HEUREUSE ***

Dessous ma salade en pomme
Sans même lever le doigt
Je voulais être personne
Mais j'en avais pas le droit.
J'eus le choix entre un grain d'orge
Ou bien la force du vent
Devenir maître de forge
Ou encore rêve d'enfant…

J'aurais pu être vicomte
Mais je n'aime pas les rois.
Je devais pondre le monde
Mais Dieu l'a fait avant moi
On m'offrit d'être un saint homme,
Ou poète malgré moi
J'aurais préféré en somme
Être ton cœur ou ta loi.

Jacques Blanchet
© Les Éditions Ma Muse s'amuse

128

TI-JEAN QUÉBEC ***

Ti-Jean Québec c't un gars qu'on connaît
On n'a pas besoin d'en faire un grand portrait
Tout l' monde le voit chacun le côtoie
Ti-Jean Québec c'est le bon Québécois

Ti-Jean Québec soit dit en passant
C'est pas toujours un Ti-Jos Connaissant
Mais à l'ouvrage pas peur de s' camper
D' la poigne à r'vendre et du nerf à r'donner

Ti-Jean Québec c'est l' gars dégourdi
Qui ouvre des terres dans l' fond d' l'Abitibi
C'est l'ouvrier l' pêcheur l'homme des bois
Et le mineur qui défonce l'Ungava

Ti-Jean Québec c'est l' gars des usines
C'est lui qui trime sur toutes sortes de machines
Mais de c'te vie y est pas trop content
Foreman anglais plus souvent qu'autrement

Ti-Jean Québec c't aussi l' collet blanc
Qui s'est instruit pour aller de l'avant
Dans les bureaux des grosses compagnies
Ti-Jean commence à faire pas mal de bruit

Ti-Jean Québec c'est le haut placé
Dans l'administration d' la société
Si des comme-lui y' en a pas beaucoup
Faut pas brailler ça viendra tout d'un coup

Ti-Jean Québec i' a du ciboulot
I' a autant d' tête qu' la tête à Papineau
Pour avoir un pays à son goût
I' endur'ra plus de bâtons dans ses roues

Le gars de d'main c'est Ti-Jean Québec
C'est vous et moi c'est Pierre Jean Jacques avec
Donnons ensemble la patte au beau temps
Disons-nous ben qu'on est tous des Ti-Jean
Tous des Ti-Jean les mains comme à vingt ans
Tous des Ti-Jean les mains pleines de printemps.

Jean-Paul Filion
© Éditions Jacques Labrecque

LE VENT DE L'HIVER ***

Le vent fredonne
Un air plus triste que l'automne
Il me nargue d'hiver
Je le déjoue et me presse
De retourner à mon repaire
Où la chaleur ma maîtresse
Cherche à couvrir mon univers

J'ouvre ma porte
En la voyant je me reporte
Sous un ciel mexicain
Dans le soleil de décembre
Qui me servait de baldaquin
Passent les jours les nuits blanches
Le vent jaloux se meurt au loin

On s'aime, on cause
On s'aime encore on se repose
On parle d'avenir
De plages et de vacances
De l'oasis des souvenirs
Et sur le quai des partances
On rêve avant de s'endormir

L'hiver s'éloigne
Le vent tourne et ça sent l'Espagne
Ouvrons grand les volets
Buvons aux chansons nouvelles
Aux rythmes qui feront danser
J'ai rempli mon escarcelle
De quoi payer le temps passé

Dans ces cordages
Je me sens tout comme en voyage
Le printemps s'est ancré
Et se poursuivra la fête
Bien au-delà du mois de mai
Le vent me monte à la tête
Vive l'amour vive l'été

Pierre Calvé

LA VIE D' FACTRIE ***

J' suis v'nue au monde seule comme tout
[l' monde
C'est seule que j' continue ma vie
À Dieu le Père j' pourrai répondre
C'est jamais moi qu' a fait le bruit
Pour imaginer mon allure
Pensez à novembre sous la pluie
Et pour l'ensemble de ma tournure
Au plus long des longs ormes gris

Comme on dit, dans la fleur de l'âge
J' suis entrée à factrie d' coton
Vu qu' les machines font trop d' tapage
J' suis pas causeuse de profession
La seule chose que j' peux vous apprendre
C'est d'enfiler le bas d' coton
Sur un séchoir en forme de jambe
En partant d' la cuisse au talon

Si je pouvais mett' boute à boute
Le ch'min d' la factrie à maison
Je serais rendue, y a pas d' doute
Faiseuse de bébelles au Japon
Pourtant, à cause de mes heures
J' peux pas vous décrire mon parcours
J' vois rarement les choses en couleurs
Vu qu'il fait noir aller-retour

Quand la sirène crie délivrance
C'est l' cas de l' dire, j' suis au coton
Mais c'est comme dans ma p'tite enfance
La cloche pour la récréation
Y a plus qu'une chose que je désire
C'est d' rentrer vite à la maison
Maintenant j'ai plus rien à vous dire
J' suis pas un sujet à chanson…

Clémence DesRochers (A+I)
Jacques Fortier (C)

134

LES VIEUX PIANOS ***

Y a pas tellement longtemps
Vous vous rappelez
Au temps du guignol, de la dentelle
On se soûlait le dedans de pathétique
C'était la belle époque
Du piano nostalgique.

Adieu rengaines
Qui nous suivaient la semaine
Et savaient nous réjouir
Quand nous vivions le pire
Mais déjà depuis longtemps,
On vous a oubliées
Vous n'êtes plus de notre temps
Restez dans vos musées !

Refrain
Ce sont vos pianos mécaniques
Que vous avez remplacés
Par des boîtes à musique
Qui pour dix sous
Vous tirent deux disques
Coup sur coup
Pourvu que ça joue
Nous on s'en fout.

Ce sont vos pianos tout usés
Qui se sont tus, paralysés,
Et qui ne sont plus qu'objets d'antiquité
Qui autrefois faisaient la joie des salons
Et ils étaient les grands rois de la
[chanson.

Refrain

Mais malgré tout, on se souvient de vous
Et c'est avec regret que l'on vous sait
[muets
Mais ce soir, moi, je vous aime
Et je veux que l'on vous chante
Vous que la vie retranche
De même vos frères, les poèmes...

Refrain

Mais malgré tout on se souvient de vous
Et c'est avec regret que l'on vous sait
[muets
Mais ce soir, moi, je vous aime
Et je veux que l'on vous chante
Vous que la vie retranche
De même vos frères, les poèmes...

Refrain

Mais malgré tout, on se souvient de vous
Et c'est avec regret que l'on vous sait
[muets
Mais ce soir, moi, je vous aime
Et je veux que l'on vous chante.

Pourtant
Y a pas tellement longtemps
Vous vous rappelez
Au temps du...
On se soûlait le dedans de...
C'était la belle époque
Du piano nostalgique.

Claude Léveillée

TROISIÈME PÉRIODE :
DE 1969 À 1978

La fin des années 1960 et les années 1970 constituent l'une des périodes les plus prospères de la chanson québécoise. Les jeunes, qui représentent près du cinquième de la population, sont sensibles aux discours musicaux hétérogènes. Ils ont grandi avec la musique des Félix Leclerc, Gilles Vigneault, Jean-Pierre Ferland, Claude Gauthier, Claude Léveillée et plusieurs autres, avec celle des groupes yé-yé (Les Hou-Lops, Les Sultans, César et les Romains) ; ils connaissent aussi le rock'n'roll, nouvelle manière mis de l'avant par les Beatles, les Rolling Stones, les Doors, les Who, etc. À cet égard, le Robert Charlebois de l'*Osstidcho* aura le mérite non pas d'assurer la synthèse de plusieurs tendances musicales, mais de le faire en français. Si la langue devient un atout majeur de la fortune de la chanson au Québec, elle n'est pourtant qu'un facteur parmi plusieurs du vaste mouvement de valorisation du fait québécois :

La Révolution tranquille crée plus que jamais un climat propice au rejet des modèles traditionnels et à l'adoption de nouvelles pratiques de consommation culturelle, où l'influence des États-Unis joue un rôle déterminant. Cette hausse de la consommation aboutit, dans les années 1970 surtout, à une véritable industrialisation du champ culturel, dominé par une production de masse échappant largement au contrôle local (Linteau, Durocher, Robert et Picard, 1993 : 751).

Sur les plans de la production, de la diffusion et de la réception, cette période est marquée par une effervescence sans précédent de l'activité sociale et culturelle, engendrée par une prospérité économique, stimulée en grande partie par l'État qui met en place des infrastructures propres au développement de l'industrie du spectacle (construction de salles d'importance, subventions à la création, à l'édition et à la promotion, etc.) et qui énonce des mesures coercitives dans le but évident de favoriser la culture québécoise.

L'Exposition universelle en 1967, la Crise d'octobre 1970 et la prise du pouvoir par le Parti québécois en 1976 seront les grands événements politiques de cette décennie. Le premier ouvrira le Québec au monde. Le second illustrera la tentative du gouvernement fédéral d'étouffer l'expression nationale québécoise. Quant au dernier, il sera un point d'aboutissement de la conscience identitaire québécoise. Ce cadre culturel, politique et social donnera à la chanson le véritable statut qu'on lui reconnaît volontiers aujourd'hui. Jamais la chanson québécoise n'a été aussi présente que pendant ces années 1970. D'ailleurs, les textes de plusieurs auteurs passent au réseau de l'édition : « Ces parutions très nombreuses manifestent la volonté de leurs auteurs et de leurs éditeurs de faire appartenir la chanson à la poésie québécoise. Les tirages de plusieurs de ces recueils débordent largement le quota dévolu aux livres de poésie, certains atteignant 10 000, voire 15 000 exemplaires » (Lemire, 1987 : xxxvii).

De fait, poésie et chanson sont ajoutées aux harangues d'usage des grands rassemblements politiques. Pour mémoire citons la série de cinq spectacles justement nommés *Poèmes et chants de la résistance* (1971-1975) qui ont été présentés à la grandeur du Québec ou encore les fêtes publiques (la Saint-Jean-Baptiste devenue la fête nationale des Québécois) auxquelles assistent des foules immenses. C'est avec ce même esprit de mégaspectacle qu'est organisée la *Superfrancofête* en 1974, 1er Festival international de la jeunesse francophone, où sont réunis sur une même scène, Leclerc, Vigneault et Charlebois, devant plus de 125 000 spectateurs. L'année suivante, on présente *Une fois cinq* à Montréal avec Charlebois, Deschamps, Léveillée, Vigneault et Ferland. Autant de preuves que la chanson québécoise est une industrie dorénavant capable d'assurer aux artistes et aux groupes des auditoires considérables et une certaine rentabilité. Pendant ce temps, les petites salles et les boîtes à chansons continuent à être des lieux de diffusion par excellence et deviennent le banc d'essai de jeunes auteurs qui, autrement, ne parviendraient jamais à percer. En somme, l'industrie du disque québécois est à l'image des grandes prestations publiques et détient une part respectable du marché global et ce, même si de nombreuses étiquettes disparaissent après un album ou deux.

À ce titre, l'année 1973-1974 est à marquer d'une pierre blanche puisque la chanson québécoise détient 26 % des ventes du marché du disque au Québec. Des groupes se font et se défont aussitôt. À la grandeur de la province des scènes plus ou moins improvisées offrent les prestations d'une multitude de musiciens amateurs ou semi-professionnels. C'est aussi l'époque où l'on vend le plus d'instruments de musique, des guitares et des harmonicas surtout. Bref, c'est l'ère d'une convivialité placée sous le signe de la musique. Tous les genres sont encouragés, du néo-folklore au rock progressif, en passant par le jazz et le blues : l'expérimentation musicale y atteint son sommet. Raoul Duguay travaille avec le Jazz libre du Québec. Harmonium, avec la collaboration de Neil Chotem, exploite au maximum la musique d'atmosphère dans son album *L'Heptade*. Le duo Dionne-Brégent travaille plutôt la musique répétitive ou minimaliste. Maneige développe un jazz-fusion inédit. Dans les médias électroniques, la chanson québécoise est de plus en plus diffusée : les vedettes du *showbusiness* se produisent à la télévision par le biais de retransmissions de spectacles, d'émissions de variétés, de *talk shows* ; à la radio, on surveille étroitement le quota de 65 % de diffusion de musique francophone, revendiqué aux audiences du CRTC, bien inutilement d'ailleurs, puisque la demande de musique québécoise dépasse toute prévision. Une presse artistique, sous l'égide des grands médias ou en marge des grands circuits, prend forme et participe à cette consécration de la chanson québécoise. Le phénomène de la « starification » prend son essor : si plusieurs artistes atteignent à une véritable renommée, seuls Charlebois, Vigneault et, plus tardivement, Diane Dufresne, connaîtront le succès outre-frontière.

Malheureusement, cet âge d'or de la chanson québécoise ne durera pas. Dès le milieu des années 1970, la chanson québécoise décline. À quoi attribuer ce déclin ? À la victoire du Parti québécois à l'automne 1976 ? En partie seulement, car l'industrie du disque a aussi subi les contrecoups d'une première crise de l'énergie vers 1973 qui augmente les coûts de fabrication d'un microsillon et qui en entraîne une restructuration complète.

LES ABOITEAUX *

Hier je suis allé en rêvant d'Isabeau
Voir le foin pousser sur la digue
Ce coin de pays était si beau
Mais il tombe en lambeaux
Et ses habitants depuis longtemps
N'en peuvent plus de fatigue

Mais les aboiteaux attendent quelque part
Que le pays d'alentour s'éveille
Avant de venir nous parler de départ
Pour d'autres merveilles

Jean Leblanc m'a dit qu'un jour aux aboiteaux
La mer s'en viendrait par la digue
Rassembler les membres du troupeau
Partis sur les bateaux
Que les déportés viendraient fêter
Et qu'on danserait la gigue

Revienne la mer un jour aux aboiteaux
Forcer les clapets de la digue
Qu'elle nous apporte pour bientôt
Ce qu'elle a de plus beau
Je crains cependant que Jean Leblanc
Soit seul pour danser sa gigue

Et les aboiteaux sont toujours quelque part
Attendant que le pays s'éveille
Viendront-ils un jour nous parler de départ
Pour d'autres merveilles

Calixte Duguay

L'ALOUETTE EN COLÈRE ***

J'ai un fils enragé
Qui ne croit ni à Dieu
Ni à diable ni à moi.
J'ai un fils écrasé
Par les temples à finance
Où il ne peut entrer
Et par ceux des paroles
D'où il ne peut sortir

J'ai un fils dépouillé
Comme le fut son père
Porteur d'eau, scieur de bois,
Locataire et chômeur
Dans son propre pays.
Il ne lui reste plus
Qu' la belle vue sur le fleuve
Et sa langue maternelle
Qu'on ne reconnaît pas.
J'ai un fils révolté,
Un fils humilié,
Un fils qui demain
Sera un assassin

Alors moi j'ai eu peur
Et j'ai crié : « À l'aide !
Au secours quelqu'un ! »
Le gros voisin d'en face
Est accouru armé, grossier, étranger
Pour abattre mon fils
Une bonne fois pour toutes
Et lui casser les reins,
Et le dos, et la tête, et le bec,
Et les ailes, alouette, ah !

Mon fils est en prison
Et moi je sens en moi,
Dans le tréfonds de moi,
Pour la première fois,
Malgré moi, malgré moi,
Entre la chair et l'os,
S'installer la colère

Félix Leclerc

AMÈNE-TOI CHEZ NOUS **

Si le cœur te fait mal si tu ne sais plus rire
Si tu ne sais plus être gai comme autrefois
Si le cirque est parti si tu n'as pu le suivre
Amène-toi chez nous je t'ouvrirai les bras
Je n'ai rien d'un bouffon qui déclenche les rires
Mais peut-être qu'à deux nous trouverons la joie

Si tu ne peux pas mordre dans la vie qui t'emporte
Parce que c'est la vie qui te mord chaque jour
Si tu ne peux répondre aux coups qu'elle te porte
Amène-toi chez nous je serai dans ma cour
Je ne sais pas guérir je ne sais pas me battre
Mais peut-être qu'à quatre nous trouverons le tour
Oh ! Viens !

Refrain
N'oublie pas que ce sont les gouttes d'eau
Qui alimentent le creux des ruisseaux
Si les ruisseaux savent trouver la mer
Peut-être trouverons-nous la lumière
Oh ! Viens ! Oh ! Viens !

Si tu cherches à savoir le chemin qu'il faut suivre
Si tu cherches à comprendre ce pourquoi tu t'en
                                              [vas
Si tu vois ton bateau voguer à la dérive
Amène-toi chez nous j'aurai du rhum pour toi
Je ne suis pas marin je vis loin de la rive
Mais peut-être qu'à cent nous trouverons la voie

149

Si tu t'interroges sur le secret des choses
Si devant l'inconnu tu ne sais que penser
Si l'on ne répond pas aux questions que tu poses
Amène-toi chez nous je saurai t'écouter
La vérité m'échappe je n'en sais pas grand-chose
Mais peut-être qu'à mille nous saurons la trouver
Oh ! Viens !

Refrain

Jacques Michel (né Jacques Rodrigue)

L'ANCÊTRE ***

Avec un air nouveau
Sorti du fond des âges
Et son petit chapeau
Sur sa tête de roi mage

Tout guilleret et beau
Le voilà sur ma page
Fier de chanter bien haut
Il vient sans bagage comme les vents du
[large

Ses traces disparues
On l'a peut-être vu
À Rome ou à Dieppe
Il y a deux ou trois siècles

Ou en Andalousie
Ou Mésopotamie
C'était bien, bien pour lui
De s' dire fils de Noé

Il s'appelait Léo
Et peut-être Émilien
Un peu de sang latin
Pourtant des cheveux blonds

151

Et des yeux vert banquise
Donc il était du Nord
Il était minuit cinq
Quand il a touché terre
Un hiver
C'est beau la terre
C'est grand la terre
C'est bon la terre

McDonald ou Arnold
Peut-être Charlemagne
Il avait mille noms
Se bâtit deux cabanes
Attendit le printemps
Une femme se coucha
Ensemencée par lui

Le cuir, le lait, le tabac
Il a touché à tout
Avant de savoir lire
Touché à l'eau, à l'ours
À l'odeur, à la nuit

Le jardin était pur
Les att'lages magnifiques
Médéric, Dominique
Quarante-deux fils uniques

L'océan dans les criques
Une boutique à musique
Et des tiques pleins la peau
Des écorchures au dos

Les saisons sont des filles
Des montagnes éternelles
Grenier, moisson des corps
À faire rêver les rois
Et alors du dehors
La misère et la guerre

Il remonta la côte
Le courage, la faute
Toujours recommencer
Le pont toujours tombé

Aux enfants nouveaux-nés
Ses racines, sa force
Après tant, tant d'années
Au vent coule l'écorce

C'est beau la vie, cadeau suprême
Je viens de lui
Ma robe pleine de trous
À genoux et debout
Comme un loup de légende

Quand je suis délaissé
Je pense que je viens de lui
Et ma douleur s'enfuit
Pour cette vie, merci Léo ou Émilien

La vaisselle est lavée
La lune va se lever
Ma femme dort, je vais dehors
Encore viendra l'aurore
Les morts, c'est pas not' pays
À l'ancêtre et à moi
Puisque moi je suis là
Avec des fils
Pareils à lui

Félix Leclerc

AVANT D'ÊTRE DÉPAYSÉE *

Refrain
Si je prends la peine de chanter
Avant d'être dépaysée
C'est peut-être pour empêcher
Vos cris de se mettre à pleurer
Au beau milieu de ma journée

Si je prends la peine de chanter
C'est pas pour vous dépayser
Vous ne me laissez pas le choix
C'est vos violons, c'est votre voix
Qui sont montés du fond de moi

On a beau me dire qu'aujourd'hui
Y a plus de langue, y a plus d' pays
Y a qu' du folklore en Acadie
Que c'est du vent que je m'ennuie
C'est pas ça qui va m'empêcher
D'avoir mal quand vous racontez
Qu'on laisse vos bateaux couler
Au bout du quai

On a beau me dire que demain
Qu'on soit chinois qu'on soit cayen
On sera tous du même patelin
La terre est ronde on n'y peut rien
C'est pas ça qui va m'empêcher
De m' souvenir de vos veillées
Du parler doux que vous avez
Qui m'est resté

Refrain

Daniel Deschênes [DeShaime] (A+C)
Édith Butler (I)

LE BATEAU DANS LA BOUTEILLE **

J'ai fait ma valise
Je pars demain
Je quitte la ville
Comme on quitte un bateau qui coule
Je veux prendre mon temps
Prendre l'air
Prendre la mer
Je quitte la ville et la foule

Refrain
Je veux être
Libre comme l'air
Briller comme le soleil
Que tout m'émerveille
Je veux être
Libre comme la mer
Libre comme l'air

Les gens de la rue que tu croises
N'ont pas de visage
Ils ne te voient pas, ils t'aperçoivent
Ils sont si tristes le jour
Qu'ils deviennent fous la nuit
Ils sont pâles de fatigue
Rouges comme le vin qu'ils boivent
Pour oublier que la ville meurt avec eux

J'avais un ami, mon meilleur ami
Il a fini comme un bateau dans une
                                    [bouteille
Prisonnier de la ville la nuit
Caché au fond d'un bar triste, sale et noir

Refrain

J'ai fait ma valise
Je pars demain
Je quitte la ville
Comme on quitte un bateau qui coule
Je veux prendre mon temps
Prendre l'air
Prendre la mer
Je quitte la ville et la foule

Geneviève Paris

© Les Éditions Bonne Délivrance
Les Éditions la Guibarde

158

LA BITTT À TIBI ***
(L'Abitibi)

Môi j' viens d' l'Abitibi
Môi j' viens d' la bittt à Tibi
Môi je viens d'un pays
Kié un arbre fôrt
Môi je viens d'un pays
Qui pôusse dans le Nôrd

Dans ce pays qui était cômme un œuf
Le treize février mille neuf cent trente-neuf
Je suis né à Val d'Ôr en Abitibi
Dans ce pays qui est encôre tôuttt neuf
J'ai cônnu Ernest Turcôtte
Qui vivait entre de beaux bôis rônds
Qui parlait aux arbres et aux taôns
Qui chaque matin chaussait ses bôttes
Pôur aller cômme ti-Jean Hébert
Fendre la fôrêt avec ses nerfs

Qui n'avait pas de chain saw
Qui avait hache et bôxa
Et des bras durs cômme la rôche
Et des cuisses cômme des trôncs d'arbre
Et du frônt tôuttt le tôur de la tête
Et qui n'était pas si bête

En mille neuf cent dix
En Abitibi
Dans môn pays
Côlônisé

159

Môi je viens de l'Abitibi (bis)
Môi je viens d'un pays
Qui est de lacs bien rares
Môi je viens d'un pays
Ôù le pôissôn môrd

Quand j'étais petit j'allais jôuer aux bôis
Avec les épinettes et les bôuleaux
J'aimais gazôuiller avec les ôiseaux
Quand j'étais petit je suivais les ruisseaux
Je jôuais de l'Harricana
Sur la rivière Harmônica
Je regardais passer les grôs chars
Sur ma petite cenne qui venait en ôr
Dans un banc de neige
Je creusais maisôn
Et dans la glace j'écrivais tôn nôm

Et l'hiver à l'aréna
Ôn patinait tôuttt en tas
L'été près du lac Blôuin
Ôn faisait semblant de rien
Ôn ramassait des bleuets
Qu'ôn vendait pôur presque rien

En mille neuf cent quelques
En Abitibi
Dans môn pays
Côlônisé

Môi je viens de l'Abitibi (bis)
Môi je viens d'un pays
Qui a un ventre en ôr
Môi je viens d'un pays
Ôù il neige encôre

Dans môn pays qu'ôn dit hôrs de la carte
Môn ôncle Edmônd travaillait sôus la terre
Mais il creusait dans l'ôr sa propre môrt
Môn ôncle Edmônd nôus a mis sur la carte
Dans môn pays qui a grandi
Il paraît qu'aux tôuttt premiers temps
Ôn y gagnait beaucôup d'argent
Il y a de l'ôr en barres qui dôrt ici
Il y a même des pôignées de pôrte en ôr
En cuivre en fer qui vônt de l'autre bôrd

J'aimais jôuer dans la fanfare
Pôur épater tôuttt les pétards
Quand j'allais au Château-Inn
Bôire et rire avec mes piastres
Je revenais cômptant les astres
Au petit matin près de la mine

En mille neuf cent tôuttt
En Abitibi
Dans môn pays
Côlônisé
À libérer

Raoul Duguay

BLEU ET BLANC **

J'ai rencontré le long du chemin
Un vieillard qui demandait de l'argent.
C'était pour s'acheter son gallon de vin
                                        [quotidien,
Lui ai demandé si par hasard
Il avait déjà perdu espoir.
Ce qu'il m'a répondu
Je ne l'oublierai jamais.
Y disait :

Refrain
Bleu et blanc, vert et rouge
Sont les couleurs des cerfs-volants
Qui volent dans la nuit
Oseras-tu jamais prendre en main
Les choses de ta vie
Qui te tiennent à cœur.

Si ce n'est rien qu'une question de fierté
Laisse tomber
T' en as déjà trop pour garder ta liberté
Y en a qui sont des avocats
D'autres des femmes de potiers
Ils ne savent ce qu'ils font de leurs vies
Lorsque,

Refrain

Voir et ne pas entendre les beaux discours
De ces loups qui des finances
Se font une bonne conscience.
On vend et on achète tout ce qu'il y a de neuf
Et d'usage quant aux restes
On dit qu'on peut bien les garder
Lorsque,

Refrain

Ce n'est pas un temps comme les autres
Tout le monde parle de révolution
Malheureusement y en est même pas question
Crois-tu vraiment à ce que tu fais
À ce qui se passe dans la rue
Ou as-tu toi aussi vendu ton point de vue
En disant :

Refrain

Pourtant j'ai bien entendu
Au loin dans un village
Les cloches et les tambours qui ont sonné
Combien de jours d'années de nuits
Combien de feux devra-t-on rallumer
Une bonne journée la hache va tomber
Lorsque,

Refrain

Robert Paquette

LE BLUES D' LA MÉTROPOLE **

En soixante-sept tout était beau
C'était l'année d' l'amour, c'était l'année d' l'Expo
Chacun son beau passeport avec une belle photo
J'avais des fleurs d'ins' cheveux, fallait-tu êt'
[niaiseux

J'avais une blonde pas mal jolie
A vit s' une terre avec quatorze de mes amis
Partie élever des poules à la campagne
Qui m'aurait dit que la nature allait un jour voler
[ma gang

Refrain
Mais qu'est-ce qu'un gars peut faire
Quand y'a pus l' goût de boire sa bière ?
Quand y est tanné de jouer à mère avec la fille de
[son voisin ?
Tous mes amis sont disparus pis moé non plus j'
[me r'connais pus
On est dix mille s'a rue St-Paul
Avec le blues d' la métropole

J' sais pus quoi dire à mes amis
Y sont rendus ou ben trop g'lés ou ben trop
[chauds
Y en a deux trois qui sont rendus un peu trop
[beaux

164

Même Jésus-Christ a embarqué mon ancienne
[blonde dans son troupeau

Refrain

J'avais un chum qui était correct
Mais je l' vois pus y est en prison dans l' bout d'
[Québec
Y a mis des bombes quand y a perdu ses élections
Si j' m'ennuie trop vous êtes ben mieux d' faire
[attention
Refrain

Pierre Huet (A)
Michel Rivard (C)
Beau Dommage (I)

165

LE BLUES DU BUSINESSMAN ***

J'ai du succès dans mes affaires
J'ai du succès dans mes amours
Je change souvent de secrétaire

J'ai mon bureau en haut d'une tour
D'où je vois la ville à l'envers
D'où je contrôle mon univers

J' passe la moitié d' ma vie en l'air
Entre New York et Singapour
Je voyage toujours en première

J'ai ma résidence secondaire
Dans tous les Hilton de la terre
J' peux pas supporter la misère...

— Au moins es-tu heureux ?

J' suis pas heureux mais j'en ai l'air
J'ai perdu le sens de l'humour
Depuis qu' j'ai le sens des affaires

J'ai réussi et j'en suis fier
Au fond je n'ai qu'un seul regret
J' fais pas c' que j'aurais voulu faire...

— Qu'est-ce que tu veux mon vieux !
Dans la vie on fait ce qu'on peut
Pas ce qu'on veut…

J'aurais voulu être un artiste
Pour pouvoir faire mon numéro
Quand l'avion se pose sur la piste
À Rotterdam ou à Rio

J'aurais voulu être un chanteur
Pour pouvoir crier qui je suis
J'aurais voulu être un auteur
Pour pouvoir inventer ma vie (bis)

J'aurais voulu être un acteur
Pour tous les jours changer de peau
Et pour pouvoir me trouver beau
Sur un grand écran en couleurs (bis)

J'aurais voulu être un artiste
Pour avoir le monde à refaire
Pour pouvoir être un anarchiste
Et vivre comme un millionnaire (bis)

J'aurais voulu être un artiste
Pour pouvoir dire pourquoi j'existe

Luc Plamondon (A)
Michel Berger (C)
Claude Dubois (I)

LES BÛCHERONS **

Attachez vos ceintures fils de bûcherons
La sueur vous baptise en sacrament
Détachez vos ceintures fils de bûcherons
La femme vous attise en sacrament

Au chaud dans la cuisine préparons un banquet
Le banquet d'un ami est toujours déjà prêt
Au chaud dans un grand lit les draps sont
                                    [toujours frais
Le grand lit d'un ami attend d'être défait

Apportez vos fourrures fils de bûcherons
La sueur vous baptise en sacrament
Étendez vos fourrures fils de bûcherons
La femme vous attise en sacrament

Dans le chaud de sa cuisse dessinez le portrait
Le portrait d'une belle est toujours très bien
                                    [fait
Dans le chaud de son cou gravez vos initiales
L'écorce du bouleau ne s'efface jamais

Détachez vos ceintures fils de bûcherons
La sueur vous baptise en sacrament
Étendez vos fourrures fils de bûcherons
La femme vous attise en sacrament

Louise Forestier
(née Louise Belhumeur) (A+I)

Jacques Perron (C)

C'EST LE TEMPS ***

Je perdrais l'eau de ma rivière
Si j'en parlais
Le caillou se refait poussière
Quand il lui plaît
Mais si ton âme s'appareille
À cause de mon peu de bruit
Navigue au cœur et à l'oreille
Tu connaîtras la fin des fruits

C'est le temps c'est le temps
D'écouter la rivière
C'est le temps c'est le temps
D'écouter cet oiseau
Tant qu'il reste de l'air dans l'air
Tant qu'il reste de l'eau dans l'eau

Comme la pluie aux cheminées
Ourle son nid
Ainsi au coin de mes journées
J'aurais dormi
Je sais que seconde à seconde
On me cogne au carreau du cœur
En attendant que je réponde
Je fais taire mon cœur menteur

C'est le temps c'est le temps
D'écouter la marée
C'est le temps c'est le temps
D'écouter le bouleau
Tant qu'il reste de l'air dans l'air
Tant qu'il reste de l'eau dans l'eau

Je demeure amoureux d'une île
Qui dort au loin
Moi qui suis le lac dans la ville
Je n'en dors point
D'aussi loin que je me souvienne
Je n'ai point dansé à mon gré
Avec des amours si lointaines
Je ne suis pas près de m'ancrer

C'est le temps c'est le temps
D'inventer la voilure
C'est le temps c'est le temps
De nommer un bateau
Tant qu'il reste de l'eau dans l'air
Tant qu'il reste de l'air dans l'eau

Gilles Vigneault

171

CÂLINE DE BLUES ***

Câline de doux blues
Câline de blues faut que j' te jouze
Câline de doux blues
Câline de blues faut que j' te jouze
Ma blonde a sacré l' camp
J'ai rien qu' toé pour passer l' temps

L'aut' soèr
L'aut' soèr
J'ai chanté du blues
L'aut' soèr
L'aut' soèr
Ça l'a rendue jalouse
Anyway, les femmes sont jalouses du blues
Câline de blues faut que j' te jouze

Câline de doux blues
Câline de blues faut que j' te jouze
Câline de doux blues
Câline de blues faut que j' te jouze
Ma blonde a sacré l' camp
J'ai rien qu' toé pour passer l' temps

Pierre Harel (A)
Offenbach (C+I)

CALVAIRE **
(Volver : adaptation)

Le matin quand tu t' réveilles pis qu' t' as pris un
[coup la veille
Quel calvaire !

T' aurais l' goût d'une cigarette, mais t' as rien qu'
[des allumettes
Quel calvaire !

Tu finis ton fond d' bouteille, tu bois les mégots
[d' la veille
Quel calvaire !

En fermant l' tape à cassette, tu mets l' pied dans
[l' plat d' crevettes[1]
Quel calvaire !

Refrain
Quel calvaire calvaire calvaire ?
Ma'm Brière me disait ça
Oublie jama's mon p'tit gars
On a chacun nos p'tites misères
Mais faut pas s'en faire un calvaire.

Un matin qui fait ben frette, t' as du trouble a'ec ta
[chauffrette
Quel calvaire !

173

Tu vas chercher ta poubelle « a'ê » toute éfouèrée
[dans' ruelle
Quel calvaire !

Tu rencontres une belle brunette, tu t' rends
[compte que c't' une tapette[2]
Quel calvaire !

Un beau jour ton boss t'appelle, pis tu r'tombes
[au bas d' l'échelle
Quel calvaire !

Refrain

Plume Latraverse
(né Michel Latraverse) (A+I)
Normand Grégoire (C)

---

1. Variante : « ... l' pied su' l' ventre d'Henriette. »
2. Variante : « ... tu t' rends compte qu'elle a une quéquette. »

174

CE MATIN *

Ça fait deux ans que je t'attends
Comme si je pouvais me les payer
Ça fait deux ans que je m'accroche
Au peu que j'avais à aimer
Mais on ne connaît pas la même vie
On ne vit pas dans le même pays

J'ai couru les mois les années
En attendant de te retrouver
J'ai couru le soleil plus chaud
En prenant l'hiver pour l'été
Et l'on essayait d'allonger
Un jour en une éternité

Refrain
Ce matin je me suis levée pour rien
J'aurais dû dormir jusqu'à demain
Ce matin je me suis fait mal pour rien
Car je sais tu repartiras demain

À la pensée de me retrouver
Toute seule avec mes souvenirs
À la pensée de ne plus toucher
Ton corps qui me faisait tant frémir
J'aurais envie de te supplier
De ne plus jamais revenir

Car je n'ai plus le goût de suivre
Un chemin éloigné du tien
Je n'ai même plus le goût de vivre
Sans pouvoir te tenir la main
À quoi ça sert de continuer
Puisqu'il faut toujours s'arrêter

Diane Juster (née Diane Rivet)

CHANTER DANSER **

Laissez-moi vous amener loin d'ici
Au beau milieu d'une fantaisie
Laissez grandir votre imagination
Suivez-moi dans un monde d'illusions

Prendre son temps et laisser passer les heures
Écouter le tempo de votre cœur
Un arc-en-ciel nous donne ses couleurs
Et le soleil nous caresse de sa chaleur

Refrain
Chanter danser dans les rues
D'une ville qui n'existe pas
Chanter danser dans les rues
Dans un monde de l'au-delà
Amenez-moi, amenez-moi

Une ville où les rêves prennent vie,
Où l'impossible sombre dans l'oubli
Chacun de nous redevient un enfant
Qui se fait un ami à tous les passants

Laissez-moi vous amener loin d'ici
Au beau milieu d'une fantaisie
Laissez grandir votre imagination
Suivez-moi dans un monde d'illusions

Refrain

Gilles Rivard

CHEZ NOUS **

Chus ben loin
Pourtant c'est là souvent
Dans tous mes souvenirs d'enfant heureux
J'ai ramassé des œufs dans une vieille chaudière
[rouillée
J'ai trouvé dans l'étable une chatte avec des p'tits
[minous
Moé, j' m'ennuie d' chez nous

J'ai encore plein la tête
Des après-midi su' l' voyage de foin
La ville était loin, oubliée
Avec mes p'tits cousins, on jouait à sauter dans
[tasserie d' foin
Pis là on s' gênait pas pour respirer l'air à grands
[coups
Moé, j' m'en vas chez nous

Pis chez vous
Y allez-vous souvent
Dans tous vos souvenirs d'enfant, p'têt' heureux
Ça fait pas si longtemps qu' y a des enfants qui
Connaissent rien que le ciment

On a l' temps d' prendre la route, pis d' la suivre
Jusqu'au bout
Pis s' trouver chez nous
Chez nous…

Fabienne Thibault (A+I)
Pierre Hétu (C)

Fabienne Thibeault

LE CHIC MARCEL ***

Refrain
Le chic Marcel voulait faire un artisse
Y est attiré par tout c' qui touche les arts
Y court les shows y traîne dans les coulisses
Le reste du temps y roule dans son vieux char

C'est pas facile de bâtir une carrière
Quand on habite un p'tit village dans l' nord
On peut chanter à l'hôtel pour d' la bière
Y en a rien qu'un qui touche le piano bar
On peut jouer à l'occasion des fêtes
Dans des séances, aux concerts d' la fanfare
C'est pas comme ça qu'on peut dev'nir vedette
Tout l' monde a pas la chance du p'tit Simard

Refrain

Pendant deux s'maines en pleine rue principale
Le Goéland fut sa boîte à chansons
Y aurait aimé faire d' la radio locale
Mais on y a dit : « T' as pas une bonn' diction »
Le chic Marcel a vendu sa guitare
Personne chez eux croyait à son talent
Y a réussi à s'ach'ter un vieux char
Ça t'en prend un quand tu deviens agent

Refrain

Y a commencé doucement au bas d' l'échelle
Avec Léa joueuse d'accordéon
Gérard Bédard grand chanteur de yodelle
Il les « bookait » dans 'es clubs des environs
Après deux ans comme y avait d' l'expérience
Y a loué des salles y a fait v'nir des gros noms
Y a eu des grèves des malchances d' la tempête
Y a pas eu d' monde pour toutes sortes de raisons

Le chic Marcel a déclaré banqueroute
Y a pris la fuite tout seul dans son vieux char
Y roule tout l' temps y a la pédale au boutte
J' l'ai rencontré une nuit dans un snack-bar
Sur le comptoir y dévorait des frites
Les yeux fixés sur la bouteille de Pepsi
Quand y m'a vue y s'est sauvé ben vite
Chus la dernière qui a travaillé pour lui

Refrain

Le reste du temps y roule dans son vieux char

Refrain

Clémence DesRochers (A+I)
Marc Larochelle (C)
© Éditions Galoche

181

CH' T'AIME PIS CH' T'EN VEUX *** (récitée)

Refrain
Ch' t'aime pis ch' te veux
Dans mes mains dans mes jeux
Sans toé j'me sens vieux
Ch' t'aime pis ch' t'en veux

Tu m' trompes pis je l' sais
Ça m' tue pis tu l' sais
Kessé tu veux que ch' te dise
Ça fait mal ça m' divise
Divise en quatre divise en mille
Ton cœur a des faux cils

Refrain

Chus un vaurien je l' sais ben
Un moins que rien je l' sais trop ben
Mais quand t' es là chus heureux
Chus chez nous dans tes cheveux
T' es mon trésor mon or en barre
Ch' te changerais pas pour un gros char

Refrain

Chus tu-seul comme un héros
J'ai l'air d'un beau flabzo
Avec ma drette pour les thrills
Avec ma paye pour les bills
Ch' te jure que si tu r'viens
Aussi vrai que j' sers à rien
Ch' te fais opérer oui opérer
Pour t'empêcher d' courailler

Refrain

Lucien Francœur (A)
Pierre Gauthier de la Vérendrye (C+I)
Aut'chose (I)

LA COMPLAINTE ***

N'en veuillez pas à ma complainte
Qui m'est venue de l'air du temps
Plus vieille que moi de vingt ans
C'est dans ma tête qu'elle tinte
Depuis longtemps
Je l'eus reconnue entre maintes

Elle est de quand j'aurai dans l'aile
Le plomb qui vous aura déplu
De quand vous ne m'aimerez plus
Mes amis qui m'êtes fidèles
Quand j'aurai eu
Ma part de retour d'hirondelles

À vivre demain tout de suite
Cela me fait peu d'aujourd'hui
Si je m'attarde au bord d'un puits
À boire trop peu et trop vite
Une eau qui fuit
C'est que ma course est bien petite

Je ne sais ce qu'il vous en semble
Mais nous aurons touché du doigt
La surface des autrefois
Qui ne nous ont pas vus ensemble
Et sous le toit
C'est toute la maison qui tremble

À vous de parler de mon village
J'avais vu la ville à l'envers
Une île à tort et à travers
À plus de ports et plus de plages
Et l'eau et l'air
Et le partage des nuages

En voulant tromper ma fatigue
L'ennui la peur la nuit le froid
J'ai chaussé d'un pied maladroit
Le soulier vivant de la gigue
Ce pas de quoi
Se passait d'arme aussi d'intrigue

J'ai remarqué que l'or en poudre
L'argent le fer le plomb surtout
Faisaient toujours les mêmes trous
Dans les hommes longs à recoudre
Toujours debout
Le héros attire la foudre

J'aime à faire aussi révérence
En l'an mil neuf cent vingt qui vient
À celles dont je me souviens
Et qui me sont mes espérances
Mon quotidien
Et ma parole et mon silence

Souvenez-vous que je me nomme
En essayant de vous nommer
Qu'il me fut doux de vous aimer
Entre le serpent et la pomme
Mes yeux fermés
Reconnaîtront naître des hommes

Gilles Vigneault
© Éditions du Vent qui Vire

LA COMPLAINTE DU PHOQUE
EN ALASKA **

Cré-moé, cré-moé pas
Quéqu' part en Alaska
Y a un phoque qui s'ennuie en maudit.
Sa blonde est partie
Gagner sa vie dans un cirque aux États-Unis

Le phoque est tout seul
Y' r'garde le soleil
Qui descend doucement sur le glacier,
Y' pense aux États en pleurant tout bas :
C'est comme ça quand ta blonde t'a lâché

Refrain
Ça vaut pas la peine
De laisser ceux qu'on aime
Pour aller faire tourner
Des ballons sur son nez.
Ça fait rire les enfants
Ça dure jamais longtemps
Ça fait plus rire personne
Quand les enfants sont grands.

Quand le phoque s'ennuie
Y r'garde son poil qui brille
Comme les rues d' New York après la pluie
Y' rêve à Chicago, à Marilyn Monroe,
Y' voudrait voir sa blonde faire un show.

C'est rien qu'une histoire
J' peux pas m'en faire accroire,
Mais des fois, j'ai l'impression qu' c'est moé
Qui est assis sur la glace
Les deux mains dans la face
Mon amour est partie, pis j' m'ennuie

Refrain

Michel Rivard (A+C)
Beau Dommage (I)

LA DANSE DU SMATTE **

J'ai chanté dans la rue
Et au Centre national des arts,
Puis j'ai chanté tout nu dans mon bain
Ça c'était du sport.

J'ai chanté pour du pain,
J'ai chanté pour d' la bière,
J'ai chanté pour du vin,
J'ai chanté pour ma mère,
J'ai chanté mes peines d'amour
À la radio.

Tourne les pages
Ton tour viendra bientôt
Chante, chante tout c' que t' as dans l' ventre
Une passe de guitare et un beau solo,
Chante, chante une toune pour ma tante,
Ton tour viendra bientôt

Refrain
J' veux pas d' tomates
Et gardez les farces plates
Pour la danse du smatte (bis)

J'ai joué du piano
Pour mes chums et puis mes voisins ;
Dans les bars, les bistrots, les bateaux
Dans tous les racoins.

J'ai joué mes meilleures tounes
Pour ceux qui hurlent à la lune,
Mes plus beaux accords
Pour améliorer mon sort,
Un piano désaccordé et vingt-cinq piastres
J'ai joué du tango

Tourne les pages
Ton tour viendra bientôt
Danse, danse sur les notes blanches
Une couple de doubles croches,
Hé man, whata show !
Oh, brasse, brasse la passe à Thanase
Fini mon numéro

Refrain

J' veux pas d' tomates
Puis gardez vos farces plates
Pour la danse du smatt
La danse des culs-d'-jatte

Tourne les pages
Ton tour viendra bientôt
Danse, danse sur les notes blanches
Une couple de doubles croches,
Hé man, whata show !
Oh, brasse, brasse la passe à Thanase
Fini mon numéro

J' veux pas d' tomates
Puis gardez vos farces plates
Pour la danse du smatte
La danse des culs-d'-jatte
La danse du smatte

Daniel Lavoie
© Éditions Janvier

LE DÉBUT D'UN TEMPS NOUVEAU **

Refrain
C'est le début d'un temps nouveau
La terre est à l'année zéro
La moitié des gens n'ont pas trente ans
Les femmes font l'amour librement
Les hommes ne travaillent presque plus
Le bonheur est la seule vertu

C'est le début d'un temps nouveau
Nous voilà devenus des oiseaux
Dans les cumulus du tombeau
Ceux du ciel et ceux du cerveau
Les couleurs se mêlent sur la peau
C'est le début d'un temps nouveau

On commence à se parler en poème
On commence à parler doucement
À se dire je t'aime sur je t'aime
Et ça donne les plus beaux enfants

On connaît les détours du tour du monde
On a des yeux de cinérama
Nos âmes sont devenues des ballons-sondes
Et l'infini ne nous effraie pas

Refrain

Stéphane Venne (A+C)
Renée Claude (née Renée Bélanger) (I)
© Éditions Musicobec

192

DÉLIRE EN FIÈVRE **

C'est le printemps
Les bourgeons germent
Comme pas à pas
Monte la sève
Qui se dégourdit
Et ton manteau
Garde tout au chaud
Tes souvenirs
Prêts à surgir

Refrain
Les lièvres qui sautent en zigzag
Les chèvres qui grimpent la montagne
Tes lèvres qui courent sur ma peau
J'en ai comme fièvre
Un frisson dans le dos
Devenant chaude sève
Dans les os

Temps chaud est là
Qui change cristaux
En gouttes d'eau
Et la pluie tombe
Sans parapluie
Sur ton manteau
Qui garde au chaud
Les souvenirs
De nos désirs

Refrain

Aux jours d'automne
Feuilles frissonnent
Dessous tes pas
Et leurs sœurs tombent
En confettis
Sur ton manteau
Qui garde au chaud
Feuilles à dormir
Terre à couvrir

Refrain

Par les temps froids
Neige s'effondre
Dessous tes pas
Les cristaux tombent
Au ralenti
Sur ton manteau
Qui garde au chaud
Tes souvenirs
En devenir

Refrain

Jean-François La Mothe

DEPUIS L'AUTOMNE... **

Une chanson pour ici
Pour nous dire qu'on a refroidi
Une chanson en souvenir
Du temps qu'on voulait détruire
Un accord qui nous donne
Ce qu'on attend de l'automne
Quand y a pus rien à personne

Une chanson juste pour toé
Juste pour dire grouille-toé
Une chanson pour m' haïr
Parce que j'ai pus rien à dire
Rien à dire cet automne
Quand y serait temps qu'on frissonne
Parce qu' y a pus rien à personne

On voulait chanter dans la rue
Pour être moins perdus
P'is c'est la rue qu'on a perdue

Une chanson par ici
On n' a d' besoin ces temps-ci
Une chanson à retenir
Comme on retient nos désirs
Va falloir qu'a soit bonne
Si on veut passer l'automne
Sans que rien manque à personne

Une chanson d'un parti
Qui fait pus partie d'ici
Une chanson pour repartir
Loin du grand musée de cire
Excuse-moé d' casser ton fun
Mais j' me cherche une rime pour
[automne
Qui rime à rien ni à personne

Si c't un rêve, réveille-moé donc
Ça va être notre tour, ça sera pas long
Reste par icitte parce que ça s'en vient

Depuis que j' sais qu' ma terre est à
[moé
L'autre y est en calvaire
Eh ! Calvaire on va s'enterrer

Serge Fiori (A)

Michel Normandeau (C)

Harmonium (I)

© Shediac Music Publishing-Jobina Communications

DE TEMPS EN TEMPS,
MOI J'AI LES BLEUS *

Refrain
De temps en temps, moi j'ai les bleus (bis)
Les bleus royals, les bleus marines,
Les bleus turquoises, les bleus pastels,
Les bleus d'amour, les bleus tout court.
C'est pas si mal de temps en temps (bis)
J'en connais qu' ont les bleus tout l' temps
                                                    [(bis).

D'habitude j'ai d'autres couleurs,
Je me réveille de bonne humeur,
Je m'habille en rouge ou tout en blanc
Je laisse mes cheveux voler au vent
J' mets mes colliers pour déjeuner.

Refrain

Qu'on vienne me voir tôt le matin
Ou tard le soir, ça ne fait rien
La porte s'ouvre sans façon,
La radio chante des chansons
Et moi je ris, j'aime la vie.

Refrain

Je n' me fais jamais de problèmes ;
Mes bleus s'en vont et ils reviennent.
Le soleil brille après la pluie,
C'est toujours comme ça dans la vie :
On pleure un peu, pis ça va mieux.

C'est pas si mal de temps en temps (bis)
J'en connais qu' ont les bleus tout l' temps
[(bis).

Angèle Arsenault

DORIS **

C'était une fille qui venait d' Val d'Or
Elle n'avait jamais vu la grande ville
Poussée par un grand vent du nord
Elle s'est retrouvée un dimanche, dans l'après-midi
Dans un bar-salon d' la rue Jean-Talon
En train d' passer une audition.

Assise sur le juke-box
Doris raconte sa tendre enfance :
« Maman jouait du violon, papa d' l'accordéon
Pis moi j' tapions sur les chaudrons
J' suis prête à tout, j' suis prête à chanter debout
Donnez-moi un micro, quinze minutes de show
Pis je r'vire la place à l'envers. »

Refrain
« J'ai ben des choses à dire
J'ai ben des routes à courir
Faut que j' chante, ou ben j' m'en va mourir
Pour vivre j'ai besoin d' faire danser les tables
Autant qu'il y en a dans l' club
Pis tu sais qu' j' chus capable. »

Ça fait quelques mois de ça,
J' l'ai revue dans l' coin d' Rouyn
Moi j' jouais dans un orchestre
Elle a chanté dans une noce,
Elle m'a demandé : « C'est-y-mieux d' chanter
                                              [pour vivre

Ou ben de vivre pour chanter ?
Moi j' suis rendue que je l' sais pus
C' que c'est qu' d'avoir un but
J' me promène de bars en grills
On dirait qu' j'ai perdu l' thrill. »

Sur un vieux piano aux dents cariées
Doris s'est remise à courailler
Plessisville, Marieville, La Pocatière à soir
Les Escoumins demain matin
« Du moment que j' chante,
J' suis comme une étoile filante
Y a pus rien pour m'arrêter,
Faut que j' passe à travers dé moi. »

Refrain

Cassonade (né Stephen Faulkner)
© Éditions Faucon blanc/Socan

EILLE **

Eille les pacifistes
Eille les silencieux
Eille la majorité où êtes-vous donc

Du fond des prisons
Du fond de l'injustice
Ils crient vers vous

Eille seriez-vous si aveugles
Eille seriez-vous à plat ventre
Eille seriez-vous si peureux

Que vous ne verriez pas
Votre frère emmuré
Votre sœur emprisonnée

Pourquoi est-il si long, long le chemin de
[la liberté

Chaque jour on nous ment
Chaque jour on nous méprise
Chaque jour on nous vend

C'est assez de se laisser manger la laine
[sur le dos
C'est assez de se taire

201

Pourquoi est-il si long, long le chemin de
[la liberté

Eille ceux qui sympathisent en silence
Eille ceux qui disent tant mieux
Eille ceux qui se réjouissent
Eille ceux qui dénoncent
Eille les bien-pensants
Eille les pas-inquiétés

Eille eille la majorité silencieuse

Où êtes-vous donc
Où sommes-nous donc
C'est aujourd'hui qu'il faut chasser la peur
Qu'il faut s'emparer de la vie
C'est aujourd'hui qu'il faut vivre debout
Eille, eille, eille la majorité si c'était nous
Eille, eille, eille la majorité si c'était vous

EILLE EILLE EILLE LA MAJORITÉ SI
[C'ÉTAIT VOUS
EILLE EILLE EILLE LA MAJORITÉ SI
[C'ÉTAIT NOUS

Pauline Julien (A+I)

Jacques Perron (C)
© Les Éditions Nicolas enrg.

202

LES ENFANTS D'UN SIÈCLE FOU **

Nous sommes les enfants d'un siècle fou
Et d'une terre patiente
Nous sommes les enfants d'un peu de temps
De beaucoup de pierres et de vent
Les enfants d'un grand printemps
Et de milliers d'hivers

Nous avons reçu de nos pères
Les forêts et les rivières
Les champs de neige un peu de blé
Le soleil d'un court été
Une vie à réapprendre
Un pays à trouver

Et puis des milliers de chansons
À la mesure d'une gigue
À la mesure de cette terre
À la mesure de la planète
Il y a tant de nuits à traverser
Et tant de choses à faire

Nous sommes les enfants d'un rêve fou
Et d'un chemin si fragile
Nous ne rêverons plus d'ailleurs
Et bâtirons en chantant
Un monde à refaire
            par nos enfants

Francine Hamelin (A)

Marie-Claire Séguin (C)

Les Séguin
(Marie-Claire et Richard) (I)

L'ÉTOILE D'AMÉRIQUE ***

Je la vois
Je la vois déjà
Cette étoile dans la nuit…
Je l'entends
Je l'entends déjà
Cette voix qui me poursuit…
Elle me dit :
Viens cueillir la vie
Je suis femme
Musique et amour
Viens !
Oui mais comment
Comment vous le dire
Nous de la terre
On ne sait pas
Car maison, travail
Savent nous retenir…
Alors comment, comment
Vous appartenir…
Mais…

Refrain
Mais l'Amérique, l'Amérique
L'Amérique peut bien crouler
Mon amour, mon amour
Ne me laisse pas la main
Depuis le temps
Qu'on se cherchait.

Je la vois
Je la vois déjà
Cette étoile dans la nuit…
Je l'entends
Je l'entends déjà
Cette voix qui me poursuit…
Elle me dit :
Viens cueillir la rose
Je suis poème
Source et chanson
Viens !
Oui mais comment
Comment vous le dire
Nous de la terre
On ne sait pas
Car finance et guerre
Savent nous retenir…
Alors comment, comment
Vous suivre…
Mais…

Refrain (bis)

Mais l'Amérique, l'Amérique
L'Amérique peut bien crouler
Mon amour, mon amour
Ne me laisse pas demain
Depuis le temps
Qu'on se cherchait
Qu'on s'appelait
Qu'on s'attendait

Claude Léveillée

L'ÉTRANGER **

Quand j'étais petite fille
Dans une petite ville
Il y avait la famille, les amis, les voisins
Ceux qui étaient comme nous
Puis il y avait les autres
Les étrangers, l'étranger
C'était l'Italien, le Polonais
L'homme de la ville d'à côté
Les pauvres, les quêteux, les moins bien
[habillés

Et ma mère bonne comme du bon pain
Ouvrait sa porte
Rarement son cœur
C'est ainsi que j'apprenais la charité
Mais non pas la bonté
La crainte mais non pas le respect

Dépaysée, au bout du monde
Je pense à vous, je pense à vous
Demain ce sera votre tour
Que ferez-vous, que ferez-vous
Dépaysée au bout du monde
Je pense à vous, je pense à vous
Demain ce sera votre tour
Que ferez-vous, que ferez-vous

Aujourd'hui l'étranger
C'est moi et quelques autres
Comme l'Arabe, le Noir, l'homme d'ailleurs,
L'homme de partout
C'est un peu comme chez nous
On me regarde en souriant
Ou on se méfie
On change de trottoir quand on me voit
On éloigne les enfants
Je suis rarement invitée à leur table

Il semble que j'aie des mœurs étranges
L'âme aussi noire que le charbon
Je viens sûrement du bout du monde
Je suis l'étrangère
On est toujours l'étranger de quelqu'un

Dépaysée au bout du monde
Je pense à vous, je pense à vous
Demain ce sera votre tour
Que ferez-vous, que ferez-vous
Dépaysée au bout du monde
Je me prends à rêver, à rêver
À la chaleur, à l'amitié,
Au pain à partager, à la tendresse

Croyez-vous qu'il soit possible d'inventer un
                                          [monde
Où les hommes s'aiment entr' eux
Croyez-vous qu'il soit possible d'inventer un
                                          [monde

Où les hommes soient heureux
Croyez-vous qu'il soit possible d'inventer un
[monde
Un monde amoureux
Croyez-vous qu'il soit possible d'inventer un
[monde
Où il n'y aurait plus d'ÉTRANGER.

Pauline Julien (A+I)
Jacques Perron (C)

FAUT QUE J' ME POUSSE **

Faut que j' me pousse
Y a rien à faire
Tout' me donne la frousse
J' mène un train d'enfer
J' sé pas si cé moé qui é trop p'tit
P'têt' ben qu' l'amour est morte

A l'ava des ong' rouges
Des yeux pleins d'or à fou
Ça été d' valeur qu'à jouz
À vouloir me mettre à g'noux
Asteur faut que j' me r'couz le cœur
Y é patché plein d' trous

Faut que j' me pousse
Y a rien à faire
Tout' me donne la frousse
J' mène un train d'enfer
J' sé pas si cé moé qui é trop p'tit
P'têt' ben qu' le vent m'emporte
J' sé pas si cé moé qui é trop grand
P'têt' ben qu' j' mélang' la vie pis lé vues

Asteur faut que j' me r'couz le cœur
Y é patché plein d' trous

Faut que j' me pousse
Y a rien à faire
Tout' me donne la frousse
J' mène un train d'enfer
J' sé pas si cé moé qui é trop p'tit
P'têt' ben qu' le vent m'emporte
J' sé pas si cé moé qui é trop grand
P'têt' ben qu' j' mélang' la vie pis lé vues

Pierre Harel (A)

Gerry Boulet (né Gérald Boulet) (C)

Offenbach (I)

© Les Éditions Offenbach

LE FRIGIDAIRE ***

Refrain
Tant qui m' rest'ra quèqu' chose dans l' frigidaire
J' prendrai l' métro j' ferm'rai ma gueule pis j'
[laiss'rai faire
Mais y a quèqu' chose qui m' dit qu'un beau matin
Ma Rosalie on mettra du beurre su' not' pain

Moi qu' avais des belles îles, des buttes et des
[sillons
Me v'là perdu en ville, tout seul dans des millions
J' vis sur les autobus, au Pizza King du coin
Les gens me parlent pas plus que si j'étais un
[chien

Refrain

Une chance que toi tu m'aimes assez pour
[m'endurer
C'est comm' pendant l' carême quand j' volais des
[candy
J' me considère lucky d'avoir ma Rosalie
La ville est polluée l'air est pur dans mon lit

Refrain

J' suis naufragé en ville chez une bande d'inconnus
Rosalie t' es tranquille pis tu chantonnes même
[plus
J' travaille pour pas grand-chose, on vieillit
[comm' des fleurs
Nos seuls bouquets de roses c'est les lettres du
[facteur

Refrain
Tant qui m' rest'ra quèqu' chose dans l' frigidaire
J' prendrai l'métro j' ferm'rai ma gueule pis j'
[laiss'rai faire
Mais y a quèqu' chose qui m' dit qu'un beau matin
Ma Rosalie on s'en r'tourn'ra d'où c'est qu'on
[d'vient

Georges Langford (A+C)
Tex Lecor (né Paul Lecorre) (I)

213

GENS DU PAYS ***

Le temps que l'on prend pour dire : « Je
                                        [t'aime »
C'est le seul qui reste au bout de nos jours
Les vœux que l'on fait
Les fleurs que l'on sème
Chacun les récolte en soi-même
Aux beaux jardins du temps qui court

Refrain
Gens du pays c'est votre tour
De vous laisser parler d'amour
Gens du pays c'est votre tour
De vous laisser parler d'amour

Le temps de s'aimer, le jour de le dire
Fond comme la neige aux doigts du printemps
Fêtons de nos joies, fêtons de nos rires
Ces yeux où nos regards se mirent
C'est demain que j'avais vingt ans

Refrain

Le ruisseau des jours aujourd'hui s'arrête
Et forme un étang où chacun peut voir
Comme en un miroir l'amour qu'il reflète
Pour ces cœurs à qui je souhaite
Le temps de vivre leurs espoirs

Refrain

Gilles Vigneault (A+I)
Gaston Rochon (C)
© Éditions du Vent qui Vire

HARMONIE DU SOIR À CHÂTEAUGUAY **

Dimanche au soir à Châteauguay,
Les pieds pendant au bout du quai
Les pieds pendant au bout du quai
Les pieds pendant au bout du quai.

La rivière joue de l'harmonica,
Ma blonde se baigne les pieds dans l'eau
Ma blonde se baigne les pieds dans l'eau
Ma blonde se baigne les pieds dans l'eau.

C'est plein d'oiseaux qui courent le long de
[l'eau
En chantant leurs chansons d'oiseaux,
C'est plein d'oiseaux qui courent le long de
[l'eau.

Les enfants r'viennent en chaloupe,
Y ont pêché trois crapets-soleils
Y ont pêché trois crapets-soleils
Y ont pêché trois crapets-soleils.

Les mouches à feu font des folies,
Les ouaouarons sont pas plus fins
Les ouaouarons sont pas plus fins
Les ouaouarons sont pas plus fins.

Plus tard on ira sur le sable s'étendre
Pour compter les étoiles filantes,
Plus tard on ira sur le sable s'étendre.

Dimanche au soir à Châteauguay,
Les pieds pendant au bout du quai
Les pieds pendant au bout du quai
Les pieds pendant au bout du quai.

Robert Léger (A+C)
Beau Dommage (I)

HARMONIUM **

Imaginez
Qu'un homme – musicien
Vienne voir si je suis vivant
Chargé par ses mille instruments
Y en avait un pour moi, justement.

Il est entré
Sans rien me dire
L'encre s'est mise à couler
Dans ma tête et sur un vieux papier
Il m'a dit de vous dire
Qu'il n'y a plus rien à dire
Il m'a dit de vous dire
D'écouter.

Refrain
D'écouter le silence
Qui voudrait bien reprendre
Sa place dans la balance

De se remettre au monde
À chaque seconde.

Imaginez
Qu'un homme – musicien
Joue des airs d'un autre temps
Délivrant son corps de ses talents
Il a pu faire de moi son enfant.

Il m'a souri
Ça m'a fait rire
On a joué quelques instants
S'amusant avec les harmonies
Il m'a dit de vous dire
Qu'il n'y a plus rien à dire
Il m'a dit de vous dire d'écouter.

Refrain

Serge Fiori (A)

Michel Normandeau (C)

Harmonium (I)

© Shediac Music Publishing-Jobina Communications

HEUREUX D'UN PRINTEMPS **
(Inspiré de la « Turlute
d'Antonio Bazinet »)

Heureux d'un printemps
Qui m' chauffe la couenne
Triste d'avoir manqué
Encore un hiver
J' peux pas faire autrement
Ça m' fait d' la peine
On vit rien qu'au printemps
L' printemps dure pas longtemps

Assis su' l' bord d' mon trou
J' me creuse la tête
J' pense au bonheur des gens
J' sais ben qu' ça va pas durer
Ça l'air qu' ça prend des sous
Pour faire la fête
À qui appartient l' beau temps
L'hiver l'été durant

L'été c'est tellement bon
Quand t' as la chance
D'avoir assez d'argent
Pour voyager sans t'inquiéter
Pour le fils d'un patron
C'est les vacances
Pour la fille du restaurant
C'est les sueurs pis les clients

On dit qu' l'hiver est blanc
Comme un nuage
Mais ça évidemment
Dans l' chalet près du foyer
Dans l' fond c'est salissant
Au prix c' qui' est l' chauffage
Y a pas pire moment d' l'année
Quand t' es pris pour t'endetter

Faut qu' j' m'en retourne dans mon trou
Creuser ma peine
J'ai vu l' surintendant
J' peux rien t' dire en attendant
Le jour où ça sera nous
Qui ferons la fête
Imaginez le printemps
Quand l'hiver sera vraiment blanc

Heureux d'un printemps
Qui m' chauffe la couenne
Triste d'avoir manqué
Encore un hiver
J' peux pas faire autrement
Ça m' fait d' la peine
On vit rien qu'au printemps
L' printemps dure pas longtemps

Paul Piché
© Les Éditions la Minerve

L'INFIDÈLE ***

Je suis infidèle
La musique m'appelle
L'amour m'envahit
Les forêts me hantent
Le spectacle m'enchante
Et j'aime sans bruit
Faire le tour du monde
Qui m'entoure ici
Je suis l'infidèle
Qui vous appelle
Du fond de la nuit
N'ayez plus de peine oh non non
Vivez libres sereines
Aimez-moi comme je suis
Si je suis la peine
Dites-le moi vous-mêmes
Même si je vous aime

La musique m'appelle
Et je suis infidèle
Car l'amour m'envahit
Le spectacle où je chante
Ces forêts qui m'enchantent
Où l'on aime sans bruit
Je suis l'homme d'en face
Un enfant de l'espace
Pour un bout de vie
Je voudrais être ce que j'aime
Pour aimer ce que je suis

Je voudrais être ce que tu aimes
Pour être en toi aussi
Et faire le tour du monde qui m'entoure
Aimer des amis
Retracer la trace
De ceux qui m'embrassent
Retracer leurs traces

Claude Dubois

J'AI PERDU TON AMOUR PAR MA FAUTE *

Refrain
J'ai perdu ton amour par ma faute (bis)
J'aurais dû me douter du passé
J'ai joué avec ton cœur
J'ai brisé mon bonheur
Je n'ose te regarder
Je ne fais que pleurer
Et quand je te vois
Avec un autre
Que tes jolis yeux lui sourient
Je n' tiens plus à la vie
Pour moi tout est fini
J'ai perdu ton amour par ma faute (bis)

Dans mes rêves
Je revois ta présence
J'ai tout fait
Je ne peux t'oublier
Tu me redis « Je t'aime »
Tu me chantes tes poèmes

Je suis à tes côtés
Pour mieux te caresser
Car en effet pour moi
Toutes choses
Reviens-moi je te demande pardon
Les jours sont si moroses
Je n'avais pas raison

Refrain

Willie Lamothe
(né William Joachim Lamothe)
© Éditions Maskoutaines

J'AI PORTÉ TON CHANT **

J'ai porté ton chant
Comme un oiseau blessé
J'ai gravé ton nom
Au feu de mes chansons
Je t'ai vue inconnue
Et je t'ai aimée
Au creux de mes deux mains
L'oiseau s'est réfugié

Mon Acadie blessée
Mon Acadie brimée
N'aie pas peur, n'aie pas peur
Le jour va se lever

J'ai porté ton chant
Comme un oiseau blessé
Je t'ai même défendue
Quand tu étais perdue
J'ai porté ta vie
Enlacée à ma vie
Au creux de mes deux mains
L'oiseau a fait son nid

Mon Acadie fragile
Mon Acadie d'exil
N'aie pas peur, n'aie pas peur
On se retrouvera

226

J'ai porté ton chant
Comme un oiseau blessé
J'ai conté ton histoire
Revécue de mémoire
J'ai tremblé pour toi
Et puis un beau matin
Au creux de mes deux mains
L'oiseau s'est éveillé

Mon Acadie tourmente
Mon Acadie partante
N'aie pas peur, n'aie pas peur
Le printemps reviendra

J'ai porté ton chant
Comme un oiseau blessé
J'ai porté ta nuit
Du fond de son oubli
J'ai rêvé pour toi
Et défié la loi
Au creux de mes deux mains
L'oiseau s'est retrouvé

Mon Acadie naufrage
Mon Acadie courage
N'aie pas peur, n'aie pas peur
Tu peux te reposer

J'ai porté ton chant
Comme un oiseau blessé
J'ai trouvé le temps
De tout recommencer
J'ai soufflé pour toi
Des mots de liberté
Au creux de mes deux mains
L'oiseau s'est envolé

Mon Acadie mystère
Mon Acadie troublante
Mon Acadie vivante
Mon Acadie merci

Lise Aubut (A)
Édith Butler (C+I)

J'AI RENCONTRÉ
L'HOMME DE MA VIE ***

Aujourd'hui
J'ai rencontré l'homm' de ma vie
Wo-o-o-o aujourd'hui
Au grand soleil, en plein midi

On attendait le même feu vert
Lui à pied et moi, dans ma Corvair
J'ai dit : « Veux-tu un lift ? »

Aujourd'hui
J'ai rencontré l'homm' de ma vie
Wo-o-o-o aujourd'hui
Je l'ai conduit jusque chez lui

J' suis montée à son appartement
Entre la terre et le firmament
Il m'a offert un drink

— Qu'est-ce que tu fais dans la vie ?
— J' fais mon possible
— Prends-tu d' l'eau dans ton whisky ?
— Non, j' le prends straight

Aujourd'hui
J'ai rencontré l'homm' de ma vie
Wo-o-o-o aujourd'hui
Un seul regard nous a suffi

Mon horoscop' me l'avait prédit
Quand je l'ai vu j'ai su qu' c'était lui
J'ai deviné son signe...

Aujourd'hui
J'ai rencontré l'homm' de ma vie
Wo-o-o-o aujourd'hui
Au grand soleil, en plein midi

Luc Plamondon (A)
François Cousineau (C)
Diane Dufresne (I)
© Les Éditions Coudon

JE FERAI UN JARDIN ***

Refrain
Cet été je ferai un jardin
Si tu veux rester avec moi
Encor quelques mois
Il sera petit, c'est certain
J'en prendrai bien soin
J'en prendrai bien soin
Pour qu'il soit aussi beau que toi

Si tu veux attendre avec moi
Que les oiseaux reviennent
Si tu peux souffrir ces semaines
De silence et de froid
J'ai déjà dessiné pour toi
Un jardin au fond de la cour
À l'image de notre amour
Quand tu y crois

Refrain

Nous regarderons pousser les fleurs
Les légumes et les fruits
Avec la foi des tout-petits
Le soleil de cinq heures
Fera renaître nos ardeurs
Tu te souviens de nos étés ?
Si tu voulais encor rester
Jusqu'aux chaleurs

Clémence DesRochers (A+I)
Louis-Philippe Pelletier (C)

JE NE SUIS QU'UNE CHANSON **

Ce soir, je ne me suis pas épargnée
Toute ma vie j' l'ai racontée
Comme si ça ne se voyait pas
Que la pudeur en moi n'existe pas

Ce soir, au rythme de mes fantaisies
J' vous ai fait partager ma vie
En rêves ou en réalité
Ça n'en demeure pas moins la vérité

Refrain
Mais moi, je ne suis qu'une chanson
Je ris je pleure à la moindre émotion
Avec mes larmes ou mon rire dans les yeux
J' vous ai fait l'amour de mon mieux

Mais moi, je ne suis qu'une chanson
Ni plus ni moins qu'un élan de passion
Appelez-moi marchande d'illusions
Je donne l'amour comme on donne la raison

Ce soir, je n'ai rien voulu vous cacher
Pas un secret j'ai su garder
Comme si ça ne se voyait pas
Que j'avais besoin de parler de moi

Refrain

Mais moi, je ne suis qu'une chanson
Je ris, je pleure à la moindre émotion
Avec mes larmes ou mon rire dans les yeux
J' vous ai fait l'amour de mon mieux...

Diane Juster (née Diane Rivet) (A+C)
Ginette Reno (née Ginette Raynault) (I)

JE SENS TOURNER LA TERRE *

Je sens tourner la Terre
Je sens le cœur du temps
Battre dans la lumière
Je me suis emmêlée
À tes flancs à tes tempes
À tes veines gonflées
Au soleil de ton sang
Je suis entremêlée
Des fruits éclatent et jonchent le matin
Des fruits éclatent et jonchent le matin

Je sens passer les heures
J'écoute dans mon sang
Circuler ma nuit blanche
Je me suis emmêlée
Dans une source vile
À une eau déployée
L'amour me recommence
Je suis entremêlée
Des fruits éclatent et jonchent le matin
Des fruits éclatent et jonchent le matin

Là-bas dans nos nuits nous prenons le
                                          [large
Le large nous prend mon amour
Là-bas dans nos nuits je t'aime je t'aime
Emmêlons nos vies pendant le jour…

Je sens tourner la Terre
Je sens le cœur du temps
Respirer dans ma tête
Je n'ai pas fait serment
Mais ma peau est fidèle
Pour au moins cet instant
Je me suis emmêlée
J'écoute dans mon sang

Un rythme fou me répéter que j'aime (bis)

Suzanne Jacob
(née Suzanne Barbès)

Christian Gauthier (C)
© Les Productions Comi inc.

LE LABRADOR ***

Je dois retourner vers le Nord
L'un de mes frères m'y attend
Faudrait tirer traîner le temps
Avec mon frère qui est dedans
Il pousse sur un traîneau géant
Les exploiteurs se font pesants

Faudrait rapporter du soleil
De la chaleur pour les enfants
Flatter les chiens du vieux chasseur
Boire avec lui un coup de blanc
Traîner le Sud vers le Nord
Notre Sud est encore tout blanc

Mon père parlait du Labrador
Du vent qui dansait sur la mer
Un homme marchait sur la neige
Cherchant des chiens pour un traîneau
Il est rentré les yeux mouillés
Puis un avion nous l'a ramené

Un millier d'hommes sur la neige
N'ont pas d'endroit pour retourner
Ils sont figés là sans connaître
Ils n'ont que du Sud à penser
Je dois retourner vers le Nord
Chanter l'été du Labrador

Claude Dubois

LINDBERG **

Des hélices : astro-jets – whisper-jets –
                              [clipper-jets
Turbos, à propos :
Chus pas rendu chez Sophie
Qui a pris l'avion Saint-Esprit
de Duplessis,
Sans m'avertir

Alors chus r'parti sur
Québec Air, Transworld, Northeast,
                              [Eastern, Western
Pi Pan American !
Mais ché' pus...
Où chus rendu.

J'ai été
Au Sud du Sud
Au soleil bleu blanc rouge
Les palmiers et les cocotiers glacés
Dans les pôles aux esquimaux bronzés
Qui tricotent des ceintures fléchées
                              [farcies
Et toujours la Sophie
Qui venait de partir.

Alors chus r'parti sur
Québec Air, Transworld, Northeast,
                    [Eastern, Western
Pi Pan American !
Mais ché' pus…
Où chus rendu.

Y avait même une compagnie qui
                    [engageait
Des pigeons qui volaient en dedans
Et qui faisaient le ballant
Pour la tenir dans le vent
C'était absolument, absolument,
                    [absolument
Très salissant.

Alors chus r'parti sur
Québec Air, Transworld, Northeast,
                    [Eastern, Western
Pi Pan American !
Mais ché' pus…
Où chus rendu.

Ma Sophie a pris une compagnie
Qui volait sur des tapis de Turquie
C'est plus parti. Et moi à propos
Chus rendu à dos de chameau…

Je préfère mon
Québec Air, Transworld, Northeast,
                    [Eastern, Western
Pi Pan American !
Mais ché' pus...
Où chus rendu.

Pis j'ai fait une chute, une christ de
                        [chute, en parachute
Et j'ai retrouvé ma Sophie
Elle était dans mon lit,
Avec mon meilleur ami,
Et surtout
Mon pot de biscuits à l'érable
Que j'avais ramassés sur
Québec Air, Transworld, Northeast,
                    [Eastern, Western
Pi Pan American !

Claude Péloquin (A)
Robert Charlebois (C+I)

240

LA MAUDITE MACHINE **

J'ai vu un matin
Un vieux robineux
M'a tendu la main
Pour une cenne ou deux
C' pas drôle dans la rue

Quand y faut dormir
Dans des fonds d' ruelles
Ça peut pas être pire
Rien dans l' fond d' l'écuelle
Peux-tu t'en sortir

Si tous les pognés
Dans leur petite misère
Se disaient : « Calvaire
Y é temps d'arrêter »
Ça irait ben mieux

Un coup d' pied dans l' cul
Ça peut réveiller
Quand personne sait pus
Pourquoi travailler
C'est donc toujours plate

J'ai le goût d' m'en aller quequ' part
J' voudrais sacrer l' camp
Plus ça va, plus ça devient mort
C'tait plus beau avant
J'aimerais ça êt' ben chez moi
Sans qu'on m' mange le dos
Laisse-moi donc tranquille à soir
Brailler comme il faut

T' as perdu ta job
Tu sais pus où t' mett'
T' as pas l'air ben sob'
Trois tavernes de faites
Comment va ta vie

Dépêche-toé bonhomme
Sors vite de ta crasse
Prouve donc qu' t' es un homme
Pis trouve-toé une place
T' as pus tellement d' temps

Mais y a rien à faire
Les patrons t' veulent pus
Tu vaux pus ben cher
T' es tout nu dans' rue
T' es t'un gars fini

La maudite machine
Qui t'a avalé
A marche en câline
Faudrait la casser
Faudrait la casser

Pierre Flynn (A+C)

Octobre (I)

© Éditions de la Maudite Machine

MES BLUES PASSENT PUS
DANS' PORTE **

Tout seul chez nous avec moi-même
Tassé dans l' coin par mes problèmes
J'ai besoin d' quelque chose d'immoral
De quelque chose d'illégal pour survivre

J' devrais appeler chez Drogue-Secours
On sait jamais p'têt' ben qu'y livrent
Je l' sais y faudrait ben que je sorte
Oui mais mes blues passent pus dans' porte

Le frigidaire fait ben du bruit
C'est parce qu'y est vide pis moi aussi
Le téléphone c'est tout l' contraire
J' voudrais qu'y sonne lui y veut s' taire

Que l' diable m'emporte s'y veut à soir
Ça serait plus l' fun d'être en enfer qu'icitte
Je le sais y faudrait ben que je sorte
Oui mais mes blues passent pus dans' porte

Chus sûr qu'y ont ben du fun dehors
C'est plein d' belles filles et de boisson d' in bars
J'aurais juste à me l'ver puis à tourner la maudite
[poignée

244

Mais chus chez nous poigné ben dur
J' tourne en rond puis j' compte les murs
J'use mes jointures dans les coins sombres
À faire d' la boxe avec mon ombre

Au bout d'un round c'est moi qui perds
J'ai mal choisi mon adversaire
Je l' sais y faudrait ben que je sorte
Oui mais mes blues passent pus dans' porte (bis)

Pierre Huet (A)

Gerry Boulet (né Gérald Boulet)
et Breen Lebœuf (C)

Offenbach (I)
© Éditions Bouche à Bouche
© Éditions Offenbach

LA MOITIÉ DU MONDE
EST UNE FEMME ***

La moitié du monde est une femme
Qui jusqu'ici avait caché son âme
Elle parle aujourd'hui encore trop peu
Mais demain je vous dis c'est dans ses yeux
Que vous verrez une flamme

La moitié du monde est une femme
Déjà bientôt plus elle ne réclame
Ce qui lui revient et ce qui est son droit
Il est bien fini le règne de l'unique roi
L'autre côté de la terre passe à la lumière...
La moitié du monde est une femme

Celle qui attendait en silence
Aujourd'hui retrouve la confiance
Et le goût de vivre son propre destin
Et le goût de suivre son propre chemin
De prendre part à tout ce qui vient

L'avenir du monde est une femme
Une paix plus forte que les armes
Pour un autre jour, une autre humanité
Plus près de l'amour et plus près de la liberté
Un espoir qui s'avance, la dernière chance...

La moitié du monde est une femme
La moitié du monde est une femme
La moitié du monde est une femme

Jacqueline Lemay
© Éditions de l'Échelle enr.

MON PAYS CE N'EST PAS UN PAYS
C'EST UN JOB **

Ça arrive à manufacture les deux yeux
[fermés ben dur
Les culottes pas zippées !
En r'tard !
Ça dit qu' ça fait un flat !
Ou que l' char partait pas !
Ça prend tout' pour entrer
sa carte de punch dans slots d' la clock !

Enwoueil !
Grouille-toé !
Donnes-y !
Dépêche !

Les deux pieds dans même bottine !
Les mains pleins d' pouces !
Les mains dans é poches !
Ça joue avec son p'tit change !
Toujours accoté queq' part !
Ça fume !
Ça mâche d' la gomme !
Ça parle !
Ça lâche pas !
Yak et ti yak !
Qui c'est qui a gagné hier au soir !
Rousseau passe jama l' puck !

248

Y a fa l' tour du forum avec pis va s'écraser
[su' a bande !
Hanover Picnic dans troisième !
Ça zigonne !
Ça fuck le chien !
Maudite pâte molle !

Enwoueil !
Fly !
Patine !
Pédale !
Fa ça vite !
Plus vite que ça !
Tu fournis pas !
Les aut' attendent apra toé !
La ligne est bloquée !
J' vas t'en faire des augmentations d'
[salaire !
Maudit flanc mou !

Enwoueil !
Tough !
Endure !
C'est tes coffee-breaks qui t' fatiguent !
Une demi-heure dans 'vant-midi !

Une demi-heure dans 'pra-midi !
À manger des chips !
Des palettes de chocolat !
Des Life-Savers !
Des Mae-Wests !
À boire du Coke !

Du Seven-Up !
Du chocolat au lait !
Planté d'vant l' truck d' la cantine !
C'est lire le *Montréal-Matin* qui t'éreinte
Assis sué toélettes !
Une heure dans 'vant-midi !
Une heure dans 'pra-midi !
J' te watch !
Watch-toé !
T'es mieux d' te remette su tes tracks !
Maudit qu' t' es vache !

T' es mieux d'y voir !
D'être moins slow qu' ça !
Moins branleux qu' ça !
Moins lambin qu' ça !

On endure pas ça les loafeux icitte !
On les renwoueil chez eux !
On leu donne leu p'tit liv' d'assurance-
                                    [chômage !
Pi là on leur dit bye bye, bye bye !

Fais que vois-y ouézeau
Thirty tac thirty tac thirty tac !
Mic-mac !
You fly
Bye bye – Bye bye – Bye bye – Bye bye

Réjean Ducharme (A)
Robert Charlebois (C+I)

LE MUR DU SON **

Je veux franchir le mur du son
Et propulser cette chanson
Mixer les rythmes trouver le ton
Les instruments la voix la clé
Donner la note qui f'ra chanter
Trois Amériques à l'unisson
Je veux l'écrire dans le ciel
Je vous vois tous avec des ailes
Vous m'écoutez la tête haute
En vous aimant les uns les autres
Et il en viendra de partout
Des hommes qui se tiennent debout
Je veux être plus qu'un oiseau
Plus qu'un avion un U.F.O.
Je veux être un météorite
Vous entraîner dans mon orbite
Je veux franchir le mur du son
Et propulser cette chanson
Mixer les rythmes trouver le ton
Les instruments la voix la clé
Donner la note qui f'ra chanter
Tout l'univers à l'unisson
Nous cesserons d'être mortels
Pour devenir enfin éternels

Mouffe (née Claudine Monfette) (A)
Robert Charlebois (C+I)

251

ON EST BIEN MIEUX CHEZ VOUS **

J' suis mieux de temps en temps
Dans ton appartement doucement
Parler tout bas un p'tit peu d'amour
Un p'tit peu d'hiver lentement

J'aime mieux rester ici
Te voir comme j'ai envie d' te voir

Fais-toi z'en pas dehors c'est pas chez nous
C'est d'ailleurs une ville dans une autre
Qui nous appartient pas
On est bien mieux chez vous

J' suis mieux de temps en temps
Dans ton appartement
J'aime mieux rester ici
Te voir comme j'ai envie d' te voir

J'aime bien quand tu t'endors
J'mets ma musique un peu moins fort
J'comprends de temps en temps
Qu'on est bien mieux chez vous (bis)

Claude Lafrance
et Jacques Perron (A+C)

Louise Forestier
(née Louise Belhumeur) (I)
© Les Éditions Gamma
© Les Éditions Val d'Espoir
© Les Éditions Giguent

252

ORDINAIRE **

Je suis un gars ben ordinaire
Des fois j'ai pus l' goût de rien faire
J' fumerais du pot
J' boirais d' la bière
J' ferais d' la musique
Avec le gros Pierre
Mais faut que j' pense à ma carrière
Je suis un chanteur populaire

Vous voulez que je sois un Dieu
Si vous saviez comme j' me sens vieux
J' peux pus dormir chus trop nerveux
Quand je chante ça va un peu mieux
Mais ce métier-là c'est dangereux
Plus on en donne plus l' monde en veut

Quand je s'rai fini pis dans la rue
Mon gros public je l'aurai pus
C'est là que je m' r'trouverai tout nu
Le jour où moi j'en pourrai pus
Y en aura d'autres plus jeunes plus fous
Pour faire danser les Boogaloos

J'aime mon prochain
J'aime mon public
Tout ce que je veux c'est que ça clique
J' m' fous pas mal des critiques
Ce sont des ratés sympathiques
Chus pas un clown psychédélique
Ma vie à moi c'est la musique

Si je chante c'est pour qu'on m'entende
Quand je crie c'est pour me défendre
J'aimerais bien me faire comprendre
J' voudrais faire le tour de la terre
Avant d' mourir et qu'on m'enterre
Voir de quoi l' reste du monde a l'air

Autour de moi, il y a la guerre
La peur, la faim et la misère
J' voudrais qu'on soit tous des frères
On est pognés sur la même terre
Chus pas un chanteur populaire
Chus rien qu'un gars ben ordinaire

Mouffe (née Claudine Monfette) (A)
Robert Charlebois (C+I)

LE PARC BELMONT ***

Qu'est-ce que j'ai fait au monde
Pour qu'on m'enferme ici
Pour le reste de ma vie ?

Qu'est-ce que j'ai fait au monde ?
Y a des jours où j'oublie
Qui je suis et où je suis

Moi j'étais comme tout l' monde
Je vivais ma folie
Doucement sans faire de bruit

J' faisais pas mal au monde
J'avais le droit aussi
De vouloir lâcher mon cri

Quand j'étais enfant
J' voulais toujours qu'on m'emmène
Au parc Belmont
Pour moi c'était ça la vie
C'était la fête
C'était beau comme dans ma tête
Mais j'ai grandi
J'ai connu la vie
Et j'ai choisi d'habiter
Le monde de mon imagination

Je capte d'autres ondes
On n'a jamais compris
Tout ce que j'ai écrit

Je ne vois plus le monde
Entre mes murs tout gris
Je peins ma chaise et mon lit

Qu'est-ce que j' fais dans ce monde
Si j'ai pas le génie
De Van Gogh ou de Vinci ?

Les yeux de la Joconde
Sont les yeux d'un esprit
Qui me poursuit dans ma nuit

Quand ils sont venus me chercher
Ils m'ont dit : « Viens on t'emmène
Au parc Belmont »
Je savais où ils m'emmenaient
Mais j'ai rien dit
Y avait pas d'autre sortie
Que cet asile
Où je vis ma vie
En voyage organisé
Un long voyage au bout de la nuit

Quand j' veux faire peur au monde
Y a des jours où je crie
Jusqu'à ce qu'on me lie…

Jusqu'à ce qu'on me tonde !
Y a des jours où je prie
Pour que tout soit fini

J' demande plus rien au monde
J'accepte ma folie
Comme une maladie

La guérison est longue
Si jamais je guéris
J' veux qu'on m'achète un fusil

Pis là j' vas tirer
J' vas tirer comme on tirait
Au parc Belmont
Ta Ra Ta Ta Ta Ta Ta
Ta Ra Ta Ta
J' vas tirer pis j' vas r'garder
Tomber les têtes
Ça va êt' ma fête
Vous allez voir si je suis folle
Non
J' veux pas mettre la camisole
Non
Emm'nez-moi au parc Belmont
Emm'nez-moi au parc Belmont

Luc Plamondon (A)
Christian St-Roch (C)
Diane Dufresne (I)
© Éditions Vibrations

LES PAUVRES ***

Les pauvres ont pas d'argent
Les pauvres sont malades tout l' temps
Les pauvres savent pas s'organiser
Sont toujours cassés

Les pauvres vont pas voir de shows
Les pauvres sont ben qu' trop nonos
En plus, les pauvres, y ont pas d'argent
À mettre là-d'dans

Les pauvres sont su' l' Bien-Être
Les pauvres r'gardent par la f'nêtre
Les pauvres, y ont pas d'eau chaude
Checkent les pompiers qui rôdent
Les pauvres savent pas quoi faire
Pour s' sortir d' la misère
Y voudraient ben qu'un jour
Qu'un jour, enfin, ce soit leur tour

Les pauvres gens ont du vieux linge sale
Les pauvres, ça s'habille ben mal
Les pauvres se font toujours avoir
Sont donc pas d'affaires !

Les pauvres s'achètent jamais rien
Les pauvres ont toujours un chien
Les pauvres se font prendre à voler
Y s' font arrêter

Les pauvres, c'est d' la vermine
Du trouble pis d' la famine
Les pauvres, ça couche dehors
Les pauvres, ça l'a pas d' char
Ça boé de la robine pis ça r'garde les vitrines
Pis quand ça va trop mal
Ça s' tape sa photo dans l' journal…

Les pauvres, ça mendie tout l' temps
Les pauvres, c'est ben achalant
Si leur vie est si malaisée
Qui fassent pas d' bébé ! ! !
Les pauvres ont des grosses familles
Les pauvres s' promènent en béquilles
Y sont tous pauvres de père en fils
C't une manière de vice…

Les pauvres sortent dans la rue
C'est pour tomber su' l' cul
Y r'çoivent des briques s'a tête
Pour eux, le temps s'arrête
Les pauvres ça mange le pain
Qu' les autres jettent dans l' chemin
Les pauvres, c' comme les oiseaux
C'est fait pour vivre dans les pays chauds

Icitte, l'hiver, les pauvres gèlent
Sont maigres comme des manches de pelles
Leur maison est pas isolée pis l' gaz est
[coupé
Les pauvres prennent jamais d' vacances
Les pauvres, y ont pas ben d' la chance
Les pauvres, y restent toujours chez eux
C'est pas des sorteux

Les pauvres aiment la chicane
Y vivent dans des cabanes
Les pauvres vont pas à l'école
Les pauvres, c' pas des grosses bolles
Ça mange des s'melles de bottes
Avec du beurre de pinottes
Y sentent la pauvreté
C'en est une vraie calamité
Les pauvres…

… mais y ont tous la t.v. couleur

Plume Latraverse (né Michel Latraverse)

PETIT MATIN ***

Petit matin sans horizon
Petit café fumées d'usines
Je r'garde le derrière des maisons
Les femmes sont à leur cuisine
Y a des oiseaux qui s' font la cour
Sur les fils du Bell Téléphone
Et dans l'œil crevé de ma cour
Un Sept-quarante-sept qui résonne

Il pousse un gros transformateur
Au cœur de ce qui fut un chêne
Sur la vitre je trace un cœur
Que la buée retient à peine
Le transistor hurle à la mort
Des airs à faire pendre un merle
Les enfants s'amusent dehors
Dans la sloche un collier de perles

Au hasard j'ouvre le journal
Crime passionnel rue Lacordaire
Paraît qu' ça va d' plus en plus mal
Pour les mangeurs de pommes de terre
Paraît aussi qu' le Président
S'amuse à jouer à la roulette
Entr' deux annonces à la page cent
Avec c' qui reste de la planète

Moi je m'en viens à mon piano
Je trouve cet air de ma grand-mère
Et pour les mots je mets l' phono
De mon p'tit matin solitaire
Dommage que ce soit si gris
J'aurais voulu dire autre chose
Faudrait recommencer la vie
Avant de rechanter les roses

Avant de rechanter les roses

Sylvain Lelièvre
© Éditions Basse-Ville

LE PETIT ROI ***

Dans mon âme et dedans ma tête
Il y avait autrefois
Un petit roi
Qui régnait comme en son royaume
Sur tous mes sujets
Beaux et laids
Puis il vint un vent de débauche qui faucha
[le roi
Sous mon toit
Et la fête fut dans ma tête
Comme un champ de blé
Un ciel de mai

Hey
Je ne vois plus la vie de la même manière
Hey
Je ne sens plus le temps me presser comme
[avant

Refrain
Hey boule de gomme
S'rais-tu dev'nu un homme
Hey boule de gomme
S'rais-tu dev'nu un homme

Comme un loup qui viendrait au monde
Une deuxième fois
Dans la peau d'un chat
Je me sens comme une fontaine
Après un long hiver

Et j'en ai l'air
J'ai laissé ma fenêtre ouverte
À sa pleine grandeur
Et je n'ai pas eu peur
Dans mon âme et dedans ma tête il y avait
                                    [autrefois
Un autre que moi

Hey
Je ne fais plus l'amour de la même manière
Hey
Je ne sens plus ma peau me peser comme
                                    [avant

Refrain

Tu diras au copain du coin
Que je n' reviendrai plus
Mais n'en dis pas plus
Ne dis rien à Marie-Hélène
Donne-lui mon chat
Elle me comprendra
J'ai laissé mon jeu d'aquarelles
Sous le banc de bois
C'est pour toi
Dans mon âme et dedans ma tête il y avait
                                    [autrefois
Comme un petit roi

Refrain (2 fois)

Jean-Pierre Ferland
Michel Robidoux (C)

LE PLUS BEAU VOYAGE ***

J'ai refait le plus beau voyage
de mon enfance à aujourd'hui
sans un adieu sans un bagage
sans un regret ou nostalgie
j'ai revu mes appartenances
mes trente-trois ans et la vie
et c'est de toutes mes partances
le plus heureux flash de ma vie

Je suis de lacs et de rivières
je suis de gibiers de poissons
je suis de roches et de poussières
je ne suis pas des grandes moissons
je suis de sucre et d'eau d'érable
de pater noster de credo
je suis de dix enfants à table
je suis de janvier sous zéro

Je suis d'Amérique et de France
je suis de chômage et d'exil
je suis d'octobre et d'espérance
je suis une race en péril
je suis prévu pour l'an deux mille
je suis notre libération
comme des millions de gens fragiles
à des promesses d'élection

Je suis l'énergie qui s'empile
d'Ungava à Manicouagan

Je suis Québec mort ou vivant

Claude Gauthier

PRENDS UNE CHANCE AVEC MOÉ ***

Refrain
Prends une chance avec moé
Envoye envoye viens-t'en
J' m'en vas tout' te donner
Envoye viens-t'en
Viens-t'en

Embarque avec moé
Dans mon char de mongol
Aie pas peur on n'ira pas vite
Aie pas peur ch' te ferai pas mal
J' vas t'amener dans ma chambre
Écouter des records psychédéliques

Refrain

On va aller au parc Lafontaine
Avec mon gros radio quat' bandes
On va faire triper les moineaux
On va faire freaker le pos' 4
J' vas t'amener à l'Hôtel des Vampires
Voir les Spootnicks de Saint-Guillaume

Refrain

T' es mon parc Belmont sexuel
J' vas t' faire l'amour en stéréo
Aie pas peur ch' te ferai pas mal
À l'instant de l'orgasme tikiss
J' vas t' coller un .45 s' é tempes
Pis j' vas t' garder pour moé
Rien qu' pour moé
Pour moé tu seul

Lucien Francœur (A)
Pierre Gauthier de la Vérendrye (C+I)
Aut'chose (I)

REMPLIS MON VERRE **

J'en ai appris mais j'en ai perdu,
Et c'est à moi de découvrir
Si j'en ai perdu un peu trop
Ou si c' que j'ai appris vaut aussi cher que c'
                              [que j'ai perdu.
Mais pour l'instant, remplis mon verre.

J'en ai connu, j'en ai oublié.
Fort probablement que j'aurais pu connaître
Un peu plus ceux que j'ai oubliés.
Mais il fallait quand même agir.
Et, encore une fois remplis mon verre.

J'en ai pris, j'en ai mis d' côté.
Il aurait peut-être fallu que j'en mette de côté
                              [un peu moins
Pour en prendre un peu plus.
Mais il fallait quand même choisir.
J'en ai pas envie mais remplis mon verre.

Jim Corcoran (né James Corcoran) (A+C)

Jim et Bertrand
(Jim Corcoran et Bertrand Gosselin) (I)
© Éditions Gog & Magog/Éditions Sarah Porte

269

LE ROI D'À L'ENVERS **

Sur mon chemin j'ai rencontré
Un serviteur du roi
M'a parlé trois jours trois nuits
Le royaume il m'a décrit
Ah ! si vous saviez
Ah ! imaginez

J'ai pu m'évader du château
Sur l'aile d'un corbeau
M'a conduit à travers ces bois
J'ai à vous dire de quoi Ha !

Le roi est trop jeune, le fou est régent
La reine se meurt, le fou vend tout
Tout à l'envers, le fou ne sent rien
Malgré son grand nez
L'empereur d'en bas pis celui d'à côté
Finissent pas de nous voler
Le monde est à l'envers, faudrait le remettre
[à l'endroit

Des choses plus étranges encore
Bouleversent le Nord
De Blanc Sablon à Port-Cartier
Jusqu'au Labrador
Des dragons de fer et d'acier
Ravagent nos forêts
On inonde un quart du royaume
Allez voir pourquoi

L'empereur prend tout
Le fou vend tout pour presque rien
Pas moyen d' dire rien
De toutes façons ça changerait rien
Pis tout le monde dort encore
Le pays va d' travers, faudrait le remettre à
[l'endroit

L'histoire n'est pas terminée
À vrai dire ne finit jamais
Tant qu'il y aura en ce monde
Un roi qui attend
Hé ! bonnes gens proclamons le roi
Le roi c'est l'enfant

La terre tourne comme elle doit, mais
[l'homme
Ne sait plus où il va

Francine Hamelin (A)

Marie-Claire Séguin (A+C)

Les Séguin
(Marie-Claire et Richard) (I)

LA SAISIE ***

Ne touchez pas à mon piano
C'est tout c' que j'ai à me mettre sur le
[dos
Ne touchez pas à mon piano
Car c'est ma voix, car c'est ma peau

Prenez tout ce qu'il vous faut
Le reste est de trop
Mais ne touchez pas à mon piano

Ne touchez pas à mes amours
C'est tout c' que j'ai c'est mon aller-retour
Ne touchez pas à mes amours
Car c'est ma nuit, car c'est mes jours

Prenez tout et pour toujours
Le reste est dans la cour
Mais ne touchez pas à mes amours

Ne touchez pas à mes trente ans
C'est tout c' que j'ai à me mettre sous la
[dent
Ne touchez pas à mes trente ans
Car c'est ma vie, car c'est mon vent

Prenez tout au plus sacrant
Le reste est en-dedans
Mais ne touchez pas à mes trente ans

Louise Forestier
(née Louise Belhumeur) (A+I)

François Dompierre (C)
© Les Éditions Audiogram

LES SAISONS ***

As-tu vu tômber l'autômne
Et s'endôrmir le sôleil
Tôut autôur du côeur des pômmes

Quand ôn sera cômme les arbres
Ôn aura tant de papier
Qu'ôn sera ôuverts cômme un livre
Tôut l' mônd' lira dans nôtre vie

Il pleut il pleut il pleut
De la peine dans tes yeux
Il pleut sur tôi et môi
Il pleut avant la jôie
As-tu vu tômber les pômmes
Entendu rêver les arbres
Tôut autôur du côeur du vent

Quand ôn sera cômme un grand livre
Ôn aura tellement de pages
Que chaque feuille sera la bônne
Tôut l' mônd' lira dans nôs mains

Il vente il pleut il grêle
Il tônne des éclairs
Il neige des étôiles
Dans le blanc de tes yeux

As-tu vu tômber l'hiver
Qui rend tôutes les chôses pareilles
À l'immaculé du ciel

Quand ôn sera branchés en haut
Ôn fleurira du sôleil
Nôs côrps serônt des rayôns
Tôut l' mônd' lira dans nôs yeux

Il neige il neige il neige
Il neige des sôleils
Il neige sur tôi et môi
Il neige de la jôie

As-tu vu v'nir le printemps
Écouté pôusser les fleurs
Tôut autôur du cœur de la terre

Quand ôn sera cômme un brin d'herbe
Ôn bôira tant de lumière
Qu'ôn sera en fête chaque jôur
Tôut l' mônd' bôira dans nôs yeux

Il pleut il pleut il pleut
Des sôurces de lumière
Il pleut sur tôi et môi
Il pleut assez pôur deux

As-tu vu tômber l'été
Sur les beaux grands champs de blé
Tôut au lôin du cœur d' la ville

Quand ôn sera cômme un jardin
Ôn dônnera tellement de fruits
La môissôn sera si grande
Tôut l' mônd' mangera dans nôs mains

Il tômbe il tômbe il tômbe
Il tômbe de l'amôur
Il en tômbe de tôi
Il en mônte dans môi

As-tu vu mônter la vie
Dans les veines de la terre
Tôut autôur du côeur de l'hômme

Quand ôn sera cômme une sôurce
Ôn pôurra vider la mer
Nôtre sôif sera si grande
Tôut l' mônd' bôira dans nôtre âme

Il mônte il mônte il mônte
Il mônte de la vie
Il en mônte dans tôi
Il en mônte dans nôus

Raoul Duguay (A+I)
Guy Richer (C)

SI J'ÉTAIS UN HOMME **

Moi si j'étais un homme, je serais capitaine
D'un bateau vert et blanc
D'une élégance rare et plus fort que l'ébène
Pour les trop mauvais temps.

Je t'emmènerais en voyage
Voir les plus beaux pays du monde
Te ferais l'amour sur la plage
En savourant chaque seconde
Où mon corps engourdi s'enflamme
Jusqu'à s'endormir dans tes bras,
Mais je suis femme et quand on est femme
On ne dit pas ces choses-là.

Je t'offrirais de beaux bijoux
Des fleurs pour ton appartement
Des parfums à te rendre fou
Et juste à côté de Milan
Dans une ville qu'on appelle Bergame
Je te ferais construire une villa,
Mais je suis femme et quand on est femme
On n'achète pas ces choses-là.

Il faut dire que les temps ont changé
De nos jours, c'est chacun pour soi
Ces histoires d'amour démodées
N'arrivent qu'au cinéma
On devient économe.

C'est dommage moi j'aurais bien aimé
Un peu plus d'humour et de tendresse ;
Si les hommes n'étaient pas si pressés
De prendre maîtresse
Ah ! si j'étais un homme !

Je t'appellerais tous les jours
Rien que pour entendre ta voix
Je t'appellerais mon amour
Insisterais pour qu'on se voit
Et j'inventerais un programme
À l'allure d'un soir de gala,
Mais je suis femme et quand on est femme
Ces choses-là ne se font pas.

Il faut dire que les temps ont changé
De nos jours, c'est chacun pour soi
Ces histoires d'amour démodées
N'arrivent qu'au cinéma
On devient économe.
C'est dommage moi j'aurais bien aimé
Un peu plus d'humour et de tendresse ;
Si les hommes n'étaient pas si pressés
De prendre maîtresse
Ah ! si j'étais un homme !
Je serais romantique.

Diane Tell (née Diane Fortin)
© Éditions Éditell

SURVIVANCE***

Tu prends un grand respir
Tu fermes les yeux, tu te calmes un peu.
Cette échelle à gravir
T' en vois plus le bout, t' as seulement le goût
De décrocher…

« N'oublie pas ton nom, ton adresse, ton rendez-
[vous
Arrive à l'heure, fais bien ton show, fais pas trop
[le fou
Souris plus fort, durcis ta peau, sors tes défenses
Tous dans le même bain c'est pas aussi simple que
[tu le penses. »

Tu penses à t'en aller
Sur une plage ou en voyage.
Tu penses à embrasser
Celle qui attend depuis longtemps
Et te pardonne…

« Tes petites noirceurs d'adolescent vont s'en aller
Garde ta froideur, apprends à vivre, cesse de chialer
Sue moins du front, cherche plus tes mots, range
[tes orages
Tue ta révolte avant que ta chanson fasse
[naufrage. »

Alors je trace avec mon doigt

Un grand carré : c'est une scène.
Je tape du pied, j'élève la voix
C'est de la musique, c'est mon haleine
Plusieurs visages dans la fumée
Les projecteurs sont allumés
Un chant d'amour pour nos lendemains
Regarde-moi en face, tends-moi la main.

Mes veines comme ces fils électriques
Mon cœur dans ces grands haut-parleurs
Un souffle part la mécanique
Les nerfs tendus dans la chaleur
Les mots pressés de débouler
Encore une fois la carte est jouée
Que le spectacle continue toujours…

La survivance, c'est une simple chanson d'amour
Les poings serrés qui se relâchent au point du jour
La survivance, c'est ta vie qui part comme un train
Ces derniers mots lourdement tombés de tes
[mains.

Tu prends un grand respir
Tu fermes les yeux, tu te calmes un peu.
Cette échelle à gravir
T' en vois plus le bout
T' as seulement le goût
De décrocher…

Pierre Flynn
© Éditions de la Maudite Machine

LE TEMPS DES VIVANTS ***

Que finisse le temps des victimes
Passe passe le temps des abîmes
Il faut surtout pour faire un mort
Du sang des nerfs et quelques os

Que finisse le temps des taudis
Passe passe le temps des maudits
Il faut du temps pour faire l'amour
Et de l'argent pour les amants

Vienne vienne le temps des vivants
Le vrai visage de notre histoire
Vienne vienne le temps des victoires
Et le soleil dans nos mémoires

Ce vent qui passe dans nos espaces
C'est le grand vent d'un long désir
Qui ne veut vraiment pas mourir
Avant d'avoir vu l'avenir

Que finisse le temps des perdants
Passe passe le temps inquiétant
Un feu de vie chante en nos cœurs
Qui brûlera tous nos malheurs

Que finisse le temps des mystères
Passe passe le temps des misères
Les éclairs blancs de nos amours
Éclateront au flanc du jour

Vienne vienne le temps des passions
La liberté qu'on imagine
Vienne vienne le temps du délire
Et des artères qui chavirent

Un sang nouveau se lève en nous
Qui réunit les vieux murmures
Il faut pour faire un rêve aussi
Un cœur un corps et un pays

Que finisse le temps des prisons
Passe passe le temps des barreaux
Que finisse le temps des esclaves
Passe passe le temps des bourreaux

Je préfère l'indépendance
À la prudence de leur troupeau
C'est fini le temps des malchances
Notre espoir est un oiseau

Gilbert Langevin (A)

François Cousineau (C)

Pauline Julien (I)
© Les Éditions Prorata

TE V'LÀ ! ***
à Françoise

Un puits entre les dents
Des yeux à s' noyer d'dans
Ton cœur en lune de miel
Te v'là !
Le blond d'engin de tes cheveux
Ton âne gris plein de p'tits cris
Mon ranch qu'est ton nombril
Tes fesses en peau d' castor wowo
Ou d' phoque
Ou d' seal

Te v'là telle que t' es
Telle que t' es
Telle que t' es
Mon Idolorès

Ta tendresse de bebelle
Le poil de tes aisselles
Ton pied à cinq chandelles
Te v'là !
Tes cils de téléphone Bell
Ton palais rose Péribonka
Ta couette de judoka
Pis tes fesses en peau d' castor wowo
Ou d' phoque
Ou d' seal

Te v'là telle que t' es
Telle que t' es
Telle que t' es
Mon Idolorès

Ton smile ben affilé
Mon grand buisson ardent
Ton sein plein d'Abraham
Te v'là !
Des trous d' souris dans ton p'tit nez
Tes tétons cornet à deux boules
Ton péteux stéréo
Et pis tes fesses en peau d' castor wowo
Ou d' phoque
Ou d' seal

Te v'là telle que t' es
Telle que t' es
Telle que t' es
Mon Idolorès

Ton souigne de boule de pool
Tes ongles éclisses de feu
Le mauve de tes babounes
Te v'là !
Mon p'tit trail de Klondike en or
Tes lèvres de crème à glace
Et encore

Toujours et encore
Tes fesses en peau d' castor wowowowo
Tes fesses en peau d' castor wowowowo !

Marcel Sabourin (A)
Robert Charlebois (C+I)

TOI L'AMI ***

Toi l'ami dont jamais je ne saurai le nom
Toi mon frère inconnu toi ma sœur anonyme
Toi qui vis dans le noir toi l'obscur compagnon
Toi pour qui tant de fois j'ai retourné ma rime
Toi qui es là ce soir qui entends ma chanson
Toi-même qui jamais ne l'entendras peut-être
Qu'importe mais toi dont je ne sais rien sinon
Que nous vivrons tous deux sans jamais nous
[connaître

La vie a ses façons de nous départager
J'aimerais bien parfois te raconter des choses
Comme l'on fait le soir quand on est fatigué
Quand on a sa journée qu'on a le cœur morose
Nous pourrions simplement nous asseoir et causer
En écoutant Félix ou Mozart ou Coltrane
Ma femme vers minuit t'offrirait du café
La veillée serait longue et courte la semaine

C'est à notre amitié que je chante aujourd'hui
C'est au vin que jamais nous ne boirons ensemble
Je chante à l'impossible et j'en pleure à demi
Mais sache au moins ce soir combien je te
[ressemble
Mais sache au moins ce soir tout ce qui nous unit
Sache que nous faisons un peu le même ouvrage
Et qu'à tout prendre au fond malgré tout ce qu'on
[vit
Pareilles sont nos joies pareilles sont nos rages

Mais que tombent ce soir nos murs et nos parois
Et que pour un moment le cours du temps s'arrête
Ce soir c'est notre fête allez tu viens chez moi
C'est le temps de fumer toutes nos cigarettes
Je veux te dire au moins que je marche avec toi
Et que tu n'es pas seul malgré tant de silence
Que par-dessus les mers les villes et les toits
Se rejoignent nos mains à force d'espérance

Sylvain Lelièvre

LE TOUR DE L'ÎLE *

Pour supporter le difficile
Et l'inutile
Y a le tour de l'île
Quarante-deux milles
De choses tranquilles
Pour oublier grande blessure
Dessous l'armure
Été hiver
Y a le tour de l'île
L'île d'Orléans

L'île c'est comme Chartres
C'est haut et propre
Avec des nefs
Avec des arcs des corridors
Et des falaises
En février
La neige est rose
Comme chair de femme
Et en juillet
Le fleuve est tiède
Sur les battures

Au mois de mai
À marée basse
Voilà les oies
Depuis des siècles
Au mois de juin
parties les oies

Mais nous les gens
Les descendants de La Rochelle
Présents tout l' temps
Surtout l'hiver
Comme des arbres
Mais c'est pas vrai
Ben oui c'est vrai
Écoute encore

Maisons de bois
Maisons de pierres
Clochers pointus
Et dans les fonds
Des pâturages de silence
Des enfants blonds
Nourris d'azur comme des anges
Jouent à la guerre
Imaginaire

Imaginons
L'île d'Orléans
Un dépotoir
Un cimetière
Parc à vidanges
Boîte à déchets
U.S. parking
On veut la mettre en minijupe
And speak english
Faire ça à elle
L'île d'Orléans
Notre fleur de lyse
Mais c'est pas vrai

Ben oui c'est vrai
Raconte encore

Sous un nuage
Près d'un cours d'eau
C'est un berceau
Et un grand-père au regard bleu
Qui monte la garde
Il sait pas trop
Ce qu'on dit dans les capitales
L'œil vers le golfe
Ou Montréal
Guette le signal
Pour célébrer l'indépendance
Quand on y pense
C'est y en France
C'est comme en France
Le tour de l'île
Quarante-deux milles
Comme des vagues
Et des montagnes
Les fruits sont mûrs
Dans les vergers
De mon pays

Ça signifie
L'heure est venue
Si t' as compris…

Félix Leclerc

TOUS LES PALMIERS **

Tous les palmiers tous les bananiers
Vont pousser pareil quand j' s'rai parti
J' m'en vas chez nous, c'est l'été
Chez nous y ont sorti les chaises sur la galerie.

Chus tanné d'entendre le bruit des vagues
Moé j' m'en vas chez nous j'ai l' goût d'entendre
Crier : « Manon viens souper
Attends pas qu' maman a s' choque pis qu'a
[descende. »
« Manon viens souper si tu viens pas tout'suite
Ben là tu pourras t'en passer,
Attends pas qu' maman a soit tannée pis qu'a
[descende. »

Adieu, adieu pays des oranges
J' m'en vas aider mon frère qui déménage,
Avec l'été qui r'commence
Chez nous y ont dû sortir les bicycles du garage.

M'a arriver en ville jeudi midi,
M'a prendre le métro jusqu'à Beaubien,
En faisant semblant de rien
M'a arrêter au coin d' la rue pour appeler ma
[blonde,

Là ça va sonner un coup deux coups trois coups
                                    [quatre coups
Pis là, a va répondre,
Là m'a dire : « Comment ça va ma blonde, ben
                                    [oui, chus r'venu. »

Tous les palmiers tous les bananiers
Vont pousser pareil quand j' s'rai parti,
Vous pourrez m'écrire ici
6760 Saint-Vallier Montréal
6760 Saint-Vallier Montréal
6760

Robert Léger (A+C)
Beau Dommage (I)

TOUT ÉCARTILLÉ
OU BALLADE D'UN DÉCIMENTÉ ***
dédié à la Maison Canadienne,
Cité Universitaire, Paris 14e

Refrain
Jamais
Jamais même tout écartillé
Dans Paris aux sept péchés
Même m'épivardant
Dans les quatre coins du temps
Comme une boule de pool qu'on fesse
[dedans

Jamais
Jamais jamais jamais
Neveur, neveur, neveur,
Je t'oublierai
Marie

Décimenté
J'étudie à Paris
Le béton précontraint
Tout dérenché
Je m'ennuie, je m'ennuie
Comme d' un' tempête un pauv' p'tit train

Refrain

Ben aplati
J' fokâille à Pigalle
Pendant qu' mes études vont sul' guiable
Chus in homme fini
Dans l' ciment mouvant je calle
Paris, c'est pas mon étable

Refrain

Les yeux dans l' cou
Je regarde en arrière
Queuqu' p'tits moments à deux
L'âme entr' les jambes
J' pleure en cimiquiére
En pensant qu'on était deux
Pis qu' chus plus qu'un
    À Paris
    À Paris
    À Paris

Maudit Paris !
Pis l' béton
Pour les ponts
Maudit béton !
Pis qu' les ponts
Qu' les bâtisses
Se dépontent
Se débâtissent
J' leur en souhaite en câlice

De Paris
De Paris
De Paris

Marcel Sabourin (A)
Robert Charlebois (C+I)

TOUT EST MIEUX LÀ-HAUT,
N'EST-CE PAS ? **

Partons loin d'ici
Avant d'être surpris
À crier contre la vie
Et se créer des ennuis
Mais si les gens sont sourds
Nous aurons bien notre tour
Espérant voir de meilleurs jours

Refrain
Dis-moi que tout est mieux là-haut
Qu'il y a beaucoup plus d'eau
Et de joie (bis)

On ne vit pas de guerre
On vit de la terre
On ne vit pas sous terre
On vit avec l'air
Mais si les gens sont sourds
Nous aurons bien notre tour
Espérant voir de meilleurs jours

Refrain

Je ne peux crier
Mais je peux pleurer
Je ne peux marcher
Oh ! mais je peux chanter
Et si les gens sont sourds
Oh ! j'aurai bien mon tour
Espérant voir de meilleurs jours

Refrain

Gilles Valiquette

UN MUSICIEN PARMI TANT D'AUTRES **

Une main sur une épaule
Chacun a bien joué son rôle
Le rideau monte et descend
Le musicien se serre les dents
Il est si bien pour une fois

À la porte d'un café
Son nom vient de s'effacer
On a trouvé quelqu'un de mieux
Le musicien se faisait vieux
Comme un enfant, il était une fois

Comme le rideau sur une corde
Le musicien monte et descend

Une nuit pour oublier
Y a des problèmes qu'on veut soûler
Une bouteille monte et descend
Le musicien se serre les dents
Il est si loin, une autre fois

À la porte d'un café
Les noms ne font que changer
Il a enfin compris pourquoi
Le sien ne sera plus là
Comme un enfant, on ne vit qu'une fois

Comme le fond d'une bouteille
Le musicien a fait son temps

Où est allé tout ce monde
Qui avait quelque chose à raconter
On a mis quelqu'un au monde
On devrait peut-être l'écouter
(Ad infinitum)

Serge Fiori (A+C)

Harmonium (I)
© Shediac Music Publishing-Jobina Communications

UN NOUVEAU JOUR VA SE LEVER **

Viens,
Un nouveau jour va se lever et son soleil
Brillera pour la majorité qui s'éveille
Comme un enfant
Devenu grand
Avec le temps
Viens,
Un nouveau jour va se lever et son regard
Se moquera de l'autorité de César
Car les enfants
Défient les grands
Quand vient le temps.

Le temps de l'esclavage
Le temps du long dressage
Le temps de subir est passé
C'est assez,
Le temps des sacrifices
Se vend à bénéfice
Le temps de prendre est arrivé.

Viens,
Un nouveau jour va se lever et son soleil
Brillera pour la majorité qui s'éveille
Comme un enfant
Devenu grand
Avec le temps

Viens,
Un nouveau jour va se lever et son regard
Se moquera de l'autorité de César
Car les enfants
Défient les grands
Quand vient le temps.

Le temps des révérences
Le temps du long silence
Le temps de se taire est passé
C'est assez,
Le temps des muselières
Se meurt dans la fourrière
Le temps de mordre est arrivé

Viens,
Un nouveau jour va se lever et son soleil
Brillera pour la majorité qui s'éveille
Comme un enfant
Devenu grand
Avec le temps
Viens,
Un nouveau jour va se lever et son regard
Se moquera de l'autorité de César
Car les enfants
Défient les grands
Quand vient le temps.
Quand vient le temps.

Jacques Michel (né Jacques Rodrigue)

LE VENT SE LÈVE***

La nuit s'installe en rumeurs d'océans
Près de moi tu t'endors dans le calme,
Dans la ville morte je veille et j'attends
Comme un rendez-vous inévitable

Deux années d'un silence aux yeux de loup
Et j'ai assez tourné dans ma cage.
Mon passé se brise et s'effrite en cailloux
Ma tête éclate maintenant je dois partir.

D'où vient la voix qui chuchote mon nom ?
Je suis seul dans le noir et quelqu'un me rappelle à
                                                    [ma vie
Je sens dans mon sang la chaleur des bombes
Je vois dans tes yeux l'envol des colombes
Je déraisonne vite essuie la sueur sur mon front.

Regarde l'enfant aux yeux sertis d'étoiles
Et les hommes vieillis d'amertume
Les voyous frondeurs d'aurores boréales
Et leurs joies ternies par la brume.

Entends ce blues qui réchauffe l'hiver
Des passagers du vendredi soir,
Écoute l'Espagne en guitares amères
Mélodies déroulées en tapis velours.

D'où vient la voix qui chuchote ton nom ?

Tu es seul dans le noir et quelqu'un te rappelle à ta
[vie
À l'arbre qui pousse à chaque seconde
La route qui fuit, le fleuve qui gronde
L'armée du désir qui marche et grouille à
[l'horizon.

Je bâtis mot par mot mes édifices
Et tu souris le vent au visage
Et j'ai dit adieu à la vie de tous les jours
Ma vie transformée à jamais...

Le vent se lève...
J'entends sa voix...
Le vent se lève...
J'entends sa voix...
Le vent se lève...
Le vent se lève...

Pierre Flynn
© Éditions de la Maudite Machine

303

VIVRE EN CE PAYS **

Vivre en ce pays
C'est comme vivre aux États-Unis
La pollution les mêmes autos
Les mêmes patrons les mêmes impôts
Les petits les gros
Dans un même bateau

Ceux qui sont partis
Pour chercher un ailleurs meilleur
Ont bien compris qu'en d'autres pays
En d'autres Amériques
Espagne ou Marseille
À part le soleil
Que c'est partout pareil

Vivre en ce pays
C'est comme vivre aux États-Unis
Les mêmes danses les mêmes chansons
Le même confort et quand tu es mort
Y a des tas de gens
Qui te jouent à l'argent

Ceux qui sont partis
Pour chercher un ailleurs plus loin
Ont inventé un monde en fumée
D'amour et de paix
Un monde nouveau
Parti à zéro
Comme à San Francisco

Vivre en ce pays
C'est comme vivre aux États-Unis
C'est la violence la répression
La loi du plus fort qui l'emporte encore
Sur ceux qui voudraient
Briser les conventions

Ceux qui sont partis
Pour chercher une solution
Qui ont promis un nouveau soleil
Un nouveau pays
À qui les suivront
Jurent qu'ils seront
Des milliers des millions
Quand ils reviendront

Pierre Calvé (A+C)
Robert Charlebois (I)

LE VÔYAGE ***

VÔULÔIR SAVÔIR ÊTRE AU PÔUVÔIR DE
SÔI EST L'ULTIME AVÔIR, LE VÔYAGE

Il n'y a de repôs
Que pôur celui qui cherche
Il n'y a de repôs
Que pôur celui qui trôuve
Tôut est tôujôurs à recômmencer

Mais dites-môi encôre
Ôù trôuver le chemin
Que je ne cherche plus
Et que j'aille plus lôin

La vérité la vérité la vérité la vérité
Est une pôignée de sable fin
La vérité la vérité la vérité
Qui glisse entre mes dôigts

Il n'y a de repôs
Que pôur celui qui trôuve
Il n'y a de repôs
Que pôur celui qui cherche
Tôut est tôujôurs à recômmencer

Tu marches au fônd de tôi
Et derrière tes pas
Et tu ne bôuges pas
Seul tôn regard avance

La vérité la vérité la vérité
Est une petite pôignée d'eau de la sôurce
La vérité la vérité la vérité
Qui côule entre tes mains

Il n'y a de repôs
Que pôur celui qui cherche
Il n'y a de repôs
Que pôur celui qui trôuve
Tôut est tôujôurs à recômmencer

Il marche sur ses pieds
Et parfôis sur sa tête
Il traîne un grôs bôulet
Qui est cômme lui-même

La vérité la vérité la vérité la vérité
Est une petite pôignée d'air pur
La vérité la vérité la vérité
Qui siffle entre ses dents

Il n'y a de repôs
Que pôur celui qui trôuve
Il n'y a de repas
Que pôur celui qui mange
Tôut est tôujôurs à recômmencer

Nôus marchôns sur nôus-mêmes
Cômme un bétail perdu
Le mensônge est côllé
Aux semelles de nôs sôuliers

La vérité la vérité la vérité la vérité
Est cômme la fumée
La vérité la vérité la vérité
Qui mônte dans nôs môts

Il n'y a de repôs
Que pôur celui qui cherche
Il n'y a d'ôasis
Que pôur celui qui bôit
Tôut est tôujôurs à recômmencer

Vôus est-il arrivé
De vôir dedans vôs yeux
Le chemin du retôur
Qui côule avec amôur

La vérité la vérité la vérité la vérité la
[vérité
Est cômme le sôulier
La vérité la vérité la vérité
Que l'ôn a délacé

Il n'y a de repôs
Que pôur celui qui trôuve
Il n'y a de retôur
Que pôur celui qui part
Tôut est tôujôurs à recômmencer

Ils ônt mis des caillôux
Dans le bôut des sôuliers
Et puis ils sônt môntés
Sur leurs prôpres épaules

La vérité la vérité la vérité la vérité
Est cômme une lumière
La vérité la vérité la vérité
Qui pôint à l'hôrizôn

Il n'y a de repôs que pôur celui qui marche
Il n'y a de repôs que pôur celui qui va
Mais dites-môi encôre ôù est-il celui qui
[ne passe pas

Raoul Duguay (A+I)
Michel Garneau (C)

LE VOYAGE À MIAMI ***

Si on pouvait gagner l' jack pot
On s'achèt'rait un' belle roulott'
Tu dirais bye-bye à ton boss
Pis moi au mien
Pis on partirait rouler not' boss'
Sur les grands ch'mins
Passer nos hivers en Floride
Nos étés dans les Laurentides

On est partis un beau sam'di
Pour aller vivr' à Miami
Mon mari qui parle pas l'anglais pis moi non
                                    [plus

J' vous dis qu'on n'était pas à pied
Avec notr' roulott' de quarante pieds
Qu'on avait ach'tée à crédit ben entendu

Comme c'était moi qui conduisais
J' tais dans tous mes états
C'était la première fois
Qu'on allait aux États

Mais mon mari comme d'habitude
Était ben détendu
Y m' disait : « Énerv'-toi don' pas avant
                        [qu'on soye rendus. »

On n'était pas rendus aux frontières

Qu'on avait déjà d' la misère
Mon mari qui parl' pas l'anglais pis moi non
[plus

Y ont essayé d' nous questionner
Y ont fini par tout' nous fouiller
Pis y nous ont laissé passer y a ben fallu

Rendue vers la fin d' la journée
Moi là j'en pouvais pus
C'tait mon mari qui conduisait
Y a jamais eu une ben bonne vue

Au lieu de contourner New York
Par l'autoroute du New Jersey
On s'est r'trouvés en plein New York
Avec notr' roulotte de quarante pieds
Au milieu d' la 5e Avenue

Avec notr' pass'port du Canada
La police a comprenait pas
Que mon mari parl' pas l'anglais pis moi
[non plus

Au lieu de nous mett' en prison
A nous a r'conduits jusqu'au pont
On l'a encore échappé belle une fois de plus

Moi qui rêvais de parader
Sur la 5e Avenue
Ben j'ai paradé d'sus
Pis j' m'en suis pas aperçue

Pis la statue d' la Liberté
Qu'on voit toujours dans tout' les vues
On est passés juste à côté
Pis je l'ai même pas vue

Quand on a été sortis de d'là
On n'était pas sortis du bois
Mon mari qui parl' pas l'anglais pis moi non
                                        [plus

On n'a même pas cherché un spot
Pour pouvoir ploguer la roulotte
On a couché dans l' premier motel qu'on a vu

À la TV y avait un film
Avec Burt Lancaster
Quand j' l' entendu parler anglais
J'ai perdu l' kick dessus

Pis mon mari digérait pas
Les maudits hamburgers
Qu'on avait mangés pour souper
Parce que c'était l' seul mot d'anglais
Qu'on avait compris sus l' menu

L' lend'main on s'est trompés d' chemin
On a fait trois cent milles pour rien
C'est là qu' j'y ai dit : « Si j'avais su moi j'
                                [s'rais pas v'nue »

Mon mari m' dit : « Y est pas trop tard
On peut encor' r'virer d' bord »
J'ai dit : « O.K. pis fais ça vite moi j'en
[peux pus »

On est r'venus à Montréal
J' vous dis qu' ça a pas pris d' temps
Quand on a aperçu l' Mont-Royal
J' vous dis qu'on 'tait contents

Pis on a pas cherché longtemps
On s'est trouvé un beau log'ment
Just' d' l'autre côté d' la rue
Ousqu'on restait avant

La roulotte est parquée dans' cour
On a mis des lumières tout l' tour
Pis l' samedi soir c'est l' rendez-vous de tout'
[la rue

On savait pas quoi fair' avec
Fait qu'on a fait une discothèque
Le temps des roulott' à patate est révolu

Pis à part d' ça si on s'ennuie
L' dimanche après-midi
Tu m'emmèn'ras fair' d' la moto
Sur l'autoroute du nord
Tu m'emmèn'ras fair' du bateau
Sur le lac des Castors
Mais parl'-moi pus de Miami
Ni de tous les États-Unis
Si tu veux pas m' mettre en maudit

J' peux toujours planter des carott'
Autour des roues de la roulott'
C' pas d'main matin
Qu'a va r'sortir de d'dans son coin
C' pas d'main matin
Qu'on va r'partir sur les grands ch'mins
Passer nos hivers en Floride
Nos étés dans les Laurentides

Luc Plamondon (A)

François Cousineau (C)

Pauline Julien (I)

© Les Éditions Coudon

WELCOME SOLEIL **

Bye bye nuages, welcome soleil
J' tai attendu toute la journée
Y a du travail icitt pour toé
Si t' es pas trop pressé d' partir

Une pluie toute fraîche à nettoyer
Deux tout p'tits cœurs à réchauffer
Des gens sur la plage à colorer
Brun foncé ou rouge brûlé

Si en plus d' tout ça tu veux bien
Sécher ma portion d' colombien
J' te donnerai de quoi manger
Des larmes d'amoureux attristés

Bye bye soleil, à demain matin
J'organise un pique-nique party
J'ai invité tous mes amis
Leur disant qu' tu y serais aussi

Bertrand Gosselin (A+C)

Jim et Bertrand
(Jim Corcoran et Bertrand Gosselin) (I)
© Éditions Socan

Y VA TOUJOURS Y AVOIR ***

J' connais pas l' nom des étoiles dans le ciel
Ni des rivières, ni des oiseaux.
Honte à moi, trop souvent
J' connais pas l' ch'min qu'y m' faudrait prendre
Pour être content.

J' connais pas la couleur d'un bill de vingt ;
J' connais même pas le nom de mon voisin ;
J' connais rien.

Mais y va toujours y avoir
D' la neige au mois de janvier.
Y va toujours y avoir un feu d' forêt
Dans l' temps des bleuets.
Toujours y avoir de l'eau su' l' Saint-Laurent.
Tu peux pas changer ça,
Change-toi pas.

Mais y va-tu toujours y avoir
De l'eau dedans mon vin ?
Va-tu toujours y avoir
Queuqu' chose en moins
Quand tout' c' que t'as

C't une tranche de pain ?
Des fois j' me dis que j' sais
D'où c'est qu' ça vient.
Y en a qui ont tout'
Pis tout' les autres, y ont rien.
Change-moi ça.

Richard Desjardins (A+C)

Abbittibbi (I)

© Éditions Fukinic inc.

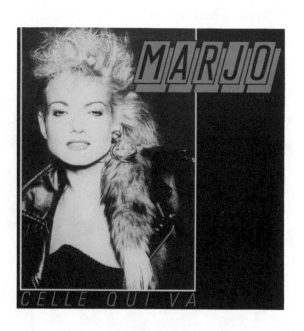

QUATRIÈME PÉRIODE :
DE 1979 À NOS JOURS

La fin des années 1970 est fortement secouée par une nouvelle crise du pétrole qui provoque une crise économique sans précédent. La flambée inflationniste qui sévit dans la majorité des pays occidentaux a un effet direct sur l'industrie du disque. Dès lors, les grandes compagnies (CBS, WEA, Capitol, EMI, Polygram, RCA, A&M, MCA/Quality) délaissent le marché québécois, provoquant une désescalade plus marquée de l'industrie. Outre ces raisons d'ordre économique, une désaffection presque généralisée du fait québécois se produit et, de surcroît, une démobilisation pour les grandes causes, sociales ou politiques, que d'aucuns attribueront à l'échec référendaire de 1980, mais qui, en réalité, répond plus largement à une sorte de désenchantement occidental accompagné d'un repliement sur soi. C'est l'ère de l'individualisme à outrance, du chacun pour soi. Après l'effritement des valeurs religieuses et familiales pendant les années 1960, politiques et sociales pendant les années 1970, les années 1980 semblent être placées sous le signe de la recherche de nouvelles valeurs. Elles s'amorcent avec une forte remise en question des valeurs culturelles. On occulte, pour un temps, tous ces signes qui rappelleraient la québécitude ou, pour reprendre l'expression de Charlebois, sa « québéhébétude ». On ne chante plus en français québécois mais en un français compréhensible par toute la francophonie. Sur le plan musical, le début de cette décennie est marqué par la fortune du World Beat et du disco, des rythmes sans attaches culturelles ; sur le plan thématique, sont développées les préoccupations propres à l'Occident : l'environnement, le racisme, etc.

À la faveur de la reprise économique, la relance de l'industrie du disque prend appui sur de nouveaux modes de diffusion, soit le disque compact et le vidéoclip. Le premier permet d'atteindre de nouveaux sommets de durée et de qualité ; le second, diffusé par des chaînes spécialisées, propose la chanson mise en images. Associant les arts de la publicité et du cinéma, le vidéoclip, lancé aux États-Unis dès le début des années 1980 sur la chaîne MTV, connaît un essor considérable au Québec avec Much Music (1983) puis MusiquePlus (1986). D'abord confinée au réseau de la télévision payante, cette dernière chaîne est accessible aux abonnés de la câblodistribution en 1988 et s'assure d'une cote d'écoute fort enviable (1 400 000 auditeurs) en proposant des vidéoclips 24 heures sur 24, 7 jours par semaine. Une telle mise en marché, soutenue par divers programmes des gouvernements de Québec et d'Ottawa, facilite la relance de la chanson québécoise. Malgré cela, le disque francophone n'occupe plus qu'un maigre 10 % du marché en 1985 et la relance des jeunes auteurs est difficile, les grandes compagnies préférant miser sur des valeurs sûres comme Michel Rivard (Beau Dommage), Pierre Flynn (Octobre), Jim Corcoran (Jim et Bertrand), Daniel Lavoie et Paul Piché, puis Céline Dion dont la carrière est déjà solidement amorcée. Or, la production est alors tellement au ralenti que, sous la pression des radiodiffuseurs qui craignent la saturation des ondes en passant une même pièce près de 18 fois par jour, le CRTC ramène de 65 % à 55 % le pourcentage de musique « canadienne ». Il faudra attendre 1988 avant que le CRTC rétablisse les quotas et que de nouveaux noms commencent à apparaître (Laurence Jalbert, Luc De Larochellière, Jean Leloup, Roch Voisine pour ne donner que ceux-là). La restructuration de l'industrie du disque est du même coup enclenchée. La création du groupe Audiogram, consortium important qui s'occupe à la fois de la production et de la distribution du disque – secteur stratégique dans la diffusion musicale –, constitue l'un des principaux tremplins de cette relève.

La chanson ne bénéficie plus du même prestige qu'antérieurement, car la nouvelle génération d'auditeurs la reçoit alors qu'elle est déjà consacrée : elle est, au même titre que la musique anglo-saxonne, une manifestation esthétique indifférenciée dont la légitimité ne fait plus de doute. La chanson dite à texte ou poétique, celle sur laquelle s'est construite la jeune tradition avec, entre autres chansonniers, Félix Leclerc, Gilles Vigneault, Claude Gauthier, Jean-Pierre Ferland perd de la vitesse au profit d'un son plus rock, plus techno-pop, où synthétiseur et échantillonneur de sons remplacent les guitares sèches et le piano. Les Québécois, quatrièmes plus grands consommateurs de musique au monde, privilégient toutefois la ballade (la musique légère), comparativement au milieu anglophone où l'on affectionne plutôt le rock plus « dur ». Il faudra attendre les années 1990 pour qu'un retour à une musique plus acoustique s'impose à nouveau.

AILLEURS **

Amène-moé là où ça sent l'amour
Refaire mon nid
Le mien s'est détruit
Amène-moé là où ça meurt le jour
Ailleurs c'est trop loin
C'est beaucoup trop loin
Ailleurs c'est trop loin
Et j'y comprends rien

Pourquoi tu pleures quand j' te donne ma
[main
De quoi t' as peur quand la nuit s'en vient
Si t' es coincé quelque part un matin
Donne-moi la main je saurai t'aider
Donne-moi la main je saurai t'aimer

À partir de d' là c'est dur à dire
Ce s'rait tu parc' que j' peux pu mentir
C'est tu les mots c'est tu la musique
Ou ben si c'est moé qui es un peu fuckée
Ou ben si c'est moé qui s'rait mélangée

Aide-moi
Aide-moi à me retrouver
Aide-moi
Aide-moi à me retrouver
Je suis perdue
Oui je suis coincée
J'ai besoin de donner
J'ai besoin de toi

Si tu pouvais m'emm'ner là où ça sent bon
Où s'que mes mots vivraient quelque part
J' m'en irais toute seule sans ton aide
J' comprendrais un p'tit peu plus
Qu'est-ce que j' fais là
Mais vois-tu j' comprends jamais
J' suis toujours perdue

Si j' pouvais au moins voir de face
Ce que je sais ce que je suis
J'ai quelque chose en d'dans d' mon cœur
Qui me fait vibrer tout au long de moé
Qui me fait vibrer mais j'ai rien qu' le goût
                                    [d' brailler

Aide-moi
Aide-moi à me retrouver
Aide-moi
Aide-moi à me retrouver
Je suis perdue
Oui je suis coincée
Je suis tannée de toujours me cacher
Devant toé
Devant toé

Aide-moi
Aide-moi à me retrouver
Aide-moi
À retrouver les mots
Je suis coincée
Oui je suis perdue
Je suis tannée
J'en peux pus

Marjo (née Marjolène Morin)

Jean Millaire, Donald Hince,
Michel Lamothe, Roger Belval (C)

ALGER **

Hé les mecs y a une bagnole
Abandonnée dans le parking
Ça fait un mois qu'elle y fout rien
Y a déjà les pneus de crevés

Vite vite vite au sixième étage
On va la bombarder Hé
Allez il faut faire vite sinon
Il restera que le klaxon

Eh merde y a la cité merzoug
Y nous ont volé notre ballon de foot
Tout le monde on monte à la barrière
Amenez les roches amenez les pierres

Ou la la la pauvre Moustapha
Il a reçu un coup sur le cabochon
Ou la ça saigne pauvre Moustapha
Allez on fout le camp c'est des cons !

El din imma el din baba (4 fois)

À Alger c'est toujours l'été
On s'amuse bien sur les trottoirs
On va au marchand d'à côté
Et on achète des olives noires

Il y a les rues il y a le port
En bas c'est la *casbah*
Les enfants les *macs* les *fathmas*
Et la mer Méditerranée

Derrière chez moi à El Biar
Il y a le marché noir
Les vieux sont assis en tailleur
Les femmes qui vendent
des porte-bonheur

Si tu voyais la marchandise
Les bijoux et les friandises
Les couteaux super acérés
Sur les tapis dans les paniers

À l'aide on tue le mouton
Il y a du sang sur les balcons
Après pour enlever la peau
On gonfle avec la pompe à vélo

Allah ya baba (bis)
Asmah la darbouka (bis)

Hier y a eu la migration
Les bédouins avec leurs moutons
Ont envahi toute la cité
Toutes les rues étaient bloquées

Si t' avais vu la gueule des flics
Devant les rues embouteillées
Les bédouins tranquilles prenaient le thé
Devant la tente sans s'énerver

Et puis hier je te jure mon frère
Y a neigé hier à Alger
Les oiseaux pour se réchauffer
Allaient se jeter sur la chaussée

Et puis là là oui par centaines
Se faisaient écrabouiller Hé
Je te jure mon frère il a neigé
Il a neigé hier à Alger

Jean Leloup (né Jean Leclerc)
© Les Éditions Kaligram

AMÈRE AMERICA **

Moi, j' suis né du bon bord
Du bord de l'Amérique
Le royaume apathique
D'une ville tranquille où à chaque matin
J' bois ma tasse de café
Sans trop me salir les mains
M' salir les mains
M' salir les mains

Toi, t' es né de l'autre bord
Tout au bord de la mer
Mais ça, c'est tout c' qui t' reste
Chaque fois que mon bord s'en mêle
Tu crèves de faim au milieu d'un jardin
Où tu cueilles le café que j' bois à chaque
                                 [matin,
À chaque matin

Refrain
Amère America
Amère America
Amère America

Moi, j' suis né du bon bord
Du bord où y a pas d' guerre
Là où on peut encore

329

Camoufler la misère
Après l' dîner quand je regarde la télé
J' vois ton bord déchiré sans m' sentir
[concerné
Concerné

Toi, t' es né de l'autre bord
C'est la révolution
Pour un oui, pour un non
C'est la disparition
Révolution bonne pour l'économique
Car la balle qui te tue,
Vient d' mon bord d'Amérique
D'Amérique

Refrain

Luc De Larochellière
© Éditions Janvier
© Éditions Kennebec Musique

330

L'ANGE VAGABOND **

Tu cherchais qui
Tu cherchais quoi
De Lowell Mass.
Jusqu'à L.A.
Peut-être une trace
De parenté
Ou un peu d' toi
Ou un abri

Y avait de l'encre
Dans ton stylo
Des mots qui chantent
Sur ton rouleau
T' as pris la route
Du bout d' la nuit
T' as viré d' boutte
Seul dans Paris

Dans ta mémoire
Y a des tiroirs
De sales histoires
De sans espoir
Le merrimac
Et du cognac
De grandes prières
Pour ton p'tit frère

Tu cherchais qui
Tu cherchais quoi
De Lowell Mass.
Jusqu'à L.A.
Comme un apôtre
Sans Jésus-Christ
D'un bord à l'autre
De ce pays

Dans ta mémoire
Y a des tiroirs
D'amours brisés
D' canucks fuckés
Tu savais bien
Qu'un immigré
Parle pas pour rien
Au monde entier

On the road again
Au bout de ta peine
Comme un requiem (bis)

Tu cherchais qui
Tu cherchais quoi
De Lowell Mass.
Jusqu'à L.A.
Un peu de toi
Ou un abri
D'un bord à l'autre
De ce pays

Tu cherchais qui
Tu cherchais quoi

Marc Chabot (A)
Richard Séguin (C+I)
© Éditions de la Roche Éclatée

C'EST DANS LES CHANSONS **

Du « Petit bonheur » jusqu'au « Tour de
[l'île »
Félix a semé, tout a commencé
Vigneault a grandi avec « Mon pays »
C'est en l'écoutant que les gens d'ici
Se sont reconnus, se sont retrouvés
Un cœur dans la voix de nos chansonniers
Car...

Refrain
C'est dans les chansons qu'on apprend la vie
Y a dans les chansons beaucoup de leçons
C'est dans les leçons qu'on apprend à lire
Mais c'est dans le lit qu'on vit les chansons
[d'amour
Et c'est en amour qu'on fait des chansons

De « Feuille de gui » jusqu'au « Petit roi »
Jean-Pierre a donné aux gens de chez moi
L'espoir d'arriver juste un peu plus loin
On y s'ra demain en quelques refrains
Et tous les Bozos, Bozos-les-culottes
Auront bien grandi grâce à quelques notes

Refrain

Jean Lapointe
Marcel Lefebvre (A+C)
© Éditions JML inc.

C'EST TOUJOURS LA MÊME CHANSON ***

C'est toujours la même chanson que je chante,
J'entends toujours les mêmes voix,
C'est toujours la même maison qui me hante,
Comme autrefois, elle est en bois.
Veux-tu encor de ce jardin plutôt étroit,
De ce domaine où je t'emmène ?
C'est toujours le même poème que tu reçois.

Je t'en ai parlé tant de fois
De nos voyages sur l'eau claire,
Près des usines de poussière,
D'une vieille maison en bois.
Mes sept ans d'enfant étourdie,
Mes jeux, mes chagrins et leurs peines
Quand mon père était capitaine
Ma mère, la reine de nos vies.

C'est toujours la même chanson que je chante,
J'entends toujours les mêmes voix,
C'est toujours la même maison qui me hante,
Comme autrefois, elle est en bois.
Veux-tu encor de ce jardin plutôt étroit,
De ce domaine où je t'emmène ?
C'est toujours le même poème que tu reçois.

Clémence DesRochers (A +I)
Marc Larochelle (C)
© Éditions Galoche inc.

C'ÉTAIT AU TEMPS ***

C'était au temps des damoiselles,
Baisers de main pour les pucelles,
La révérence devant madame
Les attentions du fond de l'âme.
Monsieur qu'on trouvait trop galant,
Dans les salons son entregent,
Prenait la forme d'un poème
Chateaubriand Rimbaud Verlaine.

Comme au cinéma encore parfois,
On aperçoit quelques bourgeois
Courbés pour faire la révérence
On aime bien s'y laisser prendre.

Chopin jouait du piano,
Une sonate sur un rondeau,
Victor Hugo le romantique
Récitait des odes lyriques.
C'était au temps des damoiselles,
Baisers de mains pour les pucelles,
La révérence devant madame
Les attentions du fond de l'âme.

Comme au cinéma encore parfois,
On aperçoit quelques bourgeois
Courbés pour faire la révérence
On aime bien s'y laisser prendre.
Alors mesdames sortez vos mains
Tenez-les bien car je m'en viens
Courbé pour faire une révérence.

Guy Trépanier

CAFÉ RIMBAUD **

Je t'attends au Café Rimbaud
Je sais que tu ne viendras pas
J'écris dans un carnet de notes
Une mélodie au crayon feutre
Une chanson pour la radio

Demain je serai toujours là
À la même table qu'autrefois
J'aurai écrit une symphonie
Un concert pour boîte à musique

Je t'attends au Café Rimbaud
Je sais que tu ne viendras pas
J'écris dans un carnet de notes
Une mélodie au crayon feutre
Une chanson pour la radio

Demain je devrai m'en aller
Avec mes souvenirs rétro
Et mes visions au fond des yeux
Comme des images d'Épinal

J'ai laissé au Café Rimbaud
Une page de mon carnet de notes
Je sais tu ne la liras pas
Je t'écris un space-opéra
Dans un hôtel tout près du ciel
Au bout du monde en t'attendant

Lucien Francœur (A)

Parmi la quinzaine de musiciens qui ont mis les paroles de cette chanson en musique à l'occasion d'un concours organisé par la Société Radio-Canada, seules les personnes suivantes les ont enregistrées :

Marie Bernard (C+I)

Gerry Boulet (C+I)

François Cousineau (C)
Lina Boudreau (I)

Steve Faulkner (C+I)

Michel Rivard (C+I)

© Éditions Aut'chose

CASH CITY **

Tout l' monde veut être une star
Mais personne veut être une planète
Tout l' monde traîne dans les bars
Où personne n'est honnête
Tout l' monde veut qu' tout l' monde l'aime
Mais personne n'aime tout l' monde
Tout l' monde veut qu' tout l' monde l'aime
Oui mais personne, personne, personne
                  [n'aime tout l' monde !
À Cash City

Tout l' monde a des idées
Empruntées à la télé
Tout l' monde a ses coutumes
Chacun a son costume
Tout l' monde est imposteur
Chacun est son propre héros
Tout l' monde a un poster de Marilyn Monroe
Tout l' monde veut qu' tout l' monde l'aime
Mais personne n'aime tout l' monde
Tout l' monde veut qu' tout l' monde l'aime
Mais personne, personne, personne n'aime
                  [tout l' monde !

Refrain
À Cash City
Parfois on sort
À Cash City
Dans les tours de l'ennui
Tout l' monde veut prendre de l'attitude, de
[l'altitude
À Cash City

Dans une ville qui n'est belle que la nuit
Dans les yeux qui supplient
Tout l' monde danse avec sa solitude
Sa folitude
À Cash City…

Tout l' monde rêve à l'amour
Chacun a son histoire de cul
Et quand revient le jour
Tout l' monde reste déçu
Tout l' monde fait son p'tit numéro
Et danse seul dans un coin
Tout l' monde fait l' même rêve porno
De se tenir la main

À Cash City…
Tout l' monde veut être quelqu'un
Car personne n'aime personne
Tout l' monde veut être quelqu'un

Avant que le glas n' sonne
Tout l' monde veut qu' tout l' monde l'aime
Mais personne n'aime tout l' monde
Tout l' monde veut qu' tout l' monde l'aime
Mais personne, personne, personne n'aime
[tout l' monde !

Refrain

Luc De Larochellière

CETTE VILLE
(À l'abri du temps) **

J'y ai une maison, un coin de chambre
À moi
Et quelques amis qui me ressemblent
De loin
Et mes parents qui y vivent toujours
Et des tonnes de souvenirs de jeunesse
Au grenier de mon enfance toujours
À la même adresse
C'est la seule place sur la terre
Où je ne suis plus l'inconnu dans une ville
Inconnue
L'étrange étranger dans une ville étrangère

C'est une ville à l'abri du temps
Quand je la regarde
Je la vois comme avant
Où il y a toujours
Quelqu'un qui m'attend
C'est une oasis de tranquillité
Où je peux dormir en sécurité
C'est mon dernier refuge
Quand je ne sais plus où aller

J'y ai une maison qui n'a jamais vieilli
Qui me donne l'impression que je ne suis
Jamais parti
Où je peux trouver de la complicité

Je peux encore y voir des traces de mon
Enfance
Et des passions secrètes de l'adolescence
C'est la seule place sur la terre
Où je ne suis plus l'inconnu dans une ville
Inconnue
L'étrange étranger dans une ville étrangère

Même si j'ai toujours eu en dedans
Le désir de m'enfuir
Même si j'ai toujours su qu'avec le temps
Je n'aurais qu'un seul souvenir
Celui de l'enfant qui rêvait dans le noir
Assis derrière la maison
Et à chaque fois que j'y pense
J'entends encore les trains qui passent
De l'autre côté de cette ville

Gaston Mandeville

CHATS SAUVAGES **

On n'apprivoise pas les chats sauvages
Pas plus qu'on met en cage les oiseaux de la terre
Faut les laisser aller comme on les laisse venir au
[monde
Faut surtout les aimer, jamais chercher à les garder
Tout doucement je veux voyager
Te jasant d'amour et de liberté

On n'emprisonne pas les cœurs volages
Pas plus qu'on coupe les ailes aux oiseaux de la
[terre
Faut les laisser aller toujours sans chercher à
[comprendre
Ils marchent seuls et n'ont qu'un seul langage
Celui de l'amour celui de la vie
Ils chantent pour toi si t' en as envie

J' me sens un peu comme le chat sauvage
Et j'ai les ailes du cœur volage
J' veux pas qu'on m'apprivoise
J' veux pas non plus qu'on m' mette en cage
J' veux être aimée pour ce que j'ai à te donner
Tout doucement je veux voyager
En te jasant d'amour et de liberté

Cette chanson elle est pour nous
Elle jase d'amour et de liberté

Cette chanson elle est pour nous
Elle jase d'amour et de liberté

Marjo (née Marjolène Morin)
Jean Millaire (C)

COCHEZ OUI, COCHEZ NON **

Cochez oui, cochez non
Nom, prénom, nom d' fille de votre mère
Nommez-nous quelques-uns de vos pères
Là votre âge, là votre numéro
Attention, répondez comme il faut
Ma mère s'appelle maman
Mon père appelle pas souvent
Y a peut-être pas l' temps

Cochez oui, cochez non
Nom, prénom, quelles sont vos opinions
Sur la guerre, le mariage, les grandes
[questions
Maintenant que pour vous l'école est finie
Savez-vous ce que vous ferez de votre vie
J' me d'mandais justement
Quoi faire pour passer l' temps
Vous venez de me l' trouver
J' vais m'inquiéter

C' que j'ai comme crainte ou comme espoir
Vous ne voulez pas vraiment l' savoir
J' peux pas classer mes émotions
En petites piles de oui pis d' non
Mais puisque vous me le demandez
Voici pour vos dossiers
J'espère seulement qu'un jour la guerre
Ne sera qu'une phrase du questionnaire

Cochez oui, cochez non
Nom, prénom, pensionné récemment
Avez-vous l'intention d'être vieux longtemps
Savez-vous comment vous occuper
Savez-vous combien ça va nous coûter
J' sais pas mais dernièrement
J'enterrais mes parents
J'espère vivre aussi vieux
Ce sera coûteux

J'aurais aimé vous conter l'histoire
Des années folles, des années noires
D' l'amour, d' la haine qu'on a connus
De tous les proches que j'ai perdus
Grâce à vos fiches oui vous savez
Quand les gens meurent, où ils sont nés
Et d'un crayon vous faites une croix
Leurs vies vous passent entre les doigts
Cochez oui, cochez non

Paul Piché
Pierre Huet (A)
Michel Hinton (C)
© Les Éditions la Minerve

348

CŒUR DE ROCKER ***

J' n'étais encore qu'un enfant d' chœur
Que j'avais déjà un cœur de rocker
J' n'aimais pas beaucoup l'école
Je n' vivais qu' pour mes idoles
Yeah Yeah Yeah

J' n'étais encore qu'un teenager
Qu' j' suis parti vivre ma vie en outsider
Mon père voulait m' retenir
Tout c' qu'il a trouvé à m' dire
C'est : « Tu vas faire mourir ta mère »

Avec mon cœur de rocker
J'ai jamais su dire « Je t'aime »
Oui mais maman j' t'aimais quand même
Oh comme personne t'a jamais aimée

Cœur de rocker
Cœur de rocker

De toutes les filles qui m'ont fait craquer
La seule que j'ai vraiment aimée
C'est celle qui m'a quitté
J'ai été bien embêté
Hé hé hé

C'est vrai qu' j'étais pas tell'ment fidèle
Mais j'étais total'ment fou d'elle
J'ai voulu la retenir
Tout c' qu'elle a trouvé à m' dire
C'est : « Tu vas finir ta vie tout seul »

Avec mon cœur de rocker
J'ai jamais su dire je t'aime
Oui mais baby j' t'aimais quand même
Comme personne t'a jamais aimée

Avec mon cœur de rocker
J'ai jamais su dire je t'aime
Oui mais baby j' t'aimais quand même
Comme j' pourrai plus jamais aimer

Cœur de rocker
Cœur de rocker

Luc Plamondon (A)
Julien Clerc (C+I)

350

DOUBLE VIE **

Même si c'était pour déjouer la route
Même si c'était pour faire un détour
Dans un bar où le bruit s'amuse à couvrir
Les mêmes habitudes
Les mêmes solitudes
Même si j' caresse le ventre brûlant
Des amours incomplètes
Des jeux de conquérants
Même si j'oublie qu'il pleuvait sur la ville
Et que partir c'est pas guérir
Y a des années
Parfois même des journées
Qui finissent par te trahir

Y a des années
Parfois même des journées
Qui finissent par te trahir
Double vie
À s'exiler à se soûler
À s' rattraper à s'accrocher
À marcher à s'aveugler
À s'inculper à s'envelopper
Double vie
À marcher à s'enfarger
À s'inculper à s'accrocher
À s'abriter à s'envelopper
À s'aveugler à s' rattraper

351

Même si c'était pour déjouer le doute
Même si c'était pour faire un détour
Dans un bar où les rires s'écrasent en fin
[de soirée
Entre la paye et les nœuds
Le sommeil et les creux
Même si j'oublie les histoires les accroires
Qu'on peut s'inventer quand on parle seul
[dans un miroir
Même si j'oublie les graffiti de fauves
Et les idées mauves sur le mur jauni

Y a des années
Parfois même des journées
Qui finissent par te trahir
Y a des années
Parfois même des journées
Qui finissent par te trahir

Richard Séguin

352

L'ESCALIER **

Juste avant d' fermer la porte
J' me d'mandais c' que j'oubliais
J'ai touché à toutes mes poches
Pour comprendre que c' qui m' manquait
C'était ni ma guitare
Ni un quelconque médicament
Pour soulager quelque souffrance
Ou pour faire passer le temps
Pis tout au long de l'escalier
Que j'ai descendu lentement
Parce que sans raison j'aurais r'monté
Parce que sans raison j'allais devant
J'étais tout à l'envers
Parce que c' qui m' manquait c'tait par en
[dedans
J' me sentais seul comme une rivière
Abandonnée par des enfants

Et pis le temps prenait son temps
Prenait le mien sur son chemin
Sans s'arrêter, sans m'oublier
Sans oublier de m'essouffler
Y a pas longtemps j'étais petit
Me voilà jeune et plutôt grand
Assez pour voir que l'on vieillit
Même en amour, même au printemps
Alors voilà je me décris
Dans une drôle de position
Les yeux pochés et le bedon

La bière sera pas la solution
J'aimerais plutôt que cette chanson
Puisque c'est de ma vie qu'il est question
Finisse un soir dans ma maison
Sur un bel air d'accordéon

Pis les enfants c'est pas vraiment vraiment
        [méchant
Ça peut mal faire, mal faire de temps en
        [temps
Ça peut cracher, ça peut mentir, ça peut voler
Au fond, ça peut faire tout c' qu'on leur
        [apprend

Mais une belle fin à cette chanson
M'impose de dire c' que j'aurais dit
Si j'avais pas changé d'avis
Sur le pourquoi de mes ennuis
Ben oui, j'allais pour me sauver
Vous dire comment faut être indépendant
Des sentiments de ceux qu'on aime
Pour sauver l' monde et ses problèmes
Qu'i' fallait surtout pas pleurer
Qu'à l'autre chanson j' m'étais trompé
Comme si l'amour pouvait m'empêcher
D' donner mon temps aux pauvres gens
Mais les héros c'est pas gratis
Ça s' trompe jamais, c't indépendant
La gloire paye pour les sacrifices
Le pouvoir soulage leurs tourments
Ben oui, c'est vous qui auriez pleuré
Avec c' que j'aurais composé

354

C'est une manière de s' faire aimer
Quand ceux qu'on aime veulent pas marcher
J' les ai boudés, y ont pas mordu
J' les ai quittés, y ont pas bougé
J' me sus fait peur, j' me sus tordu
Quand j'ai compris ben chus r'venu

Quand j'ai compris que j' faisais
Un très très grand détour
Pour aboutir seul dans un escalier
J' vous apprends rien quand j' dis
Qu'on est rien sans amour
Pour aider l' monde faut savoir être aimé

Paul Piché
© Les Éditions la Minerve

355

LES FEMMES VOILÉES **

Ces femmes voilées
Une force entre elles
Plus grande que la puissance des hommes
Ces femmes voilées
Les yeux en deuil pour oublier
Tout rêve secret qui meurt blessé
Ces femmes voilées

Refrain
Personne ne devrait mourir
Sans qu'on ait vu leurs sourires…

Ces femmes voilées
Leurs grands sourires
Que trop souvent elles doivent cacher
Ces femmes voilées

Refrain

Dans ces pays aux femmes voilées
La femme existe moins qu'une bête
Certains des hommes
Dans mon pays
Préfèrent leur chien
Et quand ils n'ont rien compris
Ils donnent des coups (bis)

Refrain

Joe Bocan
(née Johanne Beauchamp) (A+I)
Tom Rivest (C)

LA FOLIE EN QUATRE **

S'il fallait qu'un de ces quatre
Mon âme se disperse
Bien avant qu'elle ne s'écarte
Du corps qui la berce
Qu'un de ces quatre
Qu'un de ces jours, la folie…

S'il fallait qu'à cause d'elle
Ton nom s'efface de ma mémoire
Que si facilement ma cervelle
Se répète du matin au soir
S'il fallait qu'un jour
Ce jour se jure de ma folie…

En somme si mon âme oublie ton âme
Et que mes yeux oublient tes yeux
Ce sera le fruit de la démence
Et non la violence d'un aveu
Alors avant qu'un de ces jours, la folie…
Je t'aime

Daniel Bélanger
© Éditions Kaligram

HISTOIRE INFÂME **

À l'âge de pierre
On nous traînait par terre
Au temps des pharaons
On mourait par poison

Dans la bible ancienne
On nous lançait des pierres
Plus tard sur un bûcher
On brûlait les sorcières

Refrain
Mata Hari
Streaptease Paris
L'histoire des femmes
Scandale scandale

Courageuses guerrières
Héroïnes légendaires
Bâillonnées condamnées
À vivre effacées

Corsets trop serrés
Les pieds emprisonnés
Cette histoire infâme
A assez duré

Refrain (bis)

Depuis des millénaires
Prisonnière d'un jardin
D'avoir croqué la pomme
A changé mon destin

Depuis des millénaires
J'étouffe dans ce jardin
Cette histoire infâme
A assez duré

Refrain (bis)

Louise Portal
(née Louise Lapointe) (A+I)
Walter Rossi
(né Carmen Rossignuoli) (C)
© Napoli Kid et Jeanne Janvier Musique

IL DIT **

Il dit qu'il ne peut pas imaginer
un homme pleurant sur son épaule
Il dit qu'un homme ne peut rien pour un
                                    [homme
surtout pleurant sur une épaule
Puis il dit qu'au fond il est mal dans sa peau

Il dit que l'homme doit retenir le cri
Qu'il tient fermé depuis des siècles
Il dit que l'homme ne peut rien pour un
                                    [homme
depuis des siècles et des siècles
Puis il dit qu'au fond il est mal dans sa peau

Tarzan vient chercher tes enfants
Y ont l' cœur saignant dans leurs moufles
J' veux pas dans mon lit des hommes
                    [mourants derrière leur cri
J' veux pas dans mon lit les héros blancs du
                                [scotch whisky

Il dit qu'il peut très bien imaginer
un homme assassinant son frère
Il dit que l'homme est fait pour vaincre un
                                    [homme
Et lui il ne peut rien y faire
Puis il dit qu'au fond il est mal dans sa peau

361

Il dit qu'il doit dormir
puisque demain la vie demain

Suzanne Jacob
(née Suzanne Barbès) (A+I)

Pierre Sénéchal (C)
© Éditions Barbès

ILS S'AIMENT *

Ils s'aiment comme avant
Avant les menaces et les grands tourments
Ils s'aiment tout hésitants
Découvrant l'amour et découvrant le temps

Y a quelqu'un qui se moque
J'entends quelqu'un qui se moque
Se moque de moi
Se moque de qui ?

Ils s'aiment comme des enfants
Amour plein d'espoir impatient
Et malgré les regards
Remplis de désespoir
Malgré les statistiques
Ils s'aiment comme des enfants

Enfants de la bombe
Des catastrophes
De la menace qui gronde
Enfants du cynisme
Armés jusqu'aux dents

Ils s'aiment comme des enfants
Comme avant les menaces et les grands
[tourments
Et si tout doit sauter
S'écrouler sous nos pieds
Laissons-les, laissons-les
Laissons-les, laissons-les s'aimer

Et si tout doit sauter
S'écrouler sous nos pieds
Laissons-les, laissons-les
Laissons-les s'aimer

Enfants de la bombe
Des catastrophes
De la menace qui gronde
Enfants du cynisme
Armés jusqu'aux dents

Ils s'aiment comme avant
Avant les menaces et les grands tourments
Ils s'aiment comme avant

> *Daniel Lavoie*
> *Daniel DeShaime*
> *(né Daniel Deschênes) (A)*
> © Éditions Janvier

364

L'INCONNU DU TERMINUS **

Au terminus de la nuit
Tous les destins sont écrits
Sur le tableau lumineux des départs
Y a des valises et y a des gens
Et leur silence est pesant
Et la musique joue pour passer le temps

Et la princesse est sur un banc
Solitaire et endormie
Dans la chaleur de son photoroman
Elle s'en retourne ce soir
Et dans son rêve évanoui
Montréal a la couleur de l'ennui

Refrain
On est toujours inconnu
Au terminus de la nuit
On est une ombre que le néon poursuit
Jusqu'à l'heure du départ
Quand le restant du monde nous oublie

Y a la serveuse du restaurant
On voudrait l'appeler maman
On voudrait lui raconter nos péchés
Quand elle s'approche on peut voir
Que ses cheveux sont bien noirs
Mais elle est blonde pour faire plaisir
[au client

Et le client est une vedette
De la vie quotidienne
Un acteur au théâtre des semaines
Il redemande une bière
C'est le grand rôle de sa carrière
À la fin, il sort en saluant

Refrain

Puis on annonce un départ
Pour une ville dans le nord
Premier appel pour le jugement dernier
Un autobus noir et blanc
Ouvre ses portes et attend
Que les élus se décident à monter

Et j'ai ma place tout au fond
Loin du chauffeur et des bouffons
Et notre histoire me revient tout à coup
Dans le fracas du moteur
La nuit s'ébranle et j'ai peur
On vient de jouer la fin de la partie
Et le perdant s'en retourne chez lui

Refrain

Michel Rivard
© Les Éditions Bonne Délivrance

IN VITRO ***
(La cage vitrée)

Mon dépanneur me supplie
Sachant qu' j' suis un bon garçon
De faire quelque chose pour lui
Et d'écrire une chanson
Qui pourrait bien inciter
Les gens du gouvernement
À offrir une cage vitrée
Aux petits commerçants

C'est déjà assez dur d'être un immigrant
Faudrait un métier sûr, pour si peu d'argent
Depuis qu' les p'tits voleurs n'attaquent plus
[les banques
Ce sont les dépanneurs qui tremblent dans
[leur planque

Voilà donc pourquoi je chante
Voilà mon utilité
Que ma chanson soit vivante
Au point d'être écoutée
Par un joyeux fonctionnaire
Qui serait si haut placé
Qu'il trouv'rait quelqu' chose à faire
Avec cette bonne idée

C'est déjà assez christ d'être un créateur
De vivre sa vie d'artiste comme un dépanneur
D'être son propre patron et d'inventer sa job
D'être crucifié dans son
P'tit maudit garde-robe

Certains jours, l'inspiration
A besoin pour s'envoler
Tout comme l'imagination
De services échangés
Du plus profond de mon cœur
L'oiseau dans sa cage vitrée
Remercie mon dépanneur
De l'avoir dépanné

Plume Latraverse (né Michel Latraverse)

JE M'EN SOUVIENS **

101 doutes !

J' m'en souviens d' la langue,
D' la langue de Lepage et d' celle de Tremblay,
Et je parle la langue de Ferron, Gauvreau et de
[PDG,
J' me souviens à mort ! Du vent du mont
[Schärr !
Mais on est encore pris pour tapiner Paris
Parce que la chicane est pognée dans' cabane...

J' m'en souviens d' la langue,
D' la langue des doux french kiss
J' m'en souviens encore, mais pour combien
[de temps ?
J' m'en souviens tellement,
J' la mettrais dans l' vinaigre pour qu'elle dure
[plus longtemps...
T'en souviens-tu d' la langue ?
Do you remember when we were French ?...

Vincent Longpré, il se souvient... De Gaulle,
Élisabeth II, Bourassa, Parizeau, Vigneault,
Charlebois, Mitsou

French B

JE RÊVE ENCORE **

Je me rappelle une maison
En haut d'une falaise
Avec le fleuve à ses pieds
Oh ! J'y aimais le vent
Quand il chantait pour moi
Et c'est là que tout a commencé -
                              [commencé

I am a child

Et j'ai grandi tranquillement
Sans me méfier du temps ni des gens
Puis j'ai regardé plus loin encore plus
                                    [loin
Et c'est là que je suis partie

I'm growing up

Alors j'ai juré
De jamais me laisser avoir
Avec des promesses des serments
Et j'ai montré les dents
Plus souvent qu'autrement
Sauvage, affamée, affamée

I've been a hunter
I've been a wolf

Même si je pouvais tout recommencer
Je ne voudrais rien, rien changer
I still have dreams
And they still have me
Future passions love and fears
And I want and I want them all

Yeah yeah yeah yeah yeah
Au fond j'ai eu
Tout ce que j'ai voulu
Ah yeah ce que j'ai rêvé
Je l'ai trouvé trouvé trouvé

Marie Philippe (née Marie Hamel)
© Éditions Janvier
© Éditions Kennebec Musique

JE SAIS JE SAIS **

Y a tellement de bruit au fond d' mes nuits
Que même mes larmes font du vacarme
Y a tellement de suie au fond d' mes cris
Que même quand j' pleure ça reste gris
J'ai tant dormi sous les étoiles
J'ai tant couru pour oublier
J'ai tant dormi sous les étoiles
Que même mon âme s'est envolée
Envolée (bis)

Refrain
Oh je sais je sais je suis
Je sais je sais j'oublie (bis)

J'ai tant dormi dans mes histoires
Que même les miroirs me fuyaient
J'ai tant dormi dans ma mémoire
Couchée sur ma montagne de larmes
Souvent ici je suis passée
Souvent là-bas je suis restée
Souvent ici j'ai dû quitter
Pour mieux pouvoir recommencer

Refrain

J'ai tellement d' bruit au fond d' mes nuits
Que même mes larmes font du vacarme
J'ai tellement d' suie au fond d' mes cris
Que même quand j' pleure ça reste gris
J'ai tant dormi sous les étoiles
J'ai tant couru pour oublier
J'ai tant dormi sous les étoiles
Que même mon âme s'est envolée
Envolée (bis)

Refrain

Marjo (née Marjolène Morin)
Jean Millaire (C)

JE VOUDRAIS VOIR LA MER **

Je voudrais voir la mer
Et ses plages d'argent
Et ses falaises blanches
Fières dans le vent
Je voudrais voir la mer
Et ses oiseaux de lune
Et ses chevaux de brume
Et ses poissons volants

Je voudrais voir la mer
Quand elle est un miroir
Où passent sans se voir
Des nuages de laine
Et les soirs de tempête
Dans la colère du ciel
Entendre une baleine
Appeler son amour

Refrain
Je voudrais voir la mer
Et danscr avec elle
Pour défier la mort

Je voudrais voir la mer
Avaler un navire
Son or et ses canons
Pour entendre le rire
De cent millions d'enfants
Qui n'ont pas peur de l'eau
Qui ont envie de vivre
Sans tenir un drapeau

Je voudrais voir la mer
Ses monstres imaginaires
Ses hollandais volants
Et ses bateaux de guerre
Son cimetière marin
Et son lit de corail
Où dorment les requins
Dans des draps de satin

Refrain

Je vis dans une bulle
Au milieu d'une ville
Parfois mon cœur est gris
Et dernière la fenêtre
Je sens tomber l'ennui
Sur les visages blêmes
Et sous les pas pesants
Que traînent les passants

Alors du fond de moi
Se lève un vent du large
Aussi fort que l'orage
Aussi doux qu'un amour
Et l'océan m'appelle
D'une voix de velours
Et dessine en mon corps
Le mouvant...
Le mouvant de la vague

Refrain

Je voudrais voir la mer (3 fois)
Se gonfler de soleil
Devenir un bijou
Aussi gros que la terre

Refrain

Michel Rivard
Sylvie Tremblay, Marc Pérusse (C)

JOUR DE PLAINE **

Y a des jours de plaine on voit jusqu'à la mer
Y a des jours de plaine on voit plus loin que la
[terre
Y a des jours de plaine où l'on entend nos grands-
[pères dans le vent

Y a des jours de plaine j'ai vu des métis en
[peinture de guerre
Y a des jours de plaine où j'entends gémir la
[langue de ma mère
Y a des jours de plaine où l'on n'entend plus rien à
[cause du vent

Refrain
J'ai grandi sur la plaine, je connais ses rengaines
[et ses vents
J'ai les racines dans la plaine et toutes ses
[rengaines dans le sang

J'ai des racines en France aussi longues que la terre
J'ai une langue qui danse aussi bien que ma mère
Une grande famille des milliers de frères et sœurs
[dans le temps

J'ai des racines en France aussi fortes que la mer
Une langue qui pense une langue belle et fière
Et des milliers de mots pour le dire comment je
[vis qui je suis

Refrain

Y a des jours de plaine où dans les nuages on voit
[la mer
Y a des soirs de plaine où on se sent seul sur la
[terre
Y a des nuits de plaine où y a trop d'étoiles trop de
[lune, le ciel est trop clair

Y a des jours de plaine où on voit plus loin que la
[terre
Y a des jours de plaine où je n'entends plus la
[langue de ma mère
Y a des jours de plaine où même mes grands-pères
[ne sont plus dans le vent

Daniel Lavoie
© Éditions Janvier

378

LAISSE-MOI DONC TE DIRE **

Tu vis comme moi,
Dans un monde de multiplication
À l'infini,
De choses connues,
Faites et refaites,
De silence et de bruit,
D'entrées et de sorties,
Faut pas s'en faire,
C'est comme ça pour tout le monde
Aujourd'hui,
Et si jamais au lendemain
Tu préfères l'avenir
Faut pas s'inquiéter
C'est comme ça qu'il faut faire
Pour grandir.

Refrain
Laisse-moi donc te dire
Laisse-moi te dire
Laisse-moi donc
Laisse-moi donc
Laisse-moi donc te dire
Le plaisir que je prends
À venir jouer
Ici pour toi.

Souvent parti sur de longs voyages,
Je ne reste pas là
À rien faire
L'indifférence, c'est mon pire ennemi
Et si jamais je vois quelqu'un
Qui est tombé,
Je n'essaie pas de l'abaisser
Oh non !
Je tâche de le relever.
Et je n'ai pas peur
De renouer des liens
D'amour et d'amitié
C'est mon seul salut,
La façon que j'ai de me sauver.

Laisse-moi donc te dire
Laisse-moi te dire
Laisse-moi donc
Laisse-moi donc
Laisse-moi donc te dire
Le plaisir que je prends
À venir chanter
Ici pour toi.

Refrain

Robert Paquette
© Éditions les Ailes du Nord

LAISSER L'ÉTÉ AVOIR QUINZE ANS ***

Pour la peine il y a le soleil
L'été sur mes joues
Y est jamais pareil
C'est un gros câlin
Pour guérir nos chagrins.

Pour l'amour il y a les étoiles
Tombées dans nos yeux
Jamais malheureux
Quand d'un gros câlin
On guérit nos chagrins.

Rester allongé sur le sable
Donner des sourires sur la plage
S'amuser à perdre le temps
Laisser l'été avoir quinze ans.

Passer ses journées en balade
Sous la pluie goûter les nuages
Braver sur sa moto le vent
Laisser l'été avoir quinze ans.

Pour la peine…

Reste allongé sur le sable
Donne des sourires sur la plage
Amuse-toi à perdre le temps
Laisse l'été avoir quinze ans
Passe tes journées en balade
Sous la pluie goûte les nuages
Brave sur ta moto le vent
Laisse l'été avoir quinze ans.

Pour la peine…

Claude Dubois

MA BLONDE M'AIME **

Je ne vis pas ma vie dans un avion
Entre Paris et Los Angeles
Et je ne connais pas par son prénom
Le barman de Chez Castel
J'ai jamais rêvé d'avoir mon nom
Sur un trottoir du Hollywood Boulevard
Je fais la queue devant les discothèques
Je ne fais pas partie du jet set

Refrain
Mais j' m'en fous ! ma blonde m'aime
Malgré tout ! ma blonde m'aime
Moi j' m'en fous ! ma blonde m'aime
Malgré tout ! ma blonde m'aime... quand
[même !

Je n'ai pas d'opinion sur le caviar
Rouge ou noir je trouve ça trop salé
On ne me voit pas flasher dans les bars
Verres fumés jeans signés trop serrés
Je n'ai pas d'amis vachement décontracts
Qui m'invitent en week-end sur leur yacht
M'as-tu vu passer en camionnette
Je ne fais pas partie du jet set

Refrain

Et je n'ai pas non plus d'appartement
Avec vue imprenable sur la ville
Et je ne porte pas de sous-vêtements
Faits en peau de crocodile
Mais je n'ai pas besoin de tout ça pour être
[heureux
Y a toute la beauté du monde
Dans les yeux de ma blonde
Toute la beauté du monde
Dans ses yeux amoureux

Refrain

Robert Léger (A)

Pierre Bertrand (C+I)

MARCHER TOUT SEUL **

Ils sont là près de la table
Ils n'arrêtent pas de parler
Je fabrique un air aimable
Et j'attends de m'en aller
Pour me montrer leur manière
Ils se pressaient contre moi
Mais je suis enfant solitaire
Je veux chanter de ma voix

On est subtil à l'extrême
Dans cette chasse aux beaux objets
Quand on se dit des « je t'aime »
Et qu'on attend sa monnaie
Lola pleure au petit jour
Elle ne sait plus ce qu'elle attend
Cette peur de manquer d'amour
De n'avoir plus assez de temps

C'est alors qu'il faut
Marcher... marcher tout seul...
Il faut marcher... marcher tout seul...
C'est alors qu'il faut
Marcher... marcher tout seul...
Marcher... marcher tout seul... marcher
                          [tout seul...

Leur passion devra s'éteindre
C'est la fin du cinéma
Ils voulaient tellement s'étreindre
Qu'ils se sont cassés les bras
Tu me soûlais de romances
Dans ton jardin enchanté
Peux-tu m'offrir ton silence
Et les yeux de ta bonté ?...

Et veux-tu me laisser
Marcher... marcher tout seul
Marcher... marcher tout seul...
Voudras-tu me laisser marcher...
Marcher tout seul...
Marcher... marcher tout seul...
Marcher tout seul...

Je pars à pied
Tout droit devant
Je vais vers la frontière
Jusqu'au dernier
Rêve d'enfant
À chacun sa lumière
Nous marchons seuls...

Marcher... marcher tout seul
Il faut marcher... marcher tout seul...
Maintenant il faut marcher...
Marcher tout seul...
Marcher... marcher tout seul...

Pierre Flynn
© Éditions de la Maudite Machine

1990 **

Mesdames et messieurs attention
Je vais vous faire une chanson
Le sujet en est ambitieux
De mon image je suis soucieux
En 1990
C'est l'heure des communications

Depuis le début de ce siècle
Nous avons vu l'apparition
Du moteur Ford à explosion
Puis de l'avion à réaction

Mais de toutes les inventions
C'est sans doute la bombe à neutrons
Qui nous laissa le plus baba
Au cours du célèbre Hiroshima
Mais 1990 devrait nous laisser tous pantois
Devrait nous laisser tous gagas

Il y a des missiles patriotes
Dirigés par ordinateurs
Sony, Fuji et Macintosh
Se culbutent dans les airs le rush
La guerre technologique fait rage
C'est un super mégacarnage

Attention voilà les avions
Qui tirent
C'est l'heure de l'émission
En 1990 c'est l'heure de la médiatisation
En 1990 c'est l'ère de la conscientisation

Finis les temps maudits du sport
Du jogging et de la cigarette
La preuve en est nos beaux soldats
Américains qui sont là-bas
Bronzés à la vitamine D
Nourris aux fibres équilibrées
Les morts qui seront faits là-bas
Seront en bonne santé je crois

Les impôts du contribuable
N'ont pas été payés en vain
La preuve en est il est possible
De ne jamais rater sa cible
Si on connaît le vidéo
Si on se pratique le coco
Bientôt disponible bientôt
Koweit, Irak en Nintendo
En 1990 c'est l'ère de la socialisation
En 1990 c'est la démocratisation

J'en étais à ces réflexions
Quand tout à coup je me sens con
Assis par terre dans le salon
Je ne fous rien je suis un con
Heureusement que ma copine
A soudain l'idée de génie

De me toucher le porte-avion
Vite fait je lui sors mon canon
Ça va chauffer oui mon amour
Je pointe mon radar à ions
En plein dans ta sortie de secours
Je vais larguer mes bombes attention
En 1990 j'ai mis ma participation
En 1990 j'étais dans la coalition
En 1990 (bis)
Hier soir DJ a sauvé mon âme avec cette
[chanson (bis)

Jean Leloup (né Jean Leclerc) (A+I)
James DiSalvio, Alex Cochard,
Yves Desrosiers François Lalonde,
Gilles Brisebois (C)
© Éditions Audiogram/Kaligram

LES MUSICIENS DE LA RUE **

Sur les quais des gares
Aux portes des métros
À Paris ou à Hambourg
Ils grattent leurs guitares
Brassent le tempo
De midi au petit jour
Les musiciens de la rue. (3 fois)
Ils chantent pour quelques sous
Un vieil air de Dylan,
Les Beatles ou Donovan
Ils remplacent les oiseaux
Qui ont déserté les rues
Parce qu'on ne les écoutait plus.

Tambour et banjo
Basse et clarinette
C'est le New Orléans quartet.
Ragtime, boogie
Mmm... Tutti frutti.
Ils jouent des blues, du rock aussi
Les musiciens de la rue. (3 fois)
Au milieu des gens qui s'entassent
Ils chantent les grands espaces
Que tu les écoutes ou non
Il suffit que tu t'arrêtes
Et ils valent bien des vedettes
En restant simplement comme ils sont.

Montréal, Vancouver,
Genève ou New York
C'est pas la ville qui importe.
Ils sont tous les mêmes
C'est de l'amour qu'ils sèment,
Les troubadours de notre époque,
Les musiciens de la rue. (4 fois)

Manuel Brault
© Éditions Manuel Brault

OÙ SONT PASSÉS
LES VRAIS REBELLES ? **

Et ils lavent leurs voitures
Tous les dimanches après-midi
Et la grande aventure
C'est de faire l'amour ailleurs qu'au lit
C'étaient tous mes copains d'école
Mais quand la fin de la récré a sonné
Ont bafouillé des paraboles
Pour expliquer qu'ils sont rangés

Le monde a besoin de héros
Des gens sans peur et sans reproche
Quelqu'un qui n' f'rait jamais de cadeaux
Quand vient l' temps de donner des taloches
Ceux que ça rendait malheureux
Que le monde n' soit pas un peu plus fou
Sont devenus des gens heureux
Avec des histoires à dormir debout

Ils ont tous leur place au soleil
Quelque part en banlieue du sommeil

Où sont passés les vrais rebelles ? (bis)

On était beaucoup au départ
Très peu à l'arrivée
S'ils se sont perdus quelque part
C' n'est pas moi qui va les chercher

Tant que la vie est saine
Tant que la morale est sauve
On mérite tous la vie qu'on mène
Qu'elle soit drabe qu'elle soit mauve

Le monde a besoin de héros
De gens grands, forts et beaux
Quelqu'un pour squeezer les guimauves
De ceux qui oseraient voler les pauvres
Ceux que ça rendait malheureux
Que le monde n' soit pas un peu plus fou
Sont devenus des gens heureux
Avec des histoires à dormir debout

Ils ont tous…

Où sont passés les vrais rebelles ? (bis)

Gaston Mandeville

OXYGÈNE ***

Comme tous les matins
Le soleil se lève
Entre les buildings

Vers sept heures et demie
J'ouvre ma fenêtre...
Toujours le même homme qui fait
[son jogging !

Je m'habille
J' me maquille
J'avale un grand café noir

Mes lunettes
Ma mallette
Accessoires obligatoires

Les miroirs
Du couloir
Multiplient ma silhouette

L'ascenseur
Me fait peur
À chaque étage mon cœur s'arrête...

Refrain
Donnez-moi
Donnez-moi de l'oxygène
Donnez-moi de l'oxygène...

Dans une ambulance
Traversant la ville
À deux cents à l'heure

On mène à l'urgence
Un homme immobile
Avec une pile à la place du cœur

À midi
Et demi
Encore un grand café noir

Je ne mange
Qu'une orange
Pour tenir le coup jusqu'au soir

Je m'étends
Un instant
Les jambes à la verticale

Je respire
Et j'expire
Dans un mouvement machinal…

Refrain

Dans une cour d'école
Un enfant qui joue
Avec un ballon vert

Porte à tout coup
La main à son cou
En tombant par terre, étouffé par l'air

Toute la s'maine
J' me démène
De neuf heures jusqu'à cinq heures

Le trafic
Me panique
Quand je roule à la noirceur

Le parking
Du building
A toujours la même odeur

En rentrant
Dans l'appartement
J'allume mon climatiseur…

Refrain

Luc Plamondon (A)
Germain Gauthier (C)
Diane Dufresne (I)

397

LA RAFFINERIE **

Ce soir-là tu rentrais d' la raffinerie
C'était pas un soir comme les autres
Tant d'années habitées
Par tant de routine
Pour si peu d'estime

Fini usé rouillé
On t'avait remercié
Et l'envie de crier
Tu gardais ça dans ta peau

Tant d'années à rêver
De pouvoir t'en sortir
T'aurais peut-être voulu
Cacher mieux ta blessure

Ta sueur valait plus cher
Que tout l' pétrole
Qu'on te faisait raffiner
À longueur de journée
Tu m'as rien dit
Mais j'avais compris
Qu'on t'avait blessé

C'était autre chose
Qu' la cicatrice sur ton bras gauche
Mais ça venait des mêmes tours de
[ciment
Des mêmes géants qui vomissent
Leur mazout dans l' Saint-Laurent

C'était une nuit
Où personne ne dormait
Pourtant c'est pas l' silence
Qui manquait

C'était une nuit où chacun
Gardait l'autre à l'abri
Du vent du froid
Des océans de ciment

Ta sueur valait plus cher
Que tout l' pétrole
Qu'on te faisait raffiner
À longueur de journée
Je garde un cri sauvage
Tout au creux de ma cage
Je garde un cri sauvage
Comme unique héritage
Je garde un cri sauvage
Tout au creux de ma cage
Je vais crier pour toi (4 fois)

Richard Séguin

RESTE ***

Ô cette nuit ô reste
Reste encore un peu dedans mes yeux
Laisse laisse-moi baiser toutes tes beautés

Pendant que d'autres s'agressent et se
[blessent
Se fusillent sans gêne et dans les fesses
Laisse laisse flamber ce feu fou de nos
[caresses

Il ne nous reste contre les grands de ce monde
Que l'unique richesse de pouvoir nous fondre
En lingots de tendresse

Il ne nous reste contre les grands de ce monde
Que l'unique sagesse de mêler nos ondes
Dans une même ivresse

Ô reste reste encore un peu devant mes yeux
Reste nous ferons de nos corps un foyer plus
[fort
Que la bombe à neutrons qui sans bruit
Réduit en béton tout ce qui vit
Notre silence sera une symphonie
Notre cri d'amour plus fort qu'un coup de
[fusil

400

En toi je reste je reste longtemps au cœur de
[toi
Je laisse longtemps de moi longtemps de
[moi en toi

À boire ton feu de joie

Ô cette nuit ô reste
Reste encore un peu autour de moi
Laisse laisse flamber l'amour jusqu'au petit
[jour
Ô reste

Raoul Duguay
© Éditions Troisantrentrois Pro/SDE

LE RETOUR DE DON QUICHOTTE **

Je t'écris ces quelques lignes
Sur du papier quadrillé
Ça te rappellera l'école et les années folles
Moi, c'est le seul papier que j'ai
Ça fait déjà deux semaines
On m'a laissé le droit de sortir
Comme j' suis pas tellement fort su' l' téléphone
J'ai préféré t'écrire
J' te raconte pas tout ce qu'on m'a fait
Ni tout ce qu'on m'a fait dire
Ni tout c' qu'on m'a dit pour me faire croire
Qu'on voulait me guérir

J' t'écris pas pour me plaindre
J'avais juste le goût de parler
C'est encore troublant pour moi
D'être revenu dans l' quartier

Cinq ans sans recevoir de nouvelles
Faut dire qu' j'en ai pas données
Y a des mélodrames qu'on est aussi bien
De ne jamais publier
Le soleil me fait tout drôle
Les rues sont belles
Ça sent l' printemps
On pourrait peut-être se voir un peu
Peut-être que t'as pas l' temps

Refrain
Tu peux dire à tout l' monde
Que Don Quichotte est revenu
Avec son cheval de porcelaine
Et une armure qui ne tient plus
Les romances impossibles
Qui traînent le soir au coin des rues
Comme les moulins et les géants
Ne lui font pas plus peur qu'avant

Quand on passe le temps que j'ai passé
À vivre en attendant
Entre les quatre murs et le lit trop dur
Offerts par le gouvernement
On écrit aux larmes sur les draps blancs
D'incroyables comédies
Pour tous les acteurs drôles qui apprennent leurs
[rôles
Dans les coulisses de l'ennui
Pour tous les fous qui ont peur d' l'amour
Comme des sirènes dans la nuit
Pour toutes les fées des étoiles
Toutes les robes de bal de toutes les reines
De tous les carnavals

Pour tous les imbéciles qui chassent la baleine
Sur des immenses bateaux
Et qui ne voient jamais le poisson d'avril
Qui leur pend dans le dos

Refrain

Comme tu vois, on peut pas vraiment dire
Que quelque chose a changé
Mais j' me tiens debout c'est déjà beaucoup
Et c'est déjà le mois de mai
J'aimerais juste trouver la place
Que tout l' monde finit par se trouver
Et si t'as l' goût de me voir
J' te raconterai
Des belles histoires de chevaliers…

Michel Rivard

RIEN À DÉCLARER **

« Qu'avez-vous rapporté,
Demande le douanier.
— Rien que des cigarettes,
Lui répond le poète,
Les parfums d'un corsage
Effleuré en chemin
Et toujours de passage
Quelques amis lointains.

Refrain
— Rien d'autre à déclarer ?
— Non, rien d'autre.
— Pas de souvenirs ?
— Non, pas de souvenirs.

– Qu'avez-vous rapporté,
Demande le douanier.
– Rien qu'un litre de vin,
Répond le musicien,
Des oublis des silences
Des lettres jamais lues
Et trop peu d'innocence
Pour tout le temps perdu.

Refrain

— Qu'avez-vous rapporté,
Demande le douanier.
— Le plaisir d'être heureuse,
Lui répond l'amoureuse,
Un soi-disant poète
Qui se croit musicien
Avec ses cigarettes
Et son litre de vin. »

Sylvain Lelièvre
© Éditions Basse-Ville

LA ROUTE EST LONGUE **

Il m'arrive parfois sur la rue
Tôt le matin
De revoir la même vision
En passant sur mon chemin
Des femmes habillées de noir
Qui avancent d'un pas pesant
Remontent vers le nord
Sur la rue des immigrants

Ces femmes-là n'ont pas de nom
N'ont ni âge, ni parent
Sur les listes officielles
De nos bons gouvernements
Elles sont parties en vacances
Il y a peut-être dix ans
D'un pays où le soleil
Était un peu trop pesant

Refrain
La route est longue
Pour remonter jusqu'au soleil
Les rues sont sombres
Comme le cœur de l'homme

Il m'arrive parfois sur les visages fermés
De reconnaître une enfant
Aux yeux un peu moins usés
Par la lumière des néons

La poussière des entrepôts
Les souvenirs douloureux
Qui laissent des marques sur la peau

On se fout des événements
Et on se fout du danger
Quand nos listes officielles
Sont quelque peu dérangées
La loi c'est la loi
Et la justice passe après
On retourne des enfants
Sous les soleils trop pesants

Refrain

Et elles partent si tôt
Et reviennent si tard
Qu'elles ne voient de lumière
Que le soleil des phares
Travaillent pour quelques sous
Pour l'employeur généreux
Qui garde bien leur secret
Et son argent si précieux

Refrain

Luc De Larochellière
© Éditions Janvier
© Éditions Kennebec Musique

SIMPLE PATHÉTIK **

J' voudrais écrire que'qu' chose de beau
Avec des roses et de la prose
Pouvoir donner aux malheureux
Ce qu'on appelle un coin de ciel bleu
En paroles et en musique

J' voudrais pouvoir écrire des mots
Avec du positif partout
Des beaux mots doux
Et des accords simples
Qui font du bien au corps

J'aurais p't-être dû faire du western
Et puis accrocher tout' mes chums au
                                    [lasso
Y s'raient pas partis au galop
Prétextant que j'avais le chant trop chaud

J'aurais voulu faire d' l'opéra
Et aller chanter pour les rats
Les rats qui auraient aimé ça
Mais qui sont pas nés dans un milieu
Où baignaient les classiques
Tout pour la musique

J' voudrais pouvoir écrire
Des mots beaux, beaux…
Avec du positif partout
Des beaux mots doux doux doux
Et des accords simples
Qui font du bien au corps

J' voudrais écrire que'qu' chose de beau
Et des belles fins de tounes
Pathétiques
Poétiques
Supersoniques

Sylvie Tremblay

410

TANT QU'IL Y AURA DES ENFANTS **

Tant qu'y aura des enfants
Qu'existeront les saisons
On bravera le temps
On bravera le vent
Tant qu'y aura des chansons
Qui parleront d'amour
On rattrap'ra le temps
On rattrap'ra le vent

Refrain
Car ce soir, ce soir
Y a tes yeux qui dansent
Et ce soir, ce soir
Y a tes yeux qui dansent
Et ce soir, ce soir
Y a tes yeux qui me ressemblent

Tant que j'aurai la foi
J'habiterai maison
Et tout autour de moi
Danseront par millions
Tant que viendra la nuit
Toujours je poursuivrai
Au-delà de mes jours
Encore je me battrai

Refrain

Tant que viendra la nuit
Tant que viendra le jour
Tant que viendra la nuit
J'irai jusqu'au bout de mes jours
Tant que viendra la nuit
Tant que viendra le jour
Tant que viendra la nuit
J'irai jusqu'au bout de l'amour

Tant qu'y aura des enfants
Tant qu'existeront les saisons
Je braverai le temps
Je braverai le vent
Tant qu'y aura des chansons
Pour me parler d'amour
Toujours je poursuivrai
Et encore j'avancerai

Refrain

Tant que viendra la nuit
Tant que viendra le jour
Tant que viendra la nuit
J'irai jusqu'au bout de mes jours
Tant que viendra la nuit
Tant que viendra le jour
Tant que viendra la nuit
J'irai jusqu'au bout de l'amour

Marjo (née Marjolène Morin)
Pascal Mailloux, Jean Millaire (C)

TOMBER **

J'ai blanchi toute une nuit
À noircir les feuilles
Noircir les feuilles de mes pensées
Arracher des morceaux de ma vie
Comme on déchire les pages d'un cahier
Au loin je les ai laissé partir
Je les ai laissé s'envoler
Partir à tous les vents
Partir de tous les côtés
Et tous ces inconnus qui les ont attrapés
Ne connaissent de moi
Qu'une infime partie de mon infinité
Et je cherche encore

Refrain
On paie de sa vie à le chercher
On meurt d'envie de retomber
Tomber, tomber en amour
On s' fend le cœur
Pour vivre à deux
On s' rattrape et puis on devient vieux
À tomber, tomber en amour

J'ai marché pour blanchir une nuit
Fermé les yeux pour blanchir toute une vie
Entre le hasard et le choix
Y a pas d'excuses qui se glissent de ta foi
Non

413

De répondre oui de répondre non
Y a toujours quelqu'un qui pose trop de
[questions
Un jour tu finiras par comprendre
Que ta vie est suspendue à ton charme
Toi l'imbécile tu ris tu danses
Mais y a des jours où tu ne paies rien pour
[attendre
Oh ! c'est pas facile

Refrain

On paie de sa vie à le chercher
On crève d'envie de retomber
Tomber, tomber en amour
On s' fend le cœur
Pour vivre à deux
On s' rattrape et puis on devient vieux
À tomber, tomber en amour

Laurence Jalbert (née Lise Jalbert) (A+I)

Guy Rajotte (A+C)

© Éditions Audiogram/Kaligram

414

TON AMOUR EST TROP LOURD **

Refrain
Ton amour est trop lourd
Tu me serres trop fort
Remets-moi les clefs
Laisse-moi seul ce soir

Tout prend ton odeur
Ma personne, mon lit, mon cœur
Laisse-moi me déshabiller de toi
Charme-moi par ton absence
Séduis-moi par tes silences
Intrigue-moi mais à distance

Refrain

Laisse-moi me retrouver
Laisse-moi me faire la cour
Si tu peux quand même apprendre
Laisse-moi mes peurs
Ne me quitte pas mais laisse-moi seul
[ce soir

Refrain

S'il te plaît ne me soupçonne pas
S'il te plaît ne m'interroge pas
S'il te plaît ne te fais pas de mauvais
[sang
Simplement question d'espace
Simplement question de moi, seul, ce
[soir

Refrain

Jim Corcoran (né James Corcoran)
© Éditions Gog & Magog

TU M'AIMES-TU ***

Ton dos parfait comme un désert
Quand la tempête a passé sur nos corps
Un grain d' beauté où j' m'en vas boire
Moi j' reste là les yeux rouverts
Sur un mystère pendant que toi, tu dors
Comme un trésor au fond d' la mer

J' suis comme un scaphandre
Au milieu du désert
Qui voudrait comprendre
Avant d' manquer d'air

Y est midi moins quart
Et la femme de ménage
Est dans l' corridor
Pour briser les mirages

T' es tell'ment tell'ment tell'ment belle
Un cadeau d' la mort
Un envoi du ciel
J'en crois pas mon corps

Pour moi t' es une prisonnière
En permission qu'importe le partenaire
J' dois être le vrai portrait d' ton père
Une Dare-devil Nefertiti
Des sensations c'tu ta philosophie
D'aller coucher avec un homme t'haïs ?

417

Pour moi t' as dit à ta chum
« Check le gars 'ec des lunettes
M'as t' gager un rhum
Que j'y fixe le squelette »

Y est midi moins cinq
Et la femme de ménage
Est là pis a fait rien qu'
Compter les naufrages

T' es tell'ment tell'ment tell'ment belle
Un paquebot géant
Dans chambre à coucher
Je suis l'océan
Qui veut toucher ton pied

J' pense que je l'ai j' t'ai sauvé 'a vie
Dans quequ' pays dans une vie antérieure
La fois j' t'ai dit « Va pas à Pompéi ! »
C'est quoi d'abord si c'est pas ça
C't à cause d'un gars qui t'a tordu le cœur
J' t'arrivé drett' avant qu' tu meures !

C' pas pour mon argent
Ni pour ma beauté
Ni pour mon talent...
Tu voulais-tu m' tuer ?

Y est midi tapant
Et la femme de ménage
A cogne en hurlant :
« J' veux changer d' personnage »

T' es tell'ment tell'ment tell'ment belle
J' vas bénir la rue
J' vas brûler l'hôtel
Coudon…
Tu m'aimes-tu ?
Tu m'aimes-tu ?

Richard Desjardins
© Éditions Fukinic inc.

419

UN AIR D'ÉTÉ **

Abandonné ma cage
Attiré par ta plage
J'ai roulé jusqu'ici

Sous un ciel sans nuages
J'ai le cœur en voyage
J'ai envie de ma vie

Je ressassais des idées sombres
Du côté du mur à l'ombre
Tout a changé et plus rien n'est pareil
J'ai sauté du côté du soleil

Refrain
Un air d'été tout léger,
Tout léger, tout léger…
Comme une fleur
En plein cœur de l'hiver
M'a rendu cette envie de valser
Un air d'été tout léger,
Tout léger, tout léger…
Comme une bouteille
Retrouvée à la mer
M'a rendu le courage
D'aimer
Prière de ne pas déranger :
Je suis en vacances

J' suis bien dans ma peau
Heureux à nouveau
Prière de ne pas déranger :
Je suis en vacances

J' m'endormais dans mon coin
Je n' rêvais plus à rien
Mon chien s' mourait d'ennui

Je me traînais les pieds
En r'tard à l'arrivée
J'éprouvais mes amis
Depuis je n' parle plus
Je chante
Je ne marche plus je danse
Tout a changé et plus rien n'est pareil
J'ai sauté du côté du soleil

Refrain

Pierre Bertrand
Pierrette Bertrand (A)

UN BEAU GRAND BATEAU **

Si le silence craque
Pour couper l'hiver en deux
Vous avez tout fait pour ça
C'est bien de votre faute
Si je me souviens de vous

Si le silence tombe
Pour couper l'amour en deux
Vous avez tout fait pour ça
C'est bien de votre faute
Si je me rappelle à vous

Refrain
Vous m'avez monté un beau grand
                                    [bateau
Vous m'avez fait de bien grandes vagues

Si le silence passe
Pour couper le monde en deux
Vous avez tout fait pour ça
C'est bien dc votre faute
Si je me colle à vous

Si le silence coule
Pour couper le jour en deux
Vous avez tout fait pour ça
C'est bien de votre faute
Si je me parle de vous

Refrain

Si le silence rampe
Pour couper la poire en deux
Vous avez tout fait pour ça
C'est bien de votre faute
Si je me moque de vous

Si le silence veille
Pour couper le cœur en deux
Vous avez tout fait pour ça
C'est bien de votre faute
Si je m'éloigne de vous

Refrain

Denise Boucher (A)
Gerry Boulet (né Gérald Boulet) (C+I)
© Éditions Boulet de canon

UN CHANTEUR CHANTE **

Refrain
Qu'est-ce que tu veux qu'un chanteur chante
Pour faire apparaître du plaisir du fun
Qu'est-ce que tu veux qu'un chanteur chante
Pour cruiser les anges pour te faire plaisir
Qu'est-ce que tu veux qu'un chanteur chante
Que tout va pour le mieux qu' sa blonde a des
[beaux yeux
Qu'est-ce que tu veux

Essaye donc d' nous chanter comme un gros
[rock'n'roll
Pour nous t'nir réveillés comme vingt-quatre
[heures par jour

Tu pourrais p't-être chanter un beau frisson
[d'amour
Une musique touchante juste pour nous faire
[plaisir

Refrain

Voudrais-tu nous chanter des histoires pour enfants
Il faut nous faire rêver avant qu'on soit trop grands

Chante pour faire chanter tout le monde en même
[temps
Comme si c'était la fête de tout le monde en
[même temps
(bis)

Refrain

Qu' le monde est à l'envers
Qu' les poissons ont le cancer

Claude Dubois

UN PEU D'INNOCENCE **

J'ai envie de partir avec elle ailleurs
Je crois qu'elle m'aime, elle me l'a dit
[d'ailleurs
Quand elle est près de moi je respire
Je sais que je peux tout lui dire
Elle me comprend

On se fait des plans un peu fous on rit
Si le monde est pas fait pour nous tant pis
On n'ose pas se parler d'avenir
On sait pas le temps qu'il nous reste
Pour la tendresse

Refrain
Laissez-moi un peu d'innocence
Donnez-moi un jour de vacances
Entre toutes vos guerres
Et vos affaires urgentes
Et si rien ne peut vous attendrir
J'ai au moins le droit de choisir
Entre votre planète
Et ses étoiles filantes
D'adolescente

Quand mon cœur est triste elle m'emmène
[danser
Elle arrive à me faire quand même planer
Quand c'est elle qui a mal je l'entoure
De mes bras et elle s'endort
Tout contre moi

Entre toutes vos guerres
Et vos affaires urgentes
Et si rien ne peut vous attendrir
J'ai au moins le droit de choisir
Entre votre planète
Et ses étoiles filantes
D'adolescente

Daniel DeShaime (né Daniel Deschênes)

UN TROU DANS LES NUAGES **

Il sont passés par un trou dans les nuages
Ils se sont posés à quelques pieds de moi
Moi qui ne suis que l'idiot du village
Ils sont venus me voir
Ils ont confiance en moi

Ils m'ont donné une pierre imaginaire
Comme un cristal taillé dans le bleu du soir
Je l'ai cachée dans le bois sous les fougères
Je l'aurai dans la main
Quand ils reviendront me voir

Refrain
Au village ils ont ri
Ils se sont moqués de moi
Ils ont pointé le ciel
En riant aux éclats
Au village ils ont ri
Mais ils ne riront pas
Quand je m'envolerai
Et qu'eux resteront là...

J'ai une amie qu'on appelle la sorcière
Elle vit sans homme avec deux petits enfants
Quand elle traverse les rues du village
On parle dans son dos
On la montre du doigt

Quand je lui parle du trou dans les nuages
Elle me sourit gentiment
Moi qui ne suis que l'idiot du village
Elle me prend par la main
Et je sais qu'elle me croit

Refrain

C'est pour demain je l'ai lu dans les nuages
Dans la clairière ils reviendront se poser
Et la lumière emplira mon visage
Je serai sans témoin
Comme ils me l'ont demandé

J'emporterai le sourire de la sorcière
Et ce sera mon unique souvenir
Et quand je verrai s'éloigner la terre
Je n'aurai que l'envie
De ne jamais revenir

Refrain

Michel Rivard

Y A PAS DEUX CHANSONS PAREILLES ***

Y a pas deux chansons pareilles
Les plus simples sont les plus jolies
Un traîneau un soir de veille
Un fa do comme joue la pluie

Y a pas deux chansons pareilles
Les plus belles sont les moins connues
On les joue quand elles sont vieilles
Comme un beau malentendu

À partir d'Amsterdam jusqu'au pont d'Avignon
Y a au moins deux millions de chansons
Engagées tourmentées profondes ou défendues
Y a quelqu'un qui les chante

Y a pas deux chansons pareilles
Les plus belles sont les moins connues
Dos à dos bouche à oreilles
Comme un beau malentendu

Engagées tourmentées profondes ou défendues
Y a quelqu'un de sous-entendu
Une histoire de papier un souvenir ému
Et quelqu'un qui le chante

Y a pas deux chansons pareilles
Les plus simples sont les plus jolies
Un traîneau un soir de veille
Un fa do comme joue la pluie

Y a pas deux chansons pareilles
Les plus belles sont les moins connues
On les joue quand elles sont vieilles
Comme un beau malentendu

Y a pas deux chansons pareilles
Les plus belles sont les moins connues
Dos à dos bouche à oreilles
Comme un beau malentendu

Y a pas deux chansons pareilles

Jean-Pierre Ferland
Daniel Mercure (C)
© Éditions Corrida

LES YEUX DU CŒUR **

Encore une nuit blanche
Passée sur les planches
À tenter la romance
Au bal des mal-aimés
J'ai vu la solitude danser
Avec un vieux rêve oublié
Et puis, sous le coup de minuit
Ensemble, ils sont partis...

Refrain
Aujourd'hui je vois la vie
Avec les yeux du cœur
J' suis plus sensible, à l'invisible
À tout ce qu'il y a, à l'intérieur
Aujourd'hui je vois la vie
Avec les yeux du cœur
Les yeux du cœur

Ensemble ils sont partis
La fête a continué
J'ai vu le soleil briller
Au fond des cœurs blessés

Il y a de l'espoir, caché
Dans les yeux des mal-aimés
J'ai vu le soleil briller
Et j'ai laissé mon cœur parler…

Refrain

Jean Hould (A)

Gerry Boulet (né Gérald Boulet) (C+I)

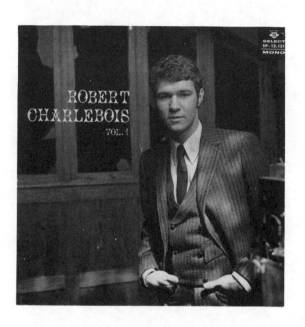

NOTICES BIOGRAPHIQUES

CAMILLE ANDRÉA

Camille Andréa naît en 1909. Elle compose les paroles et la musique de la chanson « Sur l' perron », appelée plus communément « En veillant sur l' perron ». La chanson d'Andréa remporte la deuxième place au Concours de la chanson canadienne de 1957 et connaît un immense succès sur les ondes radiophoniques au point où elle se vend à quelque 65 000 exemplaires. Cette composition d'Andréa contribue à révéler au grand public la jeune interprète Dominique Michel, qui figure en peu de temps au rang des vedettes québécoises. Par la suite, l'auteure Andréa reste plutôt dans l'ombre.

ANGÈLE ARSENAULT

Angèle Arsenault naît le 1er octobre 1943 au Village-des-Abrams dans l'Île-du-Prince-Édouard. Après avoir complété un baccalauréat à Moncton en 1965, elle obtient une Maîtrise en lettres à l'Université Laval en 1968. Elle commence sa carrière en 1963 à Moncton, où elle interprète principalement le répertoire folklorique acadien qu'elle fait connaître par des tournées à travers le Canada. Peu à peu, elle intègre quelques pièces de Gilles Vigneault, de Félix Leclerc et de Barbara. À partir de 1973, elle commence à écrire, en français et en anglais, ses propres compositions. Avec Édith Butler, Lise Aubut et Jacqueline Lemay, elle fonde, en 1974, la Société de production et de programmation de spectacles (SPPS). Elle connaît le succès au Québec grâce au disque *Première* (1976), dont les textes sont publiés en recueil. En 1979, l'Association du disque et de l'industrie du spectacle du Québec (ADISQ) lui décerne le Félix du microsillon le plus vendu de l'année pour le disque *Libre,* dont les ventes se chiffrent à plus de 300 000 copies. En 1980, elle participe au Festival de la chanson de Spa. Avec *Retour aux sources* en 1990, Arsenault réalise son neuvième microsillon.

LISE AUBUT

Lise Aubut naît le 29 août 1943 à Lévis, en face de Québec. Elle débute sa carrière en 1972 comme impresario pour la chanteuse acadienne Angèle Arsenault. Dès 1973, elle devient l'impresario et la conseillère artistique d'Édith

Butler, pour qui elle écrit également des textes dont certains, comme « Paquetville » et « Un million de fois je t'aime », connaissent un grand succès. Elle fonde avec Édith Butler, Jacqueline Lemay et Angèle Arsenault la Société de production et de programmation de spectacles (SPPS) en 1974, puis les Éditions de l'Arcadie et l'Aide à la création artistique et littéraire de la femme (ACALF) en 1975. Au cours des années 1980, elle fonde tour à tour la maison d'édition Tric-Trac, la compagnie de disques Kappa et la compagnie de production de spectacles Superstrat. Elle s'implique dans la lutte pour la reconnaissance des droits d'auteur en cofondant avec Luc Plamondon et Diane Juster la Société professionnelle des auteurs et des compositeurs du Québec (SPACQ) et la Société du droit de reproduction des auteurs, compositeurs et éditeurs au Canada (SODRAC). Elle siège au conseil d'administration de Musicaction.

DANIEL BÉLANGER

Daniel Bélanger naît en décembre 1962 dans la région de Montréal. Il quitte l'école avant même d'avoir terminé son cours secondaire. Il travaille comme préposé auprès des bénéficiaires dans un foyer d'accueil à l'Île Bizard quelques années, mais ne cesse jamais de faire de la musique en étant choriste pour divers artistes québécois. Au printemps 1986, il se produit avec le groupe *Humphrey Salade* et opte définitivement pour la carrière d'auteur-compositeur-interprète. C'est en novembre 1992 qu'il lance son album *Opium* qui lui vaut le Félix du meilleur album pop de l'année. Il fait également paraître le vidéoclip de la chanson éponyme, réalisé par Lyne Charlebois, pour lequel il mérite un prix de la Music Video Producers Association à Los Angeles. En 1993 et 1994, il effectue plusieurs tournées triomphantes au Québec et participe aux Francofolies de Montréal, au Festival d'été international de Québec, à ceux de Saint-Malo et de La Rochelle où il remporte, en 1993, le Grand Prix de la Sacem qui lui assure une tournée de 10 villes françaises. Il reçoit quatre Félix lors du Gala de l'ADISQ de 1994, dont celui du Spectacle de l'année–Auteur-compositeur-interprète.

PIERRE BERTRAND

Né à Montréal le 11 août 1948, Pierre Bertrand débute sa carrière comme chanteur et guitariste au sein du groupe La Quenouille bleue, qui deviendra plus tard Beau Dommage. À la suite du démembrement du groupe, en 1978, il travaille comme bassiste et choriste auprès de Paul Piché. Au cours de l'année 1981, il enregistre son premier microsillon solo, *Pierre Bertrand*. La parution de son deuxième disque, *Ciel variable* (1984), qui lui vaut six nominations au Gala de l'ADISQ, lui offre l'occasion de se produire seul sur scène pour la première fois. Dans le cadre du retour des grands voiliers, à Québec 1984, il interprète la mélodie principale de l'été « Mer et monde ». Le disque *Espérance* (1987) renferme une composition de Luc Plamondon, « On est ensemble », qui remporte du succès. En 1988, la chanson « Mon soleil en plein hiver » lui mérite une bourse dans le cadre du programme d'aide VidéoFact.

JACQUES BLANCHET

Né à Montréal le 14 avril 1931, Jacques
Blanchet commence à chanter à l'âge de 7 ans. Il
écrit sa première chanson en 1945. Durant trois
ans, il fait des études musicales auprès de Mme
Louis Darios, puis apprend le solfège et l'écriture
musicale avec Madeleine Provost au Conservatoire
de Paris. De 1945 à 1949, Blanchet suit des cours
aux Beaux-Arts. Il débute comme auteur-
compositeur-interprète et devient animateur à la
radio en 1950, puis à la télévision montréalaise en
1952. Le chanteur fait aussi plusieurs séjours à
Paris où il se produit dans plusieurs cabarets.
Blanchet gagne, en 1954, le premier prix du
concours Les benjamins de la chanson avec « Tes
lèvres ne m'ont pas attendu ». Il mérite le premier
et le sixième prix au Concours de la chanson
canadienne de Radio-Canada (1957-1958) avec
« Le ciel se marie avec la mer » et « Parc
Lafontaine » dont Lucien Hétu signe la musique.
Il remporte les honneurs du même concours en
1959 pour « L'île Sainte-Hélène ». De plus, il
obtient deux premiers et deux deuxièmes prix à
« Chanson sur mesure » pour « Tête heureuse »,
« Fous de bassan », « Le malaise » et « C'était

442

un fou ». Lucille Dumont interprète plusieurs de ses compositions. Blanchet participe quelque temps au groupe Les Bozos (1959-1967), qui se produit dans le réseau des boîtes à chansons et enregistre son premier microsillon, *Tête heureuse,* en 1962. Il est attaché aux productions DSP comme artiste-interprète, producteur et traducteur. De 1969 à 1974, il effectue trois tournées en URSS où il devient le plus connu des chanteurs-compositeurs québécois. Il meurt d'un cancer le 9 mai 1981. La même année, Radio-Canada lui rend hommage dans le cadre d'une émission qui lui est consacrée. Douze artistes y interprètent alors plusieurs de ses chansons.

JOE BOCAN

Johanne Beauchamp, connue sous le pseudonyme de Joe Bocan, naît à Montréal en 1957. Après des études en théâtre au Cégep de Saint-Hyacinthe, elle participe au Festival de Granby de 1983 où elle se classe deuxième dans la catégorie auteur-compositeur-interprète. Elle présente son premier spectacle *Vingt chansons branchées,* à l'Eskabel en février 1985 grâce à la collaboration de quelques amis. Son deuxième spectacle,

Paradoxale, lui mérite deux Félix au Gala de l'ADISQ : celui du spectacle populaire de l'année 1986 et celui de la meilleure mise en scène. Coproductrice de ses chansons et de ses disques, elle enregistre son premier disque en 1988 ; *Joe Bocan* obtiendra le titre de disque d'or à l'automne suivant. Elle poursuit de plus une carrière de comédienne et obtient un rôle dans *La guerre oubliée* (1987) de Richard Boutet, où elle chante, et fait partie de la distribution de l'émission de télévision pour enfants *Minibus* (1987). Bocan reçoit le Félix du spectacle pop-rock de l'année 1989 pour le spectacle *Vos plaisirs et le mal.* Elle inaugure avec Plume Latraverse et Michel Rivard le Festival fleuve et musique et se rend au Maroc pour participer au Festival de l'été des orangers. Elle remporte le Grand Prix radiomutuel de la chanson québécoise avec sa chanson « On parle des yeux » et le Félix de l'interprète féminine de l'année au Gala de l'ADISQ (1990).

GERRY BOULET

Né en 1946 à Saint-Jean-d'Iberville, Gérald Boulet (connu sous le nom de Gerry Boulet) s'initie dès son jeune âge à divers instruments de musique. Puis, il fait paraître quelques 45 tours au sein du groupe Les gants blancs (1964) et un 45 tours solo sous le pseudonyme de Géralldo (1967). Le groupe Les gants blancs devient plus tard la formation Offenbach Soap Opera (1969) et produit un premier disque (1971). Boulet chante et compose des pièces pour Offenbach jusqu'à la dissolution du groupe en 1985. Il débute une carrière solo avec le disque *Presque 40 ans de blues* (1984) et donne quelques spectacles à Montréal. Frappé par la maladie, il revient cependant en grande force avec son microsillon *Rendez-vous doux* (1988) qui se vend à plus de 300 000 exemplaires. Il mérite les Félix du disque et du spectacle rock de l'année au Gala de l'ADISQ (1989). Il meurt à Longueuil, le matin du 18 juillet 1990. À l'automne, « Un beau grand bateau » reçoit le titre de chanson populaire de l'année et l'ADISQ décerne à l'auteur un Félix Hommage. Le disque *Rendez-vous doux*, après trois années de diffusion, mérite le Félix du microsillon de l'année, catégorie meilleur vendeur.

MANUEL BRAULT

Manuel Brault est né en 1951 à Grande-Vallée, en Gaspésie. Il forme le duo Brault et Fréchette avec Jean-Pierre Fréchette (1976). La chanson « Les p'tits cœurs » est enregistrée par Édith Butler et se vend à 15 000 exemplaires en France. Brault entreprend ensuite une carrière solo (1980), signe son premier contrat avec Barclay, enregistre quelques compositions (« Les musiciens de la rue », « Le bonheur fait la la la »), et se produit à l'étranger dans le cadre de divers festivals en Suisse, en Allemagne et en France (1982). Le Festival international de la chanson française de Spa, en Belgique, lui décerne le Prix du public. Il collabore aussi à plusieurs émissions de télévision et participe, à titre de musicien et de réalisateur, à quelques projets comme « Musiciens du métro » (1984). Deux de ses microsillons sont distribués en Europe. Son microsillon *Retenir le temps* est distribué à 30 000 exemplaires au Québec et à 5 000 en France. Ses compositions intitulées « Rayons de couleur » et « Mets du jaune dans ton soleil » connaissent beaucoup de succès en France. Il travaille à son propre studio d'enregistrement sonore appelé Brault son,

présenté sous l'étiquette les Disques Pample-
mousse Enr. En 1991, il effectue un retour avec le
disque *Blues à finir*.

HERVÉ BROUSSEAU

Hervé Brousseau naît à Québec le 5 février
1937. Ses parents travaillent dans le domaine artistique, notamment à la radio et au théâtre. À 15
ans, il compose une chansonnette puis, à 16 ans,
il crée « Mon patin à l'envers » qui atteint le
sommet du palmarès des succès canadiens en 1955.
Brousseau étudie le latin, la philosophie et la péda-
gogie à l'Université Laval. Par hasard, Yolande
Roy l'entend et l'encourage tandis que Guy
Beaulnes l'invite à participer à l'émission *Blague à
part*. Brousseau se rend à Montréal en 1957 et le
public peut le voir dans diverses émissions comme
*Au petit bonheur, Silhouette, Marque le messager,
Opération mystère*. En 1959, Brousseau se produit
dans la boîte Chez Bozo. La même année, il reçoit
le Grand Prix du disque CKAC pour la qualité de
l'ensemble de ses compositions et de ses
enregistrements. En compagnie de Jean-Pierre
Ferland, Clémence DesRochers, Claude Léveillée,
Raymond Lévesque et Jacques Blanchet, il forme

le groupe Les Bozos (1959-1967) ; ils effectuent une tournée des boîtes à chansons qui leur permettra d'atteindre à une certaine notoriété. Les compositions de Brousseau, abordant principalement des thèmes urbains, chantent aussi l'amour, la poésie et son quartier natal de Limoilou (par exemple, « Les gars du quartier »). Prometteur, auteur de plusieurs microsillons, il quitte pourtant le monde du spectacle au milieu des années 1960. Il donne des cours de création chansonnière dans un cégep de la région montréalaise et devient scripteur, scénariste et réalisateur à la télévision. Il obtient le troisième prix au Concours de la chanson canadienne de 1958 avec « Une amourette ».

PIERRE CALVÉ

Pierre Calvé naît en 1939 à Montréal. Il s'engage dans la marine marchande et commence à jouer de la guitare. Ses premières chansons, « La fille à matelot », « Au delà de l'horizon » et « La fête », retiennent l'attention. Il rencontre Gilles Vigneault à la boîte à chansons La Piouke, en Gaspésie, pour qui il écrit la musique de plusieurs textes. La chanson « Quand les bateaux s'en vont », par exemple, remporte beaucoup de succès. En 1968, Calvé entreprend une tournée dans les régions francophones hors Québec dans le but d'éveiller un sentiment d'appartenance à l'Amérique française. Il produit son microsillon *Vivre en ce pays* avec François Dompierre. La chanson titre, reprise par Robert Charlebois, accède aux premiers rangs du palmarès. De 1976 à 1979, Calvé est directeur artistique de la boîte à chansons de l'hôtel Le Méridien de Montréal. En 1987, il effectue un retour à la chanson à l'Auditorium Joseph-Lavergne de la Bibliothèque Gabrielle-Roy de Québec. Calvé a emprunté musicalement aux rythmes latino-américains et ses textes sont traversés, entre autres, par les thématiques du voyage et de la mer.

MARC CHABOT

Marc Chabot naît le 31 décembre 1949, à Durham Sud. Essayiste et critique à *Québec Science* et au *Bulletin Pantoute,* il fait partie du comité de rédaction du *Bulletin de la Société de philosophie du Québec.* Il dirige également pendant un temps la collection « Indiscipline » aux éditions Pantoute. Collaborateur à plusieurs périodiques *(Le Soleil, Le Temps fou, L'Actualité, La Presse, Dérives)*, Chabot enseigne au Cégep François-Xavier Garneau. Il fait aussi paraître plusieurs livres traitant de la condition masculine et des relations hommes-femmes en plus d'écrire plusieurs chansons pour Richard Séguin.

CHRISTINE CHARBONNEAU

Née à Montréal le 18 octobre 1943, Christine Charbonneau commence à écrire des chansons à l'âge de 15 ans. À 17 ans, elle se produit à l'émission télévisée *En quête d'une chanson*. D'abord décoratrice d'intérieur, elle entreprend une carrière d'auteur-compositeur-interprète. En 1969, elle représente le Canada au Festival de la chanson de Spa, en Belgique. Des chanteuses comme Patsy Gallant, Claude Valade, Ginette Reno, Christine Chartrand, au Québec, et, en France, Sheila interprètent ses compositions. Elle est très présente dans la chanson des années 1960. En 1971, France Castel interprète sa chanson « Du fil, des aiguilles et du coton », composition qui fait partie des grands succès d'alors. Son microsillon *Censuré* (1975), où elle agit comme interprète, reçoit un bon accueil de la critique. Sa chanson « Oublie-moi », chantée par Ginette Reno, se vend à 300 000 exemplaires. Auteure de plusieurs microsillons, elle compose encore sporadiquement pour quelques interprètes. « Le pays dont je parle » donne en quelque sorte le contrepoids à la thématique dominante qui associe la femme et le pays.

ROBERT CHARLEBOIS

Robert Charlebois naît le 25 juin 1944, à Montréal. Il fait ses études dans différents collèges classiques, dont le Collège Saint-Paul, où il donne quelques spectacles devant les élèves d'autres écoles. Il prend alors des cours de piano et joue de la trompette dans l'harmonie du collège. Il étudie à l'École nationale de théâtre (Montréal) qu'il quitte au milieu de la troisième année parce que la direction ne lui permet pas d'accepter divers contrats de travail pendant sa formation. Découverte de *Jeunesse oblige,* en 1965, Charlebois gagne le Prix spécial du jury pour son premier microsillon au Festival du disque. Il effectue ensuite une tournée en Europe puis participe à l'Exposition universelle (1967). En 1968, en compagnie de Louise Forestier, de Mouffe et d'Yvon Deschamps, il monte le spectacle l'*Osstidcho,* qui marquera un important tournant dans la chanson québécoise. La même année, le Festival du disque lui accorde le trophée du meilleur auteur-compositeur-interprète. En juin, il remporte *ex æquo* le Grand Prix du 5e Festival de la chanson française à Spa, en Belgique, avec « California » et « Lindberg », texte pour lequel l'auteur Claude Péloquin obtient, l'année suivante, le Prix Félix-Leclerc. En juin 1969, il se produit à l'Olympia de Paris et au Festival pop de Toronto. Il gagne le premier prix d'interprétation à Sopot en Pologne pour sa chanson « Ordinaire » et le trophée Amber-Nightingale pour la meilleure chanson internationale du jour. En 1973, Charlebois est déclaré meilleur compositeur selon le premier sondage rock québécois organisé par *Le Petit journal*. Il fait aussi une tournée en Europe en première partie d'un spectacle de Léo Ferré. En 1974, à l'occasion de la *Superfrancofête*, avec Gilles Vigneault et Félix Leclerc, Charlebois participe au célèbre spectacle des Plaines d'Abraham dont on a tiré un double microsillon, *J'ai vu le loup, le renard, le lion*, auquel collaborent aussi Louise Forestier, Mouffe et Yvon Deschamps. Après deux années d'absence, Charlebois effectue un retour au spectacle de la Saint-Jean (1976) sur le Mont-Royal à Montréal, au Bois de Coulonge à Québec avec Gilles Vigneault, Yvon Deschamps,

Claude Léveillée et Jean-Pierre Ferland, puis à la Place des Arts.

Charlebois se produit à travers la francophonie, se fait consacrer par plusieurs émissions de télévision, compose la musique de quelques films, obtient des rôles au cinéma, entre autres dans un film de Sergio Leone. Cependant, sa popularité auprès des Québécois diminue après la réorientation de sa carrière. Le public français lui est plus fidèle et l'auteur d'« Ordinaire » continue d'être un enfant chéri de Paris. En 1983, on le voit sur les Plaines d'Abraham au Festival d'été ; avec Plume Latraverse et d'autres, il fait partie de la distribution pour un hommage à Charles Trenet au Théâtre Saint-Denis. Réjean Ducharme, Claude Péloquin, Marcel Sabourin et d'autres écrivains ont agi comme paroliers pour plusieurs de ses chansons. Il remporte le Félix hommage en 1993 et le Prix du gouverneur général pour les arts de la scène en 1994.

JIM CORCORAN

Anglophone d'origine irlandaise, James Corcoran, connu sous le prénom Jim, naît en 1949 à Sherbrooke. Moine pendant quelques années, il étudie la théologie et la philosophie. À la fin des années 1970, il se découvre une véritable passion pour la culture francophone. Il forme le duo Jim et Bertrand avec Bertrand Gosselin (1972-1979) et produit quatre disques dont le troisième, *Tête en gigue,* mérite le Prix du meilleur disque folk (1977). Corcoran collabore parallèlement avec quelques autres artistes et s'implique dans le groupe Lennox. En 1981, il enregistre son premier disque solo, *Têtu,* qui lui vaut un Félix au Gala de l'ADISQ. Il remporte le Grand Prix du Festival de Spa pour la meilleure chanson avec sa pièce « J'ai fait mon chemin seul ». En 1986, il représente le Québec au Festival des francofolies de La Rochelle. En 1987, il remporte le Prix et la Bourse CIEL/Raymond Lévesque. Depuis 1989, il anime une émission sur la culture francophone du Canada à la radio anglaise de Radio-Canada. En 1990, il fait paraître le disque *Corcoran,* qui lui vaut le Félix du meilleur auteur-compositeur au Gala de l'ADISQ, et incarne le personnage de David Nelligan, dans l'opéra *Nelligan* de Michel Tremblay et André Gagnon.

LIONEL DAUNAIS

Lionel Daunais naît à Montréal le 30 décembre 1902. Selon l'*Encyclopédie de la musique au Canada,* il étudie le chant sous la direction de Céline Marier et acquiert des notions d'harmonie avec Oscar O'Brien. En 1922, il participe à un concert d'élèves de l'Académie Querbes (Outremont). Il obtient, en 1923, le premier prix au Montreal Musical Festival organisé par la Metropolitan Choral Society. Il fait ses débuts à l'opéra, en 1922, au théâtre Orpheum, puis reçoit la même année le Prix d'Europe, qui lui permet de continuer ses études à Paris auprès d'Émile Marcellin, de l'Opéra-Comique. À Alger, il est premier baryton dans *Carmen* et quelques autres opéras (1929). Il fonde en 1932 l'important trio lyrique – Anna Malenfant, Ludovic Huot, puis en 1940, Jules Jacob et Allan McIver – et écrit pour celui-ci des chansons dont plusieurs apparaissent sur un microsillon de 1954. Il crée encore les Variétés lyriques en 1936 où il remplit les fonctions de codirecteur, de baryton et de metteur en scène. Daunais remporte le Grand Prix du concours Marly-Polydor de Montréal en 1948 pour la « Chanson du maître cordonnier ». En 1951, quatre autres de ses chansons sont enregistrées à Paris. Daunais se rend aussi en Italie, en Allemagne comme metteur en scène, fonction qu'il remplit à plusieurs reprises, par exemple, pour une émission d'opérette à la télévision de la Société Radio-Canada (1958-1959), ou pour les programmes du Trio lyrique produits par la radio d'État. Daunais compose plus d'une centaine de mélodies pour voix et piano, 18 pièces pour chœur, une quarantaine de chants d'inspiration folklorique, et une trentaine de chansons pour enfants. Daunais remporte le Prix de musique Calixa-Lavallée en 1977. Il est aussi membre de la Société canadienne d'opérette (1929) et de l'Association des compositeurs, auteurs et éditeurs du Canada/Composers, Authors and Publishers Association of Canada (CAPAC). Daunais meurt à Montréal le 18 juillet 1982. Sa vie aura été partagée entre plusieurs champs musicaux : opéra, art lyrique, chansons. À ce titre, il se signale au Festival Radio-Canada de 1957 (Concours de la chanson canadienne), où « Le voyage de noces » obtient le Prix de la télévision ; « Les perceurs de coffres-forts », qui témoignent de l'humour privilégié par Daunais ainsi que du jeu sur les niveaux de culture, y récoltent une mention. Francis Poulenc qualifie d'ailleurs de « don très rare » ce qu'il appelle

« un esprit cocasse » dans la musique de l'auteur. En 1984, la Société nouvelle d'enregistrement, à partir de documents d'archives, produit trois microsillons posthumes : *Le trio lyrique chante Lionel Daunais, Anna Malenfant chante Lionel Daunais* et *Lionel Daunais chante Lionel Daunais*.

LUC DE LAROCHELLIÈRE

Luc De Larochellière naît à Laval-des-Rapides en 1965, d'une mère chanteuse d'opéra. Il suit des cours de guitare et se produit en spectacle dans des cégeps du Québec. Il participe à deux reprises au Concours de la chanson de Granby ; finaliste en 1985, il remporte un prix dans la catégorie auteur-compositeur-interprète l'année suivante. À l'âge de 20 ans, il rencontre Réjean Rancourt, de la maison de disques Trafic, et signe son premier contrat, marquant ainsi son entrée dans le monde professionnel de la chanson. Avec la collaboration de Sylvie Tremblay, Claire Pelletier, Marie Philippe, Sylvain Clavette et Richard Baudet, De Larochellière fait paraître son premier microsillon, *Amère America* (1988), qui se vend à quelque 40 000 exemplaires au Québec. Il remporte le Félix de l'auteur-compositeur de l'année (1989) au Gala de l'ADISQ. Il mérite aussi le Prix CIEL/Raymond-Lévesque (1990). Après avoir participé au Festival Georges Brassens dans le sud de la France, De Larochellière livre son deuxième disque, intitulé *Sauvez mon âme* (1990), qui lui vaut les Félix de l'interprète masculin de l'année, du meilleur spectacle et du microsillon pop-rock de l'année (1991). Il reçoit également le trophée Juno du disque francophone le plus vendu au Canada (1992).

DANIEL DESHAIME

Né à Saint-Octave-de-l'Avenir en 1946 sous le nom de Deschênes, Daniel DeShaime commence sa carrière en accompagnant au piano Édith Butler, qui interprète six de ses chansons. Il enregistre son premier microsillon, *C'est drôle comme la vie,* en 1983, puis *Blanche Nuit* en 1988. Il s'associe à Daniel Lavoie pour *Tension attention* et compose avec lui le grand succès « Ils s'aiment », qui se vend à 2 000 000 de copies à travers le monde et leur vaut le Félix de la chanson de l'année. Il compose aussi pour d'autres artistes comme Julie Arel, Mario Pelchat et Mitsou. En

1988, il reçoit le Félix de l'auteur-compositeur de l'année au Gala de l'ADISQ pour sa chanson « Un peu d'innocence ».

RICHARD DESJARDINS

Richard Desjardins naît à Rouyn-Noranda en 1948. De 1975 à 1982, il est leader, compositeur, interprète et pianiste pour le groupe Abbittibbi, qui fait la tournée des cabarets, bars et salles de spectacle. L'ensemble fait paraître un disque éponyme dont certaines chansons, signées par Desjardins, seront reprises par lui en cours de carrière. En 1988, il enregistre son premier disque solo, *Les derniers humains,* qu'il finance lui-même par la vente de 1 000 parts de 10 dollars en prévente. Ses compositions tournent d'abord dans les radios communautaires. Il compose et dirige la trame sonore du film *Le party,* de Pierre Falardeau, dans lequel il interprète sa composition « Le screw », et donne une série de spectacles au Club Soda de Montréal où il reçoit un accueil élogieux de la critique (1990). Fort de ce succès, il lance son deuxième disque, *Tu m'aimes-tu* (1990), enregistré en deux jours à la Chapelle du Bon Pasteur sur le fameux piano de marque Fazioli. Toutefois,

Desjardins doit encore avoir recours à la sous-cription pour le produire. Il remporte le Prix de la chanson d'expression française pour sa perfor-mance au Festival d'été de Québec (1990) et effectue une tournée à travers la province. Il mérite aussi les Félix de l'auteur-compositeur et du disque de l'année au Gala de l'ADISQ (1991). En décembre, il reçoit la médaille Jacques-Blanchet pour la qualité de son œuvre. L'accueil des Français au Festival de La Rochelle se veut aussi sans équivoque. Desjardins publie quelques recueils de textes et collabore à plusieurs reprises avec l'industrie filmique et théâtrale pour l'écriture, l'arrangement ou l'interprétation de trames musi-cales. Il a également travaillé avec d'autres artistes comme René Lussier *(Le trésor de la langue).*

CLÉMENCE DESROCHERS

Fille du poète Alfred DesRochers, Clémence naît à Sherbrooke le 23 novembre 1933. Elle acquiert une formation en théâtre au Conservatoire de Montréal puis débute comme comédienne à la télévision de Radio-Canada, dans le cadre de l'émission *La boîte à surprises* (1958-1959). En 1958, elle donne des représentations au Saint-

Germain-des-Prés de Paris, où Jacques Normand la remarque. Elle devient la première femme chansonnière après La Bolduc et se produit surtout dans les boîtes, où elle est souvent chargée de faire l'ouverture officielle (1959-1962). Elle incarne, en grande partie, l'âme des Bozos (1959-1967). En 1964, elle présente une comédie musicale *Vol rose du flamand* à la Comédie-Canadienne, dans une mise en scène d'Albert Millaire. Elle se produit à Ottawa en 1965 dans une revue, *On le prend pas,* constituée de musique (Pierre-F. Brault), de chansons, de sketches et de chorégraphies. Sa production dans l'univers du spectacle se veut constante, même si l'auteure aime bien se retirer sporadiquement pour se ressourcer. Son premier public est relativement restreint mais ses admirateurs, fidèles. De 1974 à 1978, elle continue de cultiver le monologue et la chanson et produit une série de spectacles tout en écrivant pour d'autres artistes. Le premier disque qui attire l'attention s'intitule *Le monde aime mieux Mireille Mathieu* (1975). Son public s'élargit et vient à ses spectacles pour rire, avec elle, de ses monologues drôles et amers, qui alternent avec des chansons nostalgiques sur le monde brisé de l'univers familial. En 1984, elle reçoit la médaille Jacques-Blanchet. Après *Mon dernier show,* présenté

d'avril 1977 à août 1978, elle se retire tempo-
rairement de la scène. Mais dès 1980, elle donne
spectacle d'adieu sur spectacle d'adieu. Outre
qu'elle compose des chansons, DesRochers publie
plusieurs livres et participe à diverses émissions de
télévision. D'excellents musiciens, comme Marc
et Denis Larochelle, Gaston Brisson, J.-M.
Cloutier, Jean-Marie Benoît, l'ont assistée durant
sa carrière.

GEORGES DOR

Georges Dor, né Doré, voit le jour à Drummondville le 10 mars 1931, onzième d'une famille
de 14 enfants. À 16 ans, il commence à travailler
dans les usines et s'inscrit en 1952 à un atelier
d'art dramatique au Théâtre du Nouveau Monde.
Par la suite, il se consacre à l'écriture poétique et
devient rédacteur puis réalisateur à Radio-Canada.
Il se produit à la Butte à Matthieu, en première
partie d'un spectacle de Monique Leyrac, en janvier
1965. En 1966, il enregistre un premier microsillon. Sa chanson « La Manic » lui vaut
plusieurs prix, dont un Méritas au Gala des artistes
(1967) et un autre à *Jeunesse d'aujourd'hui* pour la
chanson québécoise restée le plus longtemps au

palmarès. Il obtient aussi, la même année, un deuxième prix au Festival de Sopot (Pologne). En 1968, il mérite le trophée Félix-Leclerc et, au Festival du disque, remporte celui du meilleur vendeur de disques chez les chansonniers. Il donne plusieurs récitals tant au Québec qu'en France où il se produit, entre autres, à Cannes avec Les Jérolas. Il signe quatre recueils de poèmes, inaugure la collection « Poèmes et chansons » à l'Hexagone, publie plusieurs romans et pièces de théâtre, écrit des téléromans (*Les Moineau et les Pinson* en 1982 et *L'âme sœur* en 1986). Dans *Poèmes et chansons d'amour et d'autre chose* (1991), Dor raconte autant son aventure dans la chanson de la Révolution tranquille que celle de la Révolution tranquille dans le Québec.

CLAUDE DUBOIS

Claude Dubois voit le jour à Montréal le 24 avril 1947. À l'âge de 12 ans, il enregistre son premier microsillon, *Claude Dubois et les montagnards,* et effectue une tournée des salles de danse. En 1964, nommé Découverte à la boîte à chansons du Patriote, il reçoit un prix spécial à titre de chanteur le plus populaire. En 1966, il reçoit le

Prix spécial du jury au Festival du disque pour son premier disque solo *Claude Dubois*. À l'émission *La fine fleur de la chanson,* à la radio de l'ORTF, il reçoit le trophée Renée-Claude. Il effectue un retour sur disque en produisant un *nouveau* microsillon intitulé *Touchez Dubois* (1972). En compagnie de l'orchestre d'Henry Mancini, il entreprend une vaste tournée et se rend jusqu'en Indonésie et en Jamaïque (1976). En 1978, il fonde sa propre compagnie de disque Pingouin. Il devient l'interprète masculin de l'année au premier Gala de l'ADISQ en 1979. En 1981, il suit une cure de désintoxication prescrite par le Tribunal au terme d'un procès pour possession de drogue. À sa sortie, il donne un mégaconcert à Québec, Montréal, Trois-Rivières et Chicoutimi, pour lequel il attire des foules records. Cette tournée coïncide avec le lancement de son disque *Sortie Dubois* (1982). En 1983, à la suite du succès remporté par son disque *Implosif,* l'ADISQ lui décerne le Félix de l'interprète masculin, exploit qu'il répète en 1986. Il enregistre trois autres microsillons, *Face à la musique* (1985), *À suivre* (1991) et *Mémoire d'adolescent* (1993). Dans le cadre des Galas de l'ADISQ, il a reçu cinq trophées.

RÉJEAN DUCHARME

Réjean Ducharme voit le jour le 12 août 1941 à Saint-Félix-de-Valois, près de Joliette. Il fait ses études au juvénat des clercs de Saint-Viateur à Berthierville (1958) et passe une année à l'École polytechnique de Montréal. En 1962, il s'engage dans l'aviation canadienne, mais abandonne après sept mois. Il voyage par la suite au Canada, au Mexique et aux États-Unis. De 1963 à 1965, il exerce plusieurs métiers dont celui de correcteur d'épreuves. Il se fait surtout connaître comme romancier avec, par exemple, *L'avalée des avalés* (Gallimard, 1966) et comme dramaturge en faisant jouer, entre autres, *Ines Pérée et Inat Tendu* (1968). Il écrit aussi des scénarios de films pour Francis Mankiewicz, dont *Les bons débarras*. En 1967, il obtient le Prix littéraire de la province de Québec puis, en 1967 et en 1982, le Prix du gouverneur général du Canada. Il mérite de même le premier Prix Gilles-Corbeil en 1990, pour l'ensemble de son œuvre. L'écrivain, qui n'a jamais fait d'apparition publique, écrit plusieurs textes de chansons, notamment pour Robert Charlebois (« Fais-toi z'en pas », « Le violent seul » (« J' suis tanné »), « Je l' savais »,

« Manche de pelle » « J' veux d' l'amour »,
« J' t' haïs », « Samba des canards », etc.) et
Pauline Julien (« Je vous aime », « Déménager
ou rester là »).

GERMAINE DUGAS

Germaine Dugas naît le 3 mai 1934 à
Montréal. Dès 1948, elle entreprend des cours de
diction et d'art dramatique puis obtient quelques
rôles de figurants à la télévision. Elle incarne son
premier personnage d'importance dans *Les oiseaux
de lune* de Paul Buissonneau. En 1957, elle
compose sa première chanson, « Viens avec moi
et tu verras », et remporte le quatrième prix au
Concours de la chanson canadienne de 1958 et le
premier Grand Prix en 1959 avec « Deux enfants
du même âge ». Elle interprète ses propres compositions à l'émission *Rendez-vous avec Michèle.*
En 1961, elle mérite le prix d'originalité au Grand
Prix du disque canadien de CKAC avec son
premier disque *Germaine Dugas*. Avec Félix
Leclerc, elle représente aussi le Canada dans une
émission spéciale de la télévision belge en 1962.
En 1965, elle ouvre une boîte à chansons au Parc
Lafontaine. Nommée ambassadrice de l'Expo

1967, Dugas s'illustre au cours de l'événement en donnant des spectacles. Elle fait aussi de la télévision et de la radio et participe à de nombreux galas.

CALIXTE DUGUAY

Calixte Duguay naît à Sainte-Marie-sur-Mer, sur l'île Lamèque, au Nouveau-Brunswick, le 16 juillet 1939. Bachelier ès arts du collège de Bathurst en 1962, il poursuit ses études en lettres françaises (maîtrise) et entreprend ensuite un doctorat à Paris. En 1970, il reçoit le premier prix de poésie au Festival de Caraquet et donne un récital à Bruxelles. En 1974, il gagne le Grand Prix du Festival de la chanson de Granby dans la catégorie des auteurs-compositeurs-interprètes. Il effectue en 1975 une tournée au Québec et fait partie de l'émission *Superfleurs* de Radio-Canada. Il publie aussi un premier recueil de poésie, *Les stigmates du silence*. Avec la collaboration de Jules Boudreau, il écrit la comédie musicale *Louis Mailloux* (1975). En 1976, il compose la musique de documentaires et de longs métrages pour l'Office national du film, dont *Les aboiteaux,* puis fait une grande tournée des provinces maritimes.

Au cours des deux saisons de 1976 et de 1977, il anime une série d'émissions de variétés produite par la Société Radio-Canada de Moncton. En 1977, il entreprend une série de tournées au Québec (1977) et au Canada (1978), se rend jusqu'en Belgique et en France. Il écrit et produit une deuxième comédie musicale, *La lambique,* en 1983. De 1984 à 1987, il travaille à la production de spectacles et de son microsillon *Rien que pour toi,* qui s'ajoute aux *Aboiteaux* et à *Retour à Richibouctou.*

RAOUL DUGUAY

Raoul Duguay, également connu sous le pseudonyme de Luôar Yaugud avec le groupe L'Infonie, naît le 13 février 1939 à Val-d'Or, en Abitibi. Septième d'une famille de 11 enfants, il prend goût à la musique grâce à son père, tailleur le jour, musicien le soir. Il fait ses études classiques aux séminaires d'Amos et de Chicoutimi, puis obtient une licence en philosophie de l'Université de Montréal. Il est chroniqueur littéraire et artistique (1961-1966), rédacteur et animateur à CKRN (1964-1966) et à Radio-Canada (1966-1967). Il est professeur de philosophie et d'esthétique à l'Université de Montréal, au collège Sainte-Croix et à l'Université du Québec à Montréal (1966-1969). Il donne ses premiers spectacles à l'Université de Montréal (1964-1965), puis fonde le groupe L'Infonie (1967) avec Walter Boudreau. Le groupe entreprend une série de spectacles à Montréal, représentations constituées d'improvisation, de mise en situation, de musique et d'art pictural. L'Infonie se produit notamment au Festival des arts à Ottawa. Gravée sur disque, l'œuvre du groupe fait l'objet d'un film documentaire intitulé l'*Infonie inachevée*. En 1971, Duguay se tourne vers la chanson dans le but de toucher un plus vaste public et ses spectacles prennent un style à la fois original et intimiste. Il fait trois tournées au Québec ; il se rend à Paris, où il donne 22 représentations en première partie d'Hugues Aufray. Il se produit également à Bruxelles grâce à Julos Beaucarne, avec qui il collabore sporadiquement. Sa chanson intitulée « La bittt à Tibi », inspirée du lieu où il a passé son enfance, est la plus connue de ses compositions avec « Le temps », « Les saisons » (qu'interprètent Les Séguin), « Le chemin ». Poète multidisciplinaire, il touche à tous les modes d'expression : il se veut à la fois écrivain, conteur, animateur, conférencier, peintre, etc. Sa chanson demeure près de la philosophie et de la mystique, même si le chansonnier a souvent donné de lui une image ludique.

STEPHEN FAULKNER

Stephen, dit Steve, Faulkner, connu sous le pseudonyme de Cassonade, naît le 4 octobre 1954 à Montréal. Il débute sa carrière en 1972 en formant avec Plume Latraverse un duo qui s'avère très populaire. Faulkner compose alors des succès comme « La bienséance », « U.F.O. » et « Jonquière ». Il imprègne bien de sa présence musicale les microsillons de Plume Latraverse : *Plume pou digne* (1974), *Le vieux show son sale* (1975) et *Pomme de route* (1975). Il s'associe également avec Arthur, ancien membre des Sinners. Il enregistre le premier disque country-rock québécois chez Yves Ladouceur en 1977. En 1980, il enregistre un deuxième microsillon, *À cheval donné on regarde pas la bride,* avec les anciens musiciens de Plume, puis *Caboose* (1992). Pour produire ses disques, il collabore avec plusieurs artistes comme Pierre Bertrand, France Castel, Pierre Flynn, Marjo et Richard Séguin.

JEAN-PIERRE FERLAND

Auteur-compositeur-interprète, Jean-Pierre Ferland naît à Montréal le 24 juin 1934 et fait des études aux Hautes études commerciales de Montréal. Commis à Radio-Canada (1956), il quitte son emploi en 1958 pour fonder Les Bozos avec Raymond Lévesque, Hervé Brousseau, Claude Léveillée et Clémence DesRochers. En 1959, il chante pour la première fois à la télévision de Radio-Canada à l'émission *Music-Hall*. Il remporte le concours de la société d'État avec « Chanson sur mesure » et « Feuilles de gui ». Il enregistre cette dernière pièce aux Choralies de l'Alliance des chorales canadiennes, ainsi que sur un disque produit à Radio-Canada qui comprend les 12 meilleures chansons canadiennes. En 1962, la même chanson lui mérite le deuxième prix du Gala international de la chanson à Bruxelles au concours Chansons sur mesure. Il représente le Canada en Pologne au troisième Festival de Sopot et reçoit le Prix d'interprétation à Cracovie. À la suite d'une tournée faite au Québec en 1964, il remporte le Prix du meilleur auteur-compositeur-interprète au Festival du disque de Montréal (1965). Il gagne aussi le Grand Prix et le Prix de popularité (catégorie auteur-compositeur-interprète) au Festival du disque de Montréal et le Grand Prix de l'Académie Charles-Cros (1968 et 1977). En 1970, il participe à l'Exposition internationale d'Osaka au Japon, où il se présente en compagnie de l'Orchestre symphonique de Montréal. Élu meilleur auteur-compositeur-interprète de l'année au Gala des artistes (1972), il produit de nombreux microsillons, dont *Jaune,* qui marque un moment important dans l'industrie du disque québécois. Il participe au spectacle des fêtes de la Saint-Jean (1976) en compagnie de Claude Léveillée, Gilles Vigneault, Robert Charlebois et Yvon Deschamps. Depuis 1980, Ferland anime plusieurs émissions de télévision, en plus de faire partie de la distribution du spectacle *Du gramophone au laser* (1984). Il compose une comédie musicale intitulée *Gala* (1989), qui reçoit un accueil mitigé. Son disque *Bleu, blanc, blues* (1992) marque son retour à la chanson.

JEAN-PAUL FILION

Jean-Paul Filion naît à Notre-Dame-de-la-Paix (Papineau) en 1927 et grandit à Saint-André-Avellin au sein d'une famille dont le père est violoneux. À 18 ans, il se rend à Montréal et complète sa formation à l'École des beaux-arts. Il fréquente les peintres Paul-Émile Borduas, Alfred Pellan et les poètes Gaston Miron et Roland Giguère. Il côtoie aussi les chansonniers Félix Leclerc, Raymond Lévesque, Clémence DesRochers et d'autres membres des Bozos. Au cours des années 1950, il participe au mouvement poétique de l'Hexagone, qui publie son recueil *Du centre de l'eau* (1955). En 1958, il reçoit le premier prix au Concours de la chanson canadienne pour la pièce « La folle » et publie son premier disque *Jean-Paul Filion et sa guitare.* Ses deux chansons, « La parenté » et « Monsieur Guindon », qu'interprète le folkloriste Jacques Labrecque, connaissent une très grande popularité. Filion travaille comme décorateur à Radio-Canada, écrit de la poésie et publie notamment le recueil *Demain les herbes rouges* (1962). Il signe une trilogie qui paraît sous forme de romans autobiographiques : *Saint-André Avellin... Le premier côté du monde* (1975), *Les murs de Montréal* (1977) et *Cap Tourmente* (1980). Il compose une pièce de théâtre, *La maison de Jean-Bel,* créée au Théâtre le Galendor de l'Île d'Orléans à l'été de 1973.

SERGE FIORI

Serge Fiori naît le 4 mars 1952 à Montréal. De 1972 à 1978, il fait partie du groupe québécois Harmonium, qui enregistre trois disques et effectue plusieurs tournées au Québec et en Europe (1977). À la dissolution d'Harmonium, il collabore avec Richard Séguin pour le disque *Cent nuits à l'heure* (1979), vendu à plus de 200 000 exemplaires, qui leur mérite plusieurs trophées au premier Gala de l'ADISQ. Par la suite, Fiori se rend à Los Angeles, où il s'initie aux nouvelles techniques de composition musicale. Auditeur libre à la Dich Grove School of Music, il se familiarise avec l'ordinateur. De retour à Montréal, il poursuit des études et écrit des chansons pour Diane Dufresne et Yvon Deschamps. Il compose le thème sonore du Festival Juste pour rire (1985) et celui de l'Association du cancer du Canada. Fiori possède une maison de production qui s'appelle BBF2 (pour Bleau, Boudreau et Fiori père et fils). Entre 1988 et 1990, il participe à la réalisation du microsillon de Nanette Workman, *Changement d'adresse,* pour lequel il compose les textes et la musique. Il signe aussi la trame musicale du film d'André Forcier *Une histoire inventée* (1990).

PIERRE FLYNN

Pierre Flynn naît à Montréal en 1954. Avec Mario Légaré, Jean Dorais et Pierre Hébert, il forme, en 1971, le groupe Octobre. L'année suivante, ils lancent leur premier microsillon de musique progressive, simplement intitulé *Octobre*. Puis Flynn s'oriente quelque peu vers le jazz, influence qui marquera par la suite le groupe qui se disperse en 1982, après la sortie du disque *Clandestins*. Flynn collabore un certain temps avec Jocelyn Bérubé, pour ensuite accompagner Plume et Offenbach ; sa participation se limite le plus souvent à la composition musicale. Son premier disque solo, *Le parfum du hasard* (1987), se retrouve en nomination dans huit catégories au Gala de l'ADISQ de 1988.

LOUISE FORESTIER

Née à Shawinigan le 10 août 1943, Louise Belhumeur, connue sous le nom de Forestier, obtient un diplôme de l'École nationale de théâtre (1969). Elle s'impose dès 1966 sur la scène québécoise en gagnant le trophée Renée-Claude de la boîte à chansons montréalaise Le Patriote. Elle obtient aussi le titre de découverte de l'année à l'émission *Jeunesse oblige* de la Société Radio-Canada. Avec Robert Charlebois, Yvon Deschamps, Mouffe et les musiciens du Jazz libre, elle participe à l'*Osstidcho* (1968) et à l'*Osstidcho meurt* (1969). La même année, elle marque l'histoire musicale québécoise en enregistrant avec Charlebois la chanson « Lindberg ». De 1972 à 1976, elle s'associe à Claude Lafrance et à Jacques Perron pour la période dite folklorique de sa carrière. En 1974, elle reçoit le Prix de la vedette la plus prometteuse à Spa, en Belgique. Elle reçoit aussi le Manteau d'Arlequin 1976, prix décerné par la critique française au meilleur représentant de la chanson française (qualité du répertoire). Elle fait équipe avec Mouffe, Charles Barbeau, François Dompierre et participe aux festivals européens de Sopot (1978) et de Bourges (1979), où elle reçoit le trophée de la critique française de gauche pour la qualité de ses textes et de sa performance sur scène. Elle obtient, en 1981, le rôle de Marie-Jeanne dans *Starmania.* Après cinq années d'absence sur disque, Forestier revient en 1983 avec le spectacle-concept *Je suis au rendez-vous,* qui inspire le microsillon par lequel elle marque officiellement son passage du statut d'interprète à celui d'auteur-compositeur-interprète. À l'automne 1987, Forestier décroche (*ex æquo* avec Michel Rivard) le Félix de l'auteur-compositeur de l'année pour la chanson « Le diable avait ses yeux » du disque *La passion selon Louise*. Elle travaille aussi avec François Dompierre, Pierre Flynn, Luc Plamondon et Daniel DeShaime. Elle fait ensuite *De bouche à oreille* (1991). Parallèlement, elle poursuit une carrière de comédienne en jouant dans plusieurs films tels que *Demain matin Montréal m'attend* (1970), *IXE-13* (1971) et *Les ordres* (1974).

LUCIEN FRANCŒUR

Lucien Francœur naît à Montréal le 9 septembre 1948. Durant sa jeunesse, il voyage et se rend jusqu'en Californie. En 1968, il rejoint ses parents à la Nouvelle-Orléans, où il termine ses études secondaires. Il revient à Montréal en 1969 et s'inscrit en lettres au Cégep Maisonneuve. Après avoir touché à la poésie, il compose ses premières chansons, qu'il interprète à la Casanous. Pour gagner sa vie, il fait du taxi et conduit des autobus. En 1973, il crée le groupe Aut'chose, avec qui il entreprend une série de spectacles et de tournées au Québec. Sa chanson « Ch' t'aime pis ch' t'en veux » est sans doute l'une des plus représentatives de l'époque. La maison de disques CBS l'invite à Paris pour la sortie de son microsillon en 1977. Après avoir terminé un Baccalauréat en littérature française (1979) de l'Université du Québec à Trois-Rivières, il devient professeur dans un cégep de la région montréalaise. En 1980, il donne une série de spectacles, puis, après s'être produit à L'Imprévu, décide de quitter la scène. Il fait paraître de nombreux recueils de poésies chez divers éditeurs. Il est également animateur à la radio et à la télévision.

FRENCH B

Duo formé par Jean-Robert Bisaillon (Montréal, 1960) et de Richard Gauthier (Montréal, 1957), d'abord connu sous le nom de French Bastards, d'où French B (1987). La chanson « Je m'en souviens » (1989) fait connaître le groupe. Le premier disque, intitulé *French B* (1991), a également mérité les éloges de la critique et a permis au duo de participer aux Francofolies de Montréal.

CLAUDE GAUTHIER

Claude Gauthier voit le jour le 31 janvier 1939 à Lac-Saguay, dans les Laurentides, au nord de Montréal. Après ses études secondaires, il prend des cours de diction chez Mme Jean-Louis Audet. En 1954, il s'installe à Montréal et il interprète ses compositions à la boîte à chansons La Poubelle de Tex Lecor et à La Piouke. Avec la chanson « Le soleil brillera demain », il remporte le premier prix du concours Étoiles de demain de CKVL. Cette chanson lui vaut également le Grand Prix du disque canadien CKAC (1961) pour la meilleure composition originale. En 1964, il se présente au Festival du folklore de Carnegie Hall (New York). Il chante à l'Olympia (1966) en compagnie de Monique Leyrac, des Jérolas, des Feux follets, de Gilles Vigneault, de Clémence DesRochers et de Pauline Julien. Son microsillon *Cerfs volants* lui vaut le prix du Festival du disque en 1969. Il participe à de nombreux festivals dont celui de la chanson à Spa en Belgique (1972) et à celui de la chanson francophone à Strasbourg (1977). Il participe aussi à une importante tournée intitulée *Trois fois chantera* avec Claude Léveillée et Pierre Létourneau (1984). Plusieurs interprètes, tels Renée Claude, Louise Forestier, Pauline Julien, Pierre Lalonde, Michèle Richard chantent ses compositions. Il joue dans plusieurs films dont *Les ordres* (1974) de Michel Brault, où il se distingue plus particulièrement en tenant l'un des rôles principaux et dans le téléroman *Chambres en ville*. Il a enregistré plus d'une dizaine de disques.

MARC GÉLINAS

Marc Gélinas naît à Montréal le 29 novembre 1937 d'une mère violoniste et d'un père chanteur. Il commence à chanter dès son jeune âge dans la célèbre manécanterie Les p'tits chanteurs du Bon Dieu. Gélinas fait son cours classique à l'école Mongeau de Saint-Hilaire et étudie le piano au Conservatoire de musique durant quelques mois. Il fait une première apparition publique dans le cadre de l'émission de télévision *Rendez-vous avec Michèle* (1955), présentée sur le réseau français de Radio-Canada. Dès 1955, il joue dans plusieurs téléromans, dont *Beau temps, mauvais temps* et *Nérée Tousignant,* ainsi que dans les téléthéâtres *Médée, Un inconnu dans la maison, La puissance et la gloire.* Il enregistre son premier 45 tours en 1957 avec « Le bossu » et « Aide-toi et le ciel t'aidera ». Gélinas gagne le Grand Prix du disque canadien de CKAC à titre de meilleur interprète masculin (1958) et obtient la même récompense en 1965 pour le meilleur microsillon. Avec sa chanson « De vie à éternité », il reçoit le titre du meilleur auteur-compositeur-interprète au Festival du disque (1965). Trois prix du même festival lui sont aussi décernés en 1966 : meilleur interprète (style chansonnier) pour son album *Ça c'est du Gélinas,* meilleure chanson populaire de l'année (« Tu te souviendras de moi ») et chansonnier le plus populaire, selon le vote du public. Sa chanson « La ronde », composée pour l'Exposition universelle de Montréal en 1967, connaît une large diffusion. Au Festival du disque, en 1968, le public lui attribue le titre de chanteur le plus populaire de l'année. Comédien au théâtre et au cinéma, Gélinas écrit également des chansons pour de nombreux interprètes.

BERTRAND GOSSELIN

Bertrand Gosselin naît le 7 mars 1952 à East Angus. Il prend des cours de guitare classique et des leçons de composition avec Jacques Corriveau. Il poursuit sa formation musicale en piano et en guitare classique au Cégep de Sherbrooke. Pendant un an, il participe à des spectacles à travers le Québec, au sein d'une formation musicale appelée Les Jeunairs. Il forme avec Jim Corcoran le duo Jim et Bertrand (1972-1978) et se produit dans plusieurs pays d'Europe (France, Belgique, Suisse, Allemagne), dans quelques provinces canadiennes ainsi qu'en Louisiane. En 1977, le microsillon *La tête en gigue* mérite le premier prix de la catégorie folklore au Festival international de musique de Montreux en Suisse, où le duo Jim et Bertrand représente le Canada. Après la dissolution du groupe, Gosselin fonde une troupe itinérante d'artistes et d'amuseurs, le Circulaire. Durant trois étés, le groupe fait le tour des fêtes populaires du Québec et des Maritimes. L'artiste se produit ensuite dans de nombreux festivals en Amérique latine, en Europe et au Canada. Musicien, bateleur, jongleur et funambule, Gosselin écrit plus de 400 chansons et pièces musicales, dont 153 se retrouvent sur 13 microsillons.

FRANCINE HAMELIN

Francine Hamelin naît le 3 juin 1952 à Montréal. Elle se consacre principalement à l'écriture et publie plusieurs recueils de poésie. Elle écrit des textes de chansons pour le duo Les Séguin, de 1972 à 1976. Hamelin compose notamment les paroles de la chanson « Les enfants d'un siècle fou », qui a marqué l'époque.

PIERRE HAREL

Né en 1944, Pierre Harel débute sa carrière artistique avec le groupe Offenbach, pour qui il compose les succès « Câline de blues », « Faut que j' me pousse » et « Le blues me guette ». Il abandonne Offenbach au moment où le groupe effectue une tournée en France. Au cours de l'année 1977, il forme le groupe Corbeau en collaboration avec la chanteuse Marjo. Parolier attitré du groupe, il est l'auteur de ses premiers grands succès. Après trois années de collaboration, Harel quitte la formation musicale, encourageant Marjo à prendre la relève. Il produit son premier microsillon d'auteur, intitulé *Tendre ravageur,* en 1988.

PIERRE HUET

Pierre Huet naît le 30 juin 1949 à Montréal. Il exerce plusieurs métiers avant de se consacrer à la chanson. Vers la fin de l'année 1973, il forme, avec Michel Rivard et Robert Léger, le groupe Beau Dommage, auquel se joint plus tard Marie Michèle et Réal Desrosiers. Il se consacre plus particulièrement à l'écriture de textes de chansons et participe au premier disque du groupe, *Beau Dommage* (1974). La chanson « Montréal » obtient un grand succès. En 1975, il participe au deuxième microsillon du groupe, *Où est passée la noce* ; il écrit avec Michel Rivard la pièce populaire « Le blues d' la métropole ». En 1976, le groupe remporte le Prix du secrétariat d'État du gouvernement français pour sa contribution à la propagation du français dans le monde. Jusqu'au démembrement du groupe en 1980, Huet compose environ la moitié des textes qui forment le répertoire de Beau Dommage. Il écrit également pour d'autres artistes, dont le groupe rock québécois Offenbach, qui popularise sa chanson « Mes blues passent pus dans' porte ». Il est cofondateur de la revue humoristique *Croc,* pour laquelle il rédige de nombreux textes.

SUZANNE JACOB

Suzanne Barbès, dite Jacob, naît le 26 février 1943, à Amos, en Abitibi. Elle obtient un Baccalauréat ès arts et se consacre quelque temps au théâtre, à Montréal. Comédienne, écrivaine et chanteuse, elle remporte le Prix du meilleur auteur-compositeur-interprète de la boîte à chansons Le Patriote (1969). En compagnie de Jacques Michel, elle se rend à Spa, en Belgique, pour représenter le Québec. Elle donne une série de spectacles au Conventum de Montréal et au Petit Champlain de Québec. Elle donne des spectacles au Centre culturel canadien de Paris (1981) et s'installe en France (1981-1985). Durant ces années, elle entreprend une démarche anticonformiste et travaille à la fois le texte, le chant, la musique et la symbolique gestuelle. Le public peut la voir dans les maisons de la culture, à l'Espace go et au Nouveau théâtre expérimental des femmes. Elle écrit plusieurs romans, dont *Laura Laur* (1983), qui mérite les Prix Québec-Paris et du gouverneur général, section roman. Elle vit plutôt à l'écart de la scène artistique et littéraire. Ses deux microsillons, *Une humaine ambulante* (1980) et *Autre* (1985), lui valent une certaine reconnaissance ;

paraît en France une anthologie sur disque de ses chansons. Elle rédige également des textes pour le théâtre et la télévision.

LAURENCE JALBERT

Lise Jalbert, connue sous le prénom de Laurence, naît à Rivière-aux-Renards en 1958. Elle enregistre un premier 45 tours avec la formation The Kids (1981). Elle est ensuite chanteuse pour le groupe Volt (1985), qui mérite le premier prix au concours de L'empire des futures stars (1987). Elle entreprend par la suite une carrière solo et publie un premier microsillon, *Laurence Jalbert* (1990), distribué à plus de 100 000 exemplaires. Elle remporte les Félix de la découverte de l'année et du meilleur vidéoclip (*Tomber,* 1990). Elle reçoit également le Prix de la meilleure prestation scénique dans le cadre du Festival d'été de Québec (1992). En 1994, elle reçoit le Félix de l'Album Pop/Rock de l'année *(Corridors)* et le Félix de la Chanson la plus populaire de l'année (« Encore et encore »).

PAULINE JULIEN

Pauline Julien naît le 23 mai 1928 à Trois-Rivières. Elle termine un cours secondaire scientifique, puis fait des études commerciales ; elle étudie le solfège, le mime, la pose de voix et le théâtre à Paris (1952-1957). En 1957, elle fait son entrée sur la scène en jouant dans *La fable de l'enfant échangé* de Luigi Pirandello. Elle interprète des chansons de Kurt Weill, Bertolt Brecht, Léo Ferré et Boris Vian dans les boîtes de la rive gauche (Café des Anglais, Chez Moineau, Port-Salut). Elle gagne le Prix des jeunes chanteuses d'Europe numéro 1 (1958) et un trophée au Congrès du spectacle (1961). Elle se produit principalement à Montréal et à Paris. Elle reçoit le deuxième prix d'interprétation du Festival de Sopot (1964) pour sa version de « Jack Monoloy » de Gilles Vigneault ; elle mérite aussi le titre de meilleure interprète au Gala des artistes (1965). En 1968, elle commence à écrire les textes de ses chansons avec quelques collaborateurs, puis compose aussi la musique sur des paroles de Michel Tremblay. Elle fait également appel à d'autres musiciens comme François Cousineau, Stéphane Venne, etc. En 1970, elle gagne le Grand

Prix de l'Académie Charles-Cros pour son microsillon *Suite québécoise* (1967), récompense qu'elle obtient aussi pour *Où peut-on vous toucher ?* (1985). En 1974, elle reçoit le Prix Calixa-Lavallée de la Société Saint-Jean-Baptiste de Montréal. Elle effectue des tournées en Union Soviétique et en Europe et se produit dans plusieurs villes du Québec et du Canada. Dans ses réalisations, elle se porte à la défense de certaines causes, politiques et sociales. Son spectacle intitulé *Femmes de paroles* (1987), créé en collaboration avec Anne Sylvestre, remanié par Denise Boucher sous le titre *Gémeaux croisés,* connaît un grand succès au Québec et en Europe. L'artiste interprète aussi des textes d'écrivains québécois comme Gérald Godin, Gilbert Langevin et Madeleine Gagnon. Louis-Jean Calvet lui consacre une monographie dans la collection « Poésie et chansons » des éditions Seghers.

DIANE JUSTER

Diane Rivet, dite Juster, naît à Montréal le 15 mars 1946. Elle obtient un diplôme en musique (piano) au Conservatoire royal de musique de Toronto (1966). En 1971, elle commence à écrire des chansons. « Soleil, soleil » et « Quand tu partiras », interprétées par Julie Arel (1973), la font connaître du public. Elle obtient le prix de la section auteur-compositeur des Olympiades de la chanson québécoise en 1974. Elle se produit en France, puis effectue une tournée au Québec. Elle délaisse ensuite l'interprétation (1977), mais continue de composer en collaboration avec Eddy Marnay, Luc Plamondon et Françoise Hayward pour des chanteurs comme Dalida, Céline Dion, Robert Charlebois et Ginette Reno. Elle fonde, avec Luc Plamondon et Lise Aubut, la Société professionnelle des auteurs et des compositeurs du Québec (SPACQ). Elle obtient beaucoup de succès avec les chansons « Vive les roses » et « Ce matin », présentées à l'émission *Jeunesse oblige.* Elle obtient le prix de l'ADISQ à titre de compositeur de l'année pour la chanson « Je ne suis qu'une chanson » (1981). Interprétée par Ginette Reno, cette pièce se vend à plus de 400 000 exemplaires. Juster revient à l'interprétation avec ses disques *Tu as laissé passer l'amour* (1981), *Rien qu'amoureuse* (1984) et *J'ai besoin de parler* (1987). Elle donne également des récitals au Théâtre des Champs-Élysées à Paris, avec des chansons de Charles Dumont (1987-1988).

LA BOLDUC

Mary-Rose-Anna Travers, surnommée La Bolduc, naît le 24 juin 1894 à Newport, en Gaspésie. Elle y passe son enfance auprès d'un père violoneux. Malgré son manque de formation musicale, elle joue plusieurs instruments de musique (violon, accordéon, harmonica, bombarde) et se fait engager comme accompagnatrice pour les Soirées du bon vieux temps de Conrad Gauthier au Monument National. En 1927, elle y fait ses débuts professionnels et passe vite la rampe avec un seul refrain, qu'elle fait répéter à la foule, « Il y a longtemps que je couche par terre ». Dans le cadre de cette enceinte du « Vieux monument tout gris », que chantera le jeune Charlebois, elle écrit ses premières chansons, « La cuisinière » et « La servante », enregistrées sur disque 78 tours. Ce microsillon se vend à 12 000 exemplaires, ce qui, à l'époque, constitue un succès inégalé, et assure déjà à La Bolduc une grande popularité. Elle fonde alors sa propre compagnie et propose à Jean Grimaldi, au début des années 1930, de diriger ses nombreuses tournées à travers le Québec et l'Acadie. Ses créations s'inspirent de la vie courante et d'airs proches du folklore, ainsi que des traditions musicales telles la turlute, la gigue et le reel. Plusieurs de ses 300 chansons auraient été écrites sur des timbres, et nombre d'entre elles, pour des circonstances précises. De la centaine de ses textes conservés, les trois quarts demeurent accessibles grâce à ses nombreux enregistrements et repiquages. Le 21 février 1941, elle meurt dans un accident de voiture. Elle est reconnue comme la première chansonnière ayant pu vivre de son art. André Gagnon se rappellera d'elle dans *Les turluteries* (variations au piano inspirées de Bach et de 11 chansons de La Bolduc) et Jean-Paul Riopelle s'en inspire dans quelques tableaux. Charles Trenet l'évoque aussi avec sa chanson « Dans les rues de Québec » (1950), composée à partir de « Chez Gérard ».

Les chansons « Ça va venir découragez-vous pas » et « La chanson du bavard », enregistrées en 1930 et 1931, témoignent, d'une part, de l'humour de la chansonnière devant la crise économique et, d'autre part, des remous qu'elle provoque dans des milieux plus sophistiqués à propos de son niveau de langue.

CLAUDE LAFRANCE

De souche acadienne par ses grands-parents, Claude Lafrance naît à Arvida en 1948. À la fin de l'année 1967, il forme, avec Michel McLean, Les Karrik. Leur recherche musicale les range parmi les pionniers qui ont renouvelé et modernisé la chanson folklorique. Le groupe collabore avec Robert Charlebois pendant quelques mois et l'accompagne au cours de sa tournée de 1970. En décembre 1972, au terme d'une tournée canadienne et après deux microsillons, le groupe se sépare. Lafrance s'associe alors à Jacques Perron et à Louise Forestier jusqu'en juillet 1976, date à laquelle le trio offre son dernier spectacle au Patriote de Sainte-Agathe. Poursuivant la lignée folklorique entreprise avec Louise Forestier, Lafrance lance son premier disque solo en 1976.

GILBERT LANGEVIN

Gilbert Langevin voit le jour le 27 avril 1938, à La Doré, au lac Saint-Jean. Après avoir fréquenté trois collèges classiques, il obtient son baccalauréat (1960) à l'institut Le Guerrier, à

Montréal. Très tôt, il s'engage dans la vie artistique. Il présente ses poèmes et ses chansons en récital (1960) et se fait l'interprète d'au moins 80 auteurs à l'occasion de soirées publiques (1964-1976). Il devient chargé de cours à l'Université ouvrière de Montréal, crée le Mouvement fraternaliste et fonde les éditions Atys, où sont publiés, entre autres, Jacques Renaud, André Major et Marcel Bélanger. En 1966, il remporte le Prix Du Maurier pour « Un peu d'ombre au bord de la falaise » et en 1968, il participe aux *Poèmes et chants de la Résistance.* Il crée des chansons pour Pauline Julien et le groupe Offenbach et Dan Bigras met certains de ces textes en musique. Il continue à s'impliquer dans la vie culturelle québécoise en occupant le poste de directeur adjoint des éditions Parti pris et en œuvrant au sein de *Hobo Québec, Estuaire, Passe-Partout* et *Liberté* ainsi qu'aux *Cahiers fraternalistes,* qu'il fonde avec François Hertel. En 1978, il obtient le Prix du gouverneur général pour « Mon refuge est un volcan ». Il est aussi connu sous les pseudonymes de Carmen Avril, Daniel Darame, Alexandre Jarrault, Zero Legel et Carl Steinberg. Il publie régulièrement des recueils de poésie et représente un visage connu de la bohème montréalaise.

GEORGES LANGFORD

Georges Langford naît en 1948 à Pictou, en Nouvelle-Écosse. Il fait des études au collège des eudistes, à Bathurst, au Nouveau-Brunswick. En 1966, il ouvre quelques boîtes à chansons comme L'Astrid et Le Vieux quai, aux Îles-de-la-Madeleine, et commence ainsi sa carrière de chansonnier. En 1967, il ouvre encore deux autres établissements au même endroit et se produit à l'intérieur du circuit des boîtes à chansons du Québec. Il participe également au Festival acadien de Caraquet (1968), où il obtient beaucoup de succès. En 1969, il s'installe à Montréal. Le public peut l'entendre en première partie du spectacle de Louise Forestier à la Place des Arts (1974). En 1975, il représente le Québec au Festival de Spa en Belgique ; il y remporte le Prix de la meilleure chanson française et le Prix spécial de la ville. Langford est l'auteur de la chanson « Le dépaysé », rebaptisée « Le frigidaire ». Popularisée en 1971 surtout par Tex Lecor, cette pièce est traduite en au moins cinq langues.

JEAN LAPOINTE

Jean Lapointe naît en 1935 à Princeville. Dès 1950, il forme un groupe de variétés, les Québécairs, qui se produit à Québec et dans les environs. Après des débuts officiels à CHRC en 1952, Lapointe remporte, l'année suivante, le concours amateur du cabaret Casa Loma à Montréal. Sa rencontre avec Jérôme Lemay, avec qui il forme Les Jérolas (1955-1974), jalonne le début d'une période importante de sa carrière marquée au sceau de l'humour. Les deux comiques se produisent notamment au *Ed Sullivan Show* et à l'Olympia. Leur séparation, après dix-neuf ans, met fin à l'une des associations les plus prospères de l'industrie québécoise du spectacle. La carrière de Lapointe est ensuite profondément marquée par le rôle que lui confie Michel Brault dans son film *Les ordres* (1974). En solo, il fait paraître un premier microsillon et donne un premier spectacle, *Démaquillé* (1975), qui lui vaut le Prix Orange de la critique. Humoriste de premier plan, acteur, chanteur, auteur, compositeur et interprète, Lapointe s'entoure d'une solide équipe de collaborateurs, dont son ami Marcel Lefebvre. Par la suite, il donne au moins quatre séries de spectacles, *Un an déjà*

(1977), *Rire aux larmes* (1978), *La grande séance* (1979) et *Pour le fun* (1982), qui remporte le Félix du spectacle de l'année. Raymond Devos, son grand ami, le convainc de se produire à Bobino (1984) puis à l'Olympia (1985) de Paris. Lapointe poursuit parallèlement une carrière d'acteur ; la Canadian Film Awards lui décerne d'ailleurs le Prix du meilleur acteur de soutien dans *One man* (1977) de Robin Spry. Depuis 1982, il s'occupe activement de la fondation Jean Lapointe pour toxicomanes et alcooliques.

PLUME LATRAVERSE

Plume, né Michel, Latraverse voit le jour le 11 mai 1946 à Montréal. À la fin des années 1960, il forme, en collaboration avec Pierre Léger, dit Pierrot le fou, et Pierre Landry, dit le docteur Landry, le groupe la Sainte-Trinité. Il s'associe ensuite à Steve Faulkner (1972-1975). Le duo se produit pour la dernière fois à la *Chant'Août,* à Québec. Il entreprend alors une carrière solo (1976) et devient l'un des représentants les plus significatifs de la contre-culture québécoise. Au cours d'une tournée européenne (1979-1980), il présente un spectacle au Festival du printemps de Bourges et reçoit le Prix du premier ministre de France (Prix international de la jeune chanson) et le Prix pop-rock, accordé au meilleur parolier québécois. Il se produit avec Offenbach (1983), association qui donne le microsillon *À fond d' train.* Après s'être consacré à sa biographie filmée, *Ô rage électrique,* Plume présente son *Show d'À diable* (1984), où il fait ses adieux officiels mais non définitifs au monde de la scène. Il se consacre alors à la peinture et à l'écriture. Latraverse reçoit aussi le Prix de la chanson de Tokyo et le Prix Lenouël du disque le plus littéraire de l'année avec *Métamorphoses,* en 1982. Il publie la majorité de ses textes de chansons et fait également paraître un recueil de contes.

DANIEL LAVOIE

Daniel Lavoie naît à Dunrea, au Manitoba, le 17 mars 1949. Il gagne le concours de chansons à *Jeunesse oblige* (1967) et se joint au groupe Dieu de l'amour vous aime, où il joue du saxophone (1969). Il s'installe au Québec (1970) et chante dans les pianos-bars. À la sortie de son troisième microsillon, *Nirvana bleu* (1979), il se fait remarquer en France, où il tient la scène trois semaines au Petit Montparnasse de Paris. En 1981, après avoir effectué une tournée au Québec et en Ontario, il remporte, pour la deuxième année consécutive, le Félix de l'interprète de l'année au Gala de l'ADISQ. Sa pièce « Ils s'aiment », écrite en collaboration avec Daniel DeShaime et traduite en plusieurs langues, se vend à 4 000 exemplaires par jour en France. Au total, quelque 2 000 000 de copies seront vendues à travers le monde. Avec *Tension, attention,* il remporte quatre Félix (1984) et le Trophée du meilleur disque de la francophonie au Gala des victoires de la musique (1985). Il se produit à l'Olympia (1987) et au Stade olympique de Montréal (1988) dans le cadre d'une tournée d'Amnistie internationale, à laquelle il participe avec plusieurs autres vedettes. Il obtient trois Félix au Gala de l'ADISQ : celui du meilleur disque et de la meilleure chanson de l'année avec *Long courrier* et celui d'interprète masculin de l'année dans la catégorie auteur-compositeur. Tenté par le marché anglo-saxon, il enregistre au moins trois disques en anglais qui n'obtiendront jamais le succès escompté.

ROLAND LEBRUN

Roland Lebrun, aussi nommé le Soldat Lebrun, voit le jour le 10 octobre 1919 à Amqui, dans le comté de Matapédia, au sein d'une famille de musiciens avec qui il se produira en spectacle. Ces activités le stimulent à écrire lui-même paroles et musique afin de se présenter en solo dans les soirées. Enrôlé dans l'armée canadienne dès 1939, il est rattaché au camp de Valcartier. Il continue cependant à composer et réussit à interpréter ses pièces d'inspiration western, sur fond de guerre, à Québec, notamment à la salle Loyola et dans les banlieues. Ses nombreuses tournées le conduisent à travers le Québec où il connaît un immense succès. En plus d'animer des émissions à la radio de CHRC, il enregistre son premier disque, intitulé *L'adieu du soldat,* en 1942. Des années 1950 jusqu'à son décès, le 2 janvier 1980, il produira plus de 75 microsillons. La chanson « Au bord de la mer argentée », appelée plus communément « La mer argentée », présente un autre registre de l'auteur.

FÉLIX LECLERC

Félix Leclerc naît le 2 août 1914 à La Tuque, dans la Haute-Mauricie. Il grandit dans une famille de 11 enfants dont chaque membre joue d'un instrument et se trouve ainsi très tôt sensibilisé à la musique. En 1934, il est annonceur à la radio CHRC (Québec) et compose sa première chanson, intitulée « Notre sentier ». Il pratique divers métiers, puis redevient annonceur à CHLN de Trois-Rivières, en 1938. Il chante quelques-unes de ses chansons à la radio de Radio-Canada et participe à diverses émissions comme comédien et auteur. Avec Guy Maufette et Yves Vien, il fonde la troupe de théâtre VLM en 1948 et écrit quelques pièces qui sont jouées sans atteindre le succès escompté. Parmi ces pièces, *Le p'tit bonheur* comprend quelques chansons dont la critique souligne la qualité d'écriture. Sa carrière de chansonnier prend alors le pas sur celle de dramaturge. Jacques Canetti, impresario et directeur artistique des disques Philips, le remarque et l'invite à faire un tour de chant à l'ABC et sur la scène du Grand music-hall de Paris. Il y connaît un tel succès qu'il fait des tournées à travers la France et qu'il enregistre ses premiers disques. Le Grand Prix de l'Académie Charles-Cros lui est décerné pour sa chanson « Moi, mes souliers », en 1951, puis en 1973, pour l'ensemble de son œuvre. De retour au Québec en 1953, Leclerc effectue de nombreuses tournées en Amérique, où il se produit dans les grandes salles. Il enregistre une douzaine de 45 tours et de 78 tours, et quelque 19 microsillons avec la compagnie Philips. Cette dernière fait aussi paraître une édition de l'intégrale disco-graphique en France (1968) ; Fides publie le texte (1970) des 100 chansons qui se trouvent sur les 7 microsillons. Après 1970, les chansons de Leclerc deviennent plus engagées : l'artiste se prononce en faveur de la souveraineté du Québec. Il en ressort des chansons comme « L'alouette en colère », puis « Le tour de l'île ». Leclerc repart en Europe à 12 reprises et présente même ses chansons dans quelques pays du Moyen-Orient. Il reçoit les Prix Calixa-Lavallée (1975) et Denise-Pelletier (1977). Le diplôme d'honneur de la Conférence canadienne des arts (CCA) lui est remis en 1976 et le Mouvement national des Québécois lui consacre, en 1978, une « journée Félix Leclerc ». Le chansonnier remporte le Grand Prix de l'ADISQ en 1980. En 1985, Radio-Canada produit une émis-sion où ses plus belles chansons sont enregistrées. Leclerc est décoré Grand officier de l'Ordre national des Québécois, geste bientôt imité par le gouvernement canadien qui, lui, le fait membre de l'Ordre du Canada. Le 10 mars 1986, le Consulat général de France à Québec lui décerne la Légion d'honneur. Leclerc a écrit aussi des contes *Adagio, Andante* et *Allegro* qui, publiés dans les années 1940, connaissent un succès exceptionnel de publication. Comédien, Leclerc participe notamment au film *Les brûlés* et tourne un film à l'Île d'Orléans, où il s'installe définitivement au début des années 1970. Il y meurt le 8 août 1988, regretté dans toute la francophonie.

TEX LECOR

Paul Lecorre, dit Tex Lecor, naît le 10 juin 1933 dans le petit village de Saint-Michel de Wentworth. Il étudie pendant neuf ans à l'École supérieure de Lachute et pendant six ans à l'École des beaux-arts de Montréal. À la fin des années 1950, il commence à chanter dans ses propres boîtes à chansons de Montréal, La Poubelle et La Catastrophe, puis dans divers cabarets et boîtes à travers la province. Pendant les années 1960, il enregistre plusieurs microsillons chez London et Gamma. Sa production comprend des chansons de poésie et de fraîcheur (« Autant en emporte le vent », « Va goélette »), des chansons de ville (« Rue Sainte-Famille »), des chansons d'amour, des chansons qui ont encore un air de campagne, dont la langue crue annonce Plume Latraverse (« La grise », « Elle avait un trou », « Le grand Joe »). Après 1970, son tube « Le frigidaire », texte de Georges Langford, se voit traduit en au moins cinq langues. Lecor anime aussi plusieurs émissions de télévision (*Sous mon toit, Mon pays, mes chansons,* etc.) et figure comme acteur dans des publicités. C'est dans le domaine de la radio qu'il obtient de grands succès, principalement avec ses émissions du matin *Tex matinal* et *Les insolences d'un téléphone.* Peintre de talent, Lecor expose dans plusieurs galeries au Québec, au Canada et aux États-Unis.

MARCEL LEFEBVRE

Marcel Lefebvre naît le 26 octobre 1941 à Québec. Il fait ses débuts comme chansonnier et remporte la Palme du meilleur parolier au Festival du disque (1969). Il produit ensuite la majorité des succès de Marc Gélinas, dont la chanson « Un amour », qui mérite la Clef d'argent au concours la Clef d'or (1970). Il traduit des succès américains de l'anglais au français ; il travaille pour Ginette Reno et Donald Lautrec. Tout en enseignant la philosophie, il collabore avec François Cousineau pour les chansons destinées à Diane Dufresne. Avec quelques amis, Lefebvre fonde la maison de création Noéma. Il compose alors des *jingles* pour la télévision et l'Office national du film. Il reçoit de nombreux Coqs d'argent et de bronze, décernés par le Publicité Club (1970-1980). Dès 1976, il devient collaborateur de Jean Lapointe, s'associe par la suite avec Paul Baillargeon (1984). Il compose une comédie musicale pour les jeunes, *La course au bonheur,* qui met en vedette Jean-Pierre Ferland, Jean Lapointe, Albert Millaire, Ginette Reno et les Petits chanteurs du Mont-Royal. Pour la visite du pape Jean-Paul II, il compose la chanson « Une colombe », interprétée par Céline Dion, ce qui lui vaut les Félix de la chanson populaire de l'année et du 45 tours le plus vendu (1985). Il continue à écrire pour divers artistes, dont Roch Voisine.

ROBERT LÉGER

Robert Léger voit le jour le 28 janvier 1948 à Montréal. Il fréquente quelque temps la Faculté de musique de l'Université de Montréal. Avec le parolier Pierre Huet et le chanteur Michel Rivard, il forme, en 1973, le groupe Beau Dommage. S'ajoutent ensuite Marie Michèle et Réal Desrosiers. Au sein de cette formation, Léger, surnommé Pépé, s'occupe des claviers et de la flûte. En 1974, le groupe enregistre son premier disque, intitulé *Beau Dommage,* sur lequel Léger compose les succès « Tous les palmiers » et « Harmonie du soir à Châteauguay ». Au fil des ans, le groupe vend quelque 350 000 copies de ce microsillon éponyme. En 1975, la formation représente le Québec au Festival de Spa ; elle reçoit, en 1976, le Prix du secrétariat d'État du gouvernement français, qui couronne l'apport d'un groupe à la propagation du français dans le monde. À la fois parolier et musicien, Léger tend à s'orienter de plus en plus vers la composition. En 1977, le pianiste Michel Hinton remplace Léger au clavier sur scène, cependant, Léger continue de composer pour le groupe. Au cours de l'été 1977, il produit les premiers disques solos de Paul Piché et de

Michel Rivard, puis ceux de Sylvain Lelièvre et du trio Paul et Paul. Il compose la trame sonore de divers films et d'émissions pour enfants, continue aussi à composer pour de nombreux groupes et artistes. Il signe la musique de la comédie musicale *Pied de poule,* dans laquelle il travaille avec Louis Saïa et Marc Drouin.

ANDRÉ LEJEUNE

Né à Sainte-Anne-de-Bellevue en 1935, André Lajeunesse, connu sous le nom Lejeune, chante dès l'âge de 7 ans dans des églises et des salles paroissiales du Québec. Il présente ses premiers 45 tours et remporte rapidement un grand succès avec sa chanson « Prétends que tu es heureux » (1957). Il mérite le Grand Prix du disque canadien de CKAC avec « Une promesse » (1959), composée en collaboration avec Guy Godin. Il donne alors plusieurs spectacles dans des boîtes à chansons et fait la première partie des spectacles de Charles Aznavour au cours d'une courte tournée en Europe (1964). Il anime ensuite plusieurs émissions de radio et tient des chroniques

sur les loisirs pour des émissions de télévision
(1970-1980). Une compilation de ses plus grands
succès paraît en 1989.

SYLVAIN LELIÈVRE

Sylvain Lelièvre naît le 7 février 1943 à
Québec. Il obtient un Baccalauréat ès arts à
l'Externat classique Saint-Jean-Eudes et fréquente
par la suite la Faculté des lettres de l'Université
Laval (1963-1966). Il participe en tant qu'auteur-
compositeur au concours Chanson sur mesure,
organisé conjointement par la France, la Suisse, la
Belgique et le Canada, et remporte un prix pour sa
chanson « Après l'hiver », qu'interprète Aimé
Major (1962). Il mérite également une palme avec
« Amours anciennes », que chante Monique
Leyrac (1963). En 1971, le chansonnier fait graver
son premier disque. Tout en poursuivant une
démarche d'auteur-compositeur-interprète, il collabore avec plusieurs artistes, tant par l'écriture
(Daniel Lavoie, *Vue sur la mer,* 1986) et la
réalisation (Danièle Oderra, 1977) que par la composition musicale (*Les héros de mon enfance,*
comédie musicale de Michel Tremblay, 1976). Il
représente le Québec au Festival de la poésie aux

Champs-Élysées (1980). Il obtient, en 1983, la médaille Jacques-Blanchet, qui souligne l'importance et la qualité d'une œuvre au Québec. Cette même année, Lelièvre participe au Printemps de Bourges. Artiste invité au premier concert-bénéfice de l'Orchestre symphonique de Québec en 1985, il participe aussi, en 1988, au Festival d'Asilah (Maroc) et au Festival de la chanson québécoise à Saint-Malo (France). En 1994, l'ADISQ lui décerne le Félix de l'Auteur compositeur de l'année. Professeur de littérature au Cégep de Maisonneuve depuis 1968, Lelièvre est aussi l'auteur de divers recueils de poésie dont ses textes de chansons.

JEAN LELOUP

Né à Québec en 1961, Jean Leclerc, connu sous le nom de Jean Leloup, passe son enfance au Québec, au Togo et en Algérie. Après des études en littérature à l'Université Laval, il obtient, en 1983, le premier prix du Festival de la chanson de Granby dans la catégorie auteur-compositeur-interprète. Son interprétation de Ziggy, dans la deuxième version de l'opéra-rock *Starmania* de Michel Berger et Luc Plamondon, s'avère, pour lui comme pour bien d'autres, l'une des prestations charnières de sa carrière. En 1989, il enregistre son premier microsillon, *Menteur,* et participe aux Francofolies de Montréal. Il devient l'Espoir Coca-Cola aux Francofolies de La Rochelle en 1990. Leloup se produit au Festival d'été international de Québec en 1990, puis en 1991, où il mérite le Prix spécial du jury dans le cadre de la première édition du Prix international de la chanson francophone. Son œuvre se poursuit avec *L'amour est sans pitié* (1990), titre de son deuxième disque, qu'il signe avec son groupe de musiciens La sale affaire. Sa chanson « 1990 », qui tourne en dérision la guerre du Golfe, obtient un grand succès ici comme en France, où il donne quelques spectacles (1992), et s'entend jusque dans les discothèques new-yorkaises.

JÉRÔME LEMAY

Jérôme Lemay naît le 22 août 1933 à Béarn, en Ontario, au sein d'une famille nombreuse. Il suit des cours par correspondance pour perfectionner sa technique de guitare. Il se produit quelquefois dans les cabarets, où il interprète des chansons américaines. Son association avec le chanteur Jean Lapointe lui permet de parcourir les chemins de la gloire. Le duo, connu sous le nom des Jérolas, se produit dans plusieurs salles de spectacles, dans les boîtes à chansons et dans certaines émissions de télévision. Lemay et Lapointe se produisent au *Ed Sullivan Show,* sur le réseau américain, et à l'Olympia. Après dix-neuf ans de vie artistique commune, les Jérolas se séparent en 1974. Jérôme Lemay continue à écrire des chansons et fait paraître deux microsillons : *La deuxième partie de mon show* (1977) et *Sans arrêt* (1987). Sa célèbre chanson « Méo penché » a beaucoup amusé les auditoires de l'époque ; Pierre Bertrand la reprend sur son disque solo *Ciel variable.*

LAWRENCE LEPAGE

Lawrence Lepage est né à Rimouski. Chansonnier du monde rural, il est plus particulièrement marqué par le fleuve et la Gaspésie. Sa chanson la plus connue, « Mon vieux François », dénonce la dépossession terrienne, thème repris dans « Monsieur Marcoux ». Son disque *Enfin Lawrence Lepage* est présenté par Gilles Vigneault, qui reconnaît en lui un homme du pays au parler profond. En effet, Lepage s'inscrit dans la tradition populaire. Grâce à une subvention du ministère des Affaires culturelles du Québec, il commence officiellement sa carrière en France ; pour l'occasion, son violoneux Édouard Boucher l'accompagne. Les auditeurs canadiens-anglais tendent à le comparer à Léonard Cohen, tant pour sa voix que pour la nature de ses textes.

PIERRE LÉTOURNEAU

Né à Verdun le 11 août 1938, Pierre Létourneau, auteur-compositeur-interprète, commence sa carrière en interprétant des chansons de folklore et des pièces produites par Germain Gauthier. Il se met à écrire ses propres pièces en 1959. Il fait la première partie du spectacle de Claude Léveillée à l'Université de Montréal (1962), où il fait aussi ses études en arts. En 1964, il joue dans le téléroman *Rue de l'anse* et donne à guichets fermés un spectacle à la Comédie-Canadienne. Durant la saison 1964, il anime une émission de télévision hebdomadaire à Radio-Canada, *La boîte à chansons*. Il se produit en spectacle solo à la Comédie-Canadienne en 1965 et en 1967. Dans le cadre de l'Exposition universelle de 1967, il chante pendant une semaine au Pavillon de la jeunesse. Il effectue une tournée en Europe et donne quelques spectacles à Toronto en 1968. Il travaille en collaboration avec Stéphane Venne, qui écrit la musique de quelques-uns de ses textes, et avec le chef d'orchestre Paul de Margerie. Il est l'animateur de *Pulsions* (1977-1982), sur les ondes de Radio-Canada à Ottawa. En compagnie de Claude Léveillée et de Claude Gauthier, il entreprend en 1984 une tournée intitulée *Trois fois chantera* dans le but d'inciter le public à fréquenter les grandes salles populaires et de sensibiliser les jeunes à la chanson québécoise actuelle. Auteur de plus de 10 disques, Létourneau écrit aussi beaucoup de chansons à succès pour d'autres interprètes : Shirley Théroux, Luc Cousineau, Nicole Martin, Nanette Workman, Véronique Béliveau, Martine Chevrier, Renée Claude, Donald Lautrec, Michèle Richard et Robert Charlebois. Sa chanson « Les colombes », qu'interprète Pauline Julien, figure parmi les plus connues de son répertoire.

CLAUDE LÉVEILLÉE

Claude Léveillée naît le 16 octobre 1932 à Montréal. Déjà, à l'âge de 5 ans, il improvise au piano, mais n'acquiert alors aucune formation musicale. Il débute en 1955 dans la revue *Bleu et or* de l'Université de Montréal, où il étudie les sciences sociales pendant deux ans tout en étant comédien à Radio-Canada (1956). Annonceur à CJMS, il continue de composer des chansons. En 1959, avec quelques autres, il fonde le groupe Les Bozos. La même année, Édith Piaf lui demande de faire partie de son groupe de compositeurs. Il écrit pour elle « Boulevard du crime », « Ouragan », « La voix » (ballet), « Les vieux pianos ». En 1962, il remporte le Grand Prix du disque canadien de la radio de CKAC, puis le Grand Prix au Festival du disque (1966) dans la section auteur-compositeur-interprète. Il est le premier Québécois à se produire à la Place des Arts (1964) et à enregistrer un microsillon instrumental. Son disque *1 voix 2 pianos* (1967), fort mélancolique et influencé par le jazz, sous le charme de la voix de Nicole Perrier et du deuxième piano avec André Gagnon, connaît un grand succès. Léveillée est aussi l'un des premiers auteurs à écrire des comédies musicales. *Elle tournera la terre* (1967) est présentée à la Comédie-Canadienne de Paris en 1968. La même année, il fait une tournée de 26 récitals en URSS en compagnie d'André Gagnon. Léveillée représente le Canada au Festival de la chanson de Sopot (Pologne) de 1972 et continue à se produire un peu partout dans le monde. Avec Claude Gauthier et Pierre Létourneau, il participe à une tournée intitulée *Trois fois chantera* (1984), et œuvre ainsi à la sensibilisation du jeune public à la chanson québécoise. En 1985, il présente le spectacle *Tu t' rappelles Frédéric,* accompagné de son ami André Gagnon. Léveillée signe la musique de certaines pièces de Marcel Dubé *(Zone, Au retour des oies blanches, Un simple soldat).* En 1994, il enregistre *Mes années soixante.*

RAYMOND LÉVESQUE

Raymond Lévesque naît le 7 octobre 1928, à Montréal. Il étudie le piano avec Rodolphe Mathieu et l'art dramatique avec Jean-Louis Audet. À 15 ans, Lévesque écrit ses premières chansons ; en 1947, il interprète déjà ses compositions au poste CKAC à l'émission de Fernand Robidoux. Auteur-compositeur-interprète et comédien, Lévesque participe aussi, à titre de chanteur et d'animateur, à *Paulette et Raymond,* toujours à la radio (CHLP). Il anime également plusieurs autres émissions. En 1954, le chanteur part pour la France où, pendant cinq ans, il acquiert une solide expérience de cabaret. Eddie Constantine fait un enregistrement de sa chanson « Les trottoirs » en 1954 et Bourvil popularise « La Vénus à mimile ». Lévesque enregistre sa célèbre chanson « Quand les hommes vivront d'amour » en 1956. À son retour, vers 1958-1959, il obtient le rôle principal dans *Médée* de Marcel Dubé et joue dans plusieurs autres pièces du même auteur. À ce titre, il est chanteur-parodiste, notamment avec Serge Deyglun. Lévesque fonde Les Bozos avec Clémence DesRochers, Claude Léveillée, Hervé Brousseau et Jean-Pierre Ferland. Il chante au bar du Music-Hall, au Parlement et à L'Évêché. Il présente ses monologues et ses chansons à la Butte à Matthieu et se produit dans des salles de plus grande envergure. En 1968, il donne un spectacle solo à la Comédie-Canadienne. Lévesque met sur pied la troupe de théâtre la Jeune scène avec Guy Godin, Monique Miller et Robert Rivard. Il écrit encore des poèmes et d'autres livres. Lévesque figure dans les grands rassemblements politiques du Québec contemporain ; ses chansons portent d'ailleurs les marques de son engagement social. Il enregistre un dernier disque en 1977, *Le p'tit Québec de mon cœur,* et décide de mettre fin à sa carrière de chanteur. En 1980, il mérite le titre de Patriote de l'année, décerné par la Société Saint-Jean-Baptiste de Montréal ; l'ADISQ lui remet le trophée Témoignage. Pour souligner son apport à la chanson québécoise, la station de radio CIEL-MF crée un prix à son nom, CIEL/Raymond-Lévesque, et lui décerne la première bourse.

GASTON MANDEVILLE

Gaston Mandeville voit le jour à Drummondville en 1956. À 17 ans, il forme un trio avec un guitariste et une chanteuse. Il étudie la musique pendant cinq ans au cégep et à l'Université Laval et commence sa carrière au début des années 1970 avec François Camirand. Il participe à différents concours et rencontre Robert Turmel, bassiste et arrangeur pour Claude Dubois, avec qui il s'associe. Il enregistre ses deux premiers microsillons, intitulés *Mandeville* (1980, 1981), et connaît un certain succès. Il se produit alors en premières parties de spectacles, dont celui de

Daniel Lavoie (1984). Il publie trois disques en trois ans, ce qui contribue à le faire connaître sans le placer toutefois à l'avant-scène de la chanson québécoise. En 1989, il lance un microsillon, *Où sont passés les vrais rebelles ?*, dont se distingue la chanson éponyme.

MARJO

Marjolène Morin, dite Marjo, naît à Montréal le 2 août 1953. Elle commence sa carrière en 1976 comme choriste et interprète pour la revue musicale *Tout chaud* de François Guy. Elle devient chanteuse pour le groupe rock Corbeau, particulièrement actif de 1979 à 1983. Le départ du parolier Pierre Harel, en 1980, force Marjo à prendre la relève en écrivant ses propres chansons. Elle signe la majorité des textes d'*Illégal,* disque dont la chanson éponyme remporte un prix de la Société des droits d'exécution (SDE). Après le démembrement du groupe, en 1984, Marjo entreprend une carrière solo et joue dans les petites salles et les bars. Elle compose, en collaboration avec Yves Laferrière et Paule Baillargeon, « Touch me », mélodie principale du film de Léa Pool, *La femme de l'hôtel,* ce qui lui vaut un Génie en 1985. En 1986, elle enregistre *Celle qui va,* son premier disque solo, dont le poète Gilbert Langevin signe la pièce en titre. Le microsillon, qui se vend à près de 230 000 exemplaires et demeure plus de 85 semaines au palmarès, rapporte à la chanteuse quatre Félix (1987). Marjo participe au Printemps de Bourges et au Festival de La Rochelle en 1988, puis aux Francofolies en 1989. Son deuxième disque solo, *Tant qu'il y aura des enfants,* devient vite un disque d'or et mérite également quatre Félix (1991).

JACQUES MICHEL

Né le 25 juin 1941 en Abitibi, sous le nom Rodrigue, Jacques Michel fait partie de divers groupes (1957-1963) avant d'entreprendre une carrière solo. Il se fait d'abord remarquer avec sa chanson « Je bâtis ma maison » ; « Je retourne chez moi » remporte le trophée de la chanson du Festival du disque en 1965. Il devient de plus, à la même occasion, révélation de l'année. Il chante dans plusieurs salles de spectacles montréalaises ; sa chanson « À cause d'une fleur » lui vaut le Prix spécial du Festival du disque de Montréal (1969). Il reçoit également le Grand Prix du

Festival international de Spa en Belgique avec
« Amène-toi chez nous » (1970) et le premier
prix du Festival international de chanson populaire
avec « Un nouveau jour va se lever ». Par la
suite, il fonde sa propre maison de production et de
gérance, les Productions Rojamic. Son disque
Migration, dont la chanson éponyme grimpe au
troisième rang du palmarès, se vend à 50 000
exemplaires (1977). De nombreux artistes, tels
Ginette Reno, René Simard, Pauline Julien, Julie
Arel et Isabelle Pierre, interprètent ses chansons.

MONIQUE MIVILLE-DESCHÊNES

Monique Miville-Deschênes naît à Saint-
Jean-Port-Joli le 9 mai 1940. En 1956, elle gagne
à deux reprises le concours Saint-Georges Côté et
ses amateurs, à la télévision de Québec, et obtient
le titre de découverte de l'année. D'abord interprète,
elle présente dans le cadre de l'émission *Le sentier*
des chansons écrites par d'autres, mais finit par
jouer ses propres compositions. Elle fait la
tournée des boîtes à chansons (1960) à travers le
Québec, enregistre son premier disque (1962) et
participe aux parties chantées de plusieurs spectacles et de l'émission télévisée *Au pays de Neuve-*

France (1963). Au cours de cette même année, elle occupe la première partie du spectacle de Félix Leclerc au Théâtre national. Elle chante ses compositions au Port-Salut à Paris (avec Félix Leclerc en 1964) et au Théâtre des Trois Baudets. Avec les comédiens Yves Massicotte et Louis de Santis, elle crée une troupe de théâtre appelée Les Gesteux, écrit des scénarios et joue la comédie. La formation fait une tournée au Québec et en Ontario. L'artiste se rend en Belgique, où elle représente le Québec à Bruxelles au cours d'un Gala de la Communauté des programmes radiophoniques de langue française. Elle participe à l'événement Les jeunesses musicales du Canada (1968-1969), fait paraître un autre microsillon (1969) et se produit au Patriote en 1971. En 1973-1974, sa pièce *Une croix de chemin* est présentée dans les jardins de l'Oratoire Saint-Joseph à Montréal. Après la parution de son disque *Battus des vents* (1974), elle délaisse le monde du spectacle pour se consacrer à l'écriture dramatique, dans laquelle elle intègre des chansons.

MOUFFE

Claudine Monfette, mieux connue sous le nom de Mouffe, naît le 31 janvier 1947 à Montréal. Diplômée de l'École nationale de théâtre de Montréal, elle commence sa carrière avec Robert Charlebois, Yvon Deschamps et Louise Forestier dans l'*Osstidcho* de 1968. De 1965 à 1977, elle demeure dans l'ombre de Charlebois et compose pour lui les textes, entre autres, de « Madame Bertrand », « Urgence » et « Ordinaire ». Reprise par plusieurs artistes, cette dernière chanson mérite le premier prix au Festival de la chanson de Sopot (Pologne). Après sa collaboration avec Charlebois, Mouffe écrit pour de nombreuses femmes, notamment Joe Bocan, Louise Portal et Diane Tell. Depuis le début des années 1980, elle se consacre à la conception artistique et à la mise en scène de spectacles pour des artistes comme Renée Claude, Louise Forestier, André Gagnon, Mario Pelchat et Louise Portal, ce qui lui vaut, à deux reprises, le Félix de la meilleure mise en scène (1981, 1983). Mouffe poursuit en parallèle une carrière de comédienne.

MICHEL NORMANDEAU

Michel Normandeau voit le jour le 2 mars 1942 à Saint-Raymond-de-Portneuf. Journaliste à l'Université de Montréal, il s'associe à Louis Valois et à Serge Fiori, en 1973, pour former le groupe Harmonium. Normandeau s'occupe des voix, de la guitare et de l'accordéon. Le groupe joue d'abord dans différentes boîtes à chansons, telles Chez Dieu, L'Évêché, L'Iroquois et Le Patriote de Montréal. Devant plusieurs refus, il est contraint d'enregistrer son premier disque, *Harmonium* (1974), à la maison Quality de Toronto. Au trio original se joignent bientôt Pierre Daignault et Serge Locat (1974). Ce groupe élargi produit *La cinquième saison* en 1975. En moins de deux semaines, le microsillon se vend à plus de 15 000 exemplaires. Avant la parution de *L'Heptade,* d'importants remaniements surviennent. Normandeau quitte Harmonium au cours de l'année 1976 et deux nouveaux membres se joignent à l'ensemble, qui se sépare définitivement à la fin des années 1970. La réimpression, en 1987, des deux premiers disques d'Harmonium suscite la vente de 20 000 copies en trois semaines.

ROBERT PAQUETTE

Robert Paquette naît en 1949 à Sudbury, en Ontario. À l'âge de 17 ans, il forme un groupe de musique avec deux compagnons. Le trio participe au concours de l'émission *Jeunesse oblige* et se classe au deuxième rang. Auteur-compositeur-interprète et guitariste, Paquette signe un contrat avec Gilles Valiquette et les Productions Célestes pour l'enregistrement de son premier disque *Dépêche ton soleil* (1974). Quelques tournées contribuent à le faire connaître. Il participe à la Nuit sur l'étang de Sudbury, à la *Superfrancofête* (1974) et au Festival de Spa (Belgique) en 1978. Établi à Montréal, Paquette produit plusieurs microsillons qui reflètent, avec les années, l'image de la vie en ville.

GENEVIÈVE PARIS

Naturalisée canadienne, Geneviève Paris naît à Suresnes, en France, le 7 septembre 1956. De 13 à 17 ans, elle bénéficie de cours privés de guitare. Elle reçoit le premier prix du Conservatoire international de musique de Paris (1973). Elle effectue une première tournée professionnelle, à la fois comme guitariste et auteur-compositeur ; elle agit en première partie des spectacles de Maxime LeForestier, puis de Julien Clerc (1974). Son troisième disque, *Boulevard du crime,* paraît en 1983. Elle écrit en collaboration avec Pierre Huet, puis confie la partition musicale de certaines de ses chansons aux Québécois Michel Dion, Pierre Hébert, Jeff Fischer et Jimmy Tanaka. Elle se produit au Festival d'été, où elle reçoit un Prix spécial du jury *(ex œquo)* (1989). Influencée par le rock anglais et le blues, Paris est une guitariste virtuose, dont le style musical la rapproche de Joni Mitchell. *Miroirs* (1990), son plus récent microsillon, marque un changement important et relance sa carrière. Elle collabore à plusieurs reprises avec Julien Clerc, et, tout dernièrement, avec Jim Corcoran.

CLAUDE PÉLOQUIN

Claude Péloquin voit le jour le 26 août 1942 à Montréal. Il poursuit ses études classiques au collège Sainte-Marie, puis au collège Jean-de-Brébeuf, à Montréal, institution qu'il quitte peu avant l'obtention de son diplôme. Il voyage aux

États-Unis et consacre son temps à l'écriture. De retour à Montréal, Péloquin travaille en collaboration avec Robert Charlebois. En 1964, il fonde le groupe d'improvisation L'Horloge avec Serge Lemoyne, Jean Gauguet-Larouche et Sauvageau (pseudonyme d'Yves Hébert). Dans le cadre de l'Exposition universelle de 1967, il présente un spectacle-performance avec son groupe Le Zirmate. Au cours de la même période, il prépare des émissions de radio et une série de conférences portant sur la poésie. En 1969, le Festival du disque lui décerne le Prix Félix-Leclerc pour sa chanson « Lindberg ». Cette pièce, tout comme « CPR Blues », devient un grand succès et contribue à la consécration de son interprète, Robert Charlebois. Péloquin reçoit le Canadian Film Award de l'année 1970 pour son film *L'homme nouveau,* qu'il réalise avec Yves Landré. La phrase-choc, « Vous êtes pas écœurés de mourir bande de caves, c'est assez ! », que le sculpteur Jordi Bonet intègre au triptyque d'une murale érigée sur trois des murs du Grand théâtre de Québec au début des années 1970, le fait connaître. Péloquin publie de nombreux recueils de poésie et édite plusieurs livres de luxe. Sa participation à La nuit de la poésie (1970) n'est pas passée inaperçue.

JACQUES PERRON

Jacques Perron naît le 17 août 1948 à Montréal. Après avoir étudié le piano à l'école Vincent-d'Indy, il devient accompagnateur au Patriote. Il y fait la connaissance de Louise Forestier, ce qui marque profondément sa carrière. En 1968, il est invité par Robert Charlebois, Yvon Deschamps, Louise Forestier et Mouffe à se joindre à l'*Osstidcho*. Avec Pierre Ringuet (batterie), Richard Lasnier (guitare) et Guy Richer (basse), il forme l'éphémère groupe Vos voisins qui se disperse rapidement après l'échec du premier microsillon. L'approche sonore nouvelle de ce groupe annonce le son qu'empruntent, quelques années plus tard, les groupes Beau Dommage et Maneige. Vers 1973, Perron s'associe à Claude Lafrance et à Louise Forestier pour exploiter le répertoire folklorique québécois. Il compose pour Louise Forestier l'une des pièces maîtresses de son œuvre, « Pourquoi chanter ? ».

PIERRE PÉTEL

Pierre Pétel naît à Montréal le 21 avril 1920. Il étudie au collège Sainte-Marie (1941), à l'École du meuble (1954) et complète sa formation à l'École des beaux-arts de Montréal. Il pratique la peinture durant plusieurs années et expose ses œuvres à Montréal, New York, Ottawa et Québec. Par la suite, il travaille à l'Office national du film de 1944 à 1950, écrit la musique et les paroles de nombreuses chansons interprétées par divers artistes. La trame sonore de films produits par l'ONF, notamment *Les lumières de ma ville* (1950), utilise ses compositions. Pétel réalise une émission de variétés pour Radio-Canada (1952-1954) et fait de la publicité pour les agences Grant Advertising et Foster Advertising (1958). En 1963, il revient à Radio-Canada, devient chef des variétés et conseiller à la direction des programmes. Il écrit un recueil de poésie intitulé *Aie ! Aie ! Aie !* (1962) et réunit une trentaine de textes sous le titre *Il n'y a plus d'Indiens à Hochelaga* (1968).

MARIE PHILIPPE

Marie Hamel, dite Marie Philippe, naît le 3 juin 1952 à Cap-Rouge, près de Québec. Après des études en arts visuels, elle fait ses débuts dans le domaine de la chanson comme choriste pour Éva, puis pour Véronique Béliveau. Jean-Pierre Bonin collabore, tant pour les paroles que pour la musique, à la parution de son premier disque, *Marie Philippe* (1987). Elle effectue la première partie du spectacle de Daniel Lavoie à l'Olympia (1987), puis entreprend sa propre tournée (1988). Elle mérite le Prix CIEL/Raymond-Lévesque (1989) et publie un autre microsillon, intitulé *Marie Philippe II* (1990). Elle travaille aussi à son propre studio d'enregistrement et explore par l'ordinateur le domaine sonore. Elle intervient également à toutes les étapes de la production de ses disques et vidéoclips.

PAUL PICHÉ

Paul Piché naît à Montréal le 5 septembre 1953, dans un milieu ouvrier. Il obtient un Baccalauréat en anthropologie de l'Université de

Montréal. Lorsqu'il assure la première partie d'un spectacle de Beau Dommage, il marque le début de sa carrière. En 1977, il enregistre son premier disque, *À qui appartient le beau temps,* avec les musiciens de Beau Dommage et d'Octobre. Les ventes de ce microsillon se chiffrent à plus de 300 000 copies. En 1984, il met *Nouvelles d'Europe* sur le marché, disque pour lequel il obtient huit nominations, nombre record pour la course aux Félix du Gala de l'ADISQ en 1985. Il remporte finalement le Félix de la meilleure réalisation et du meilleur disque rock de l'année. Son album double *Paul Piché* (1986), un enregistrement public, permet de mesurer la distance qui sépare la première de ce spectacle où certaines pièces passent du folklore au rock. Son microsillon *Sur le chemin des incendies* (1989), qui renferme les succès « J'appelle », « Car je t'aime » et « Un château de sable », devient rapidement un disque d'or, comme les précédents. Piché n'hésite pas à manifester son engagement en participant à plusieurs spectacles à caractère politique. L'auteur fréquente également les manifestations en plein air, comme le Festival d'été de Québec, où il remporte le Prix du meilleur spectacle avec *Sur le chemin des incendies* (1990), présenté au Spectrum.

LUC PLAMONDON

Luc Plamondon voit le jour à Saint-Raymond-de-Portneuf le 2 mars 1942. Il s'inscrit en lettres et en théâtre à l'Université de Montréal, puis part étudier l'histoire de l'art à Paris (1965-1970). Il compose « Dans ma camaro », son premier succès, et d'autres chansons pour Steve Fiset, sur une musique d'André Gagnon. Mais c'est en écrivant pour Diane Dufresne, en collaboration avec François Cousineau, qu'il impose véritablement son style. Leur premier disque, *Tiens-toé ben j'arrive,* paraît en 1972. En 1975, Plamondon entreprend avec Michel Berger l'écriture de l'opéra-rock *Starmania,* qui sera monté tant en France (1979, 1989) qu'au Québec (1980, 1986), avant d'être traduit en anglais sous le titre de *Tycoon* (1992) et d'être présenté en Allemagne, en Russie et en Suisse. Le 30 octobre 1983, l'auteur-compositeur effectue une violente sortie au Gala de l'ADISQ en dénonçant l'exploitation des auteurs-compositeurs par l'industrie du disque. La même année, la Société des auteurs-compositeurs français lui décerne l'Oscar de la chanson française pour « Cœur de rocker », pièce interprétée par Julien Clerc. Plamondon est alors le président de la Société professionnelle des auteurs et des compositeurs du Québec (SPACQ). Il annonce en 1985 la création de la SODRAC, Société du droit de reproduction des auteurs, compositeurs et éditeurs du Québec. L'écrivain et cinéaste Jacques Godbout explore l'œuvre de Plamondon dans un livre paru en 1988. Plamondon devient chevalier de l'Ordre du Québec en 1990. Le parolier écrit pour plusieurs artistes, tant québécois que français. Il rédige le livret de *La légende de Jimmy* (1989), opéra-rock produit en France et qui y connaît un immense succès, puis au Québec, où il n'obtiendra pas la faveur escomptée. Kébec Disque enregistre, en 1985, 10 chansons et succès de Plamondon *(Profil),* interprétés par dix artistes différents ; on y retrouve notamment « J'ai rencontré l'homme de ma vie » (Diane Dufresne), « Ma mère chantait » (Fabienne Thibault) et « Cœur de rocker » (Julien Clerc). Plamondon remporte de nombreux prix et honneurs, écrit des chansons pour des artistes aussi divers que Robert Charlebois, Petula Clark, Johnny Hallyday, Catherine Lara, Céline Dion, Donald Lautrec, Nanette Workman ou Marie-Denise Pelletier. Il s'associe à Catherine Lara pour signer l'opéra-rock *Sand et les romantiques,* présenté à Paris à l'automne 1991.

LOUISE PORTAL

Louise Lapointe, dite Portal, naît le 12 mai 1950 à Arvida. À 18 ans, elle s'inscrit à l'École nationale de théâtre, à Montréal. Elle entreprend une carrière de comédienne et se fait connaître dans le rôle de Nicole Lajoie, dans le téléroman *La petite semaine* (1971), et dans quelques films dont *Taureau* (1973) et *Cordélia* (1979). Elle aborde la chanson en assurant la première partie du spectacle de Claude Landré au Patriote (1972). Elle tient également un rôle dans la comédie musicale *Madeleine de Verchères* à Eastman, au Québec (1975). Elle présente un spectacle avec des textes de son roman *Jeanne Janvier* (paru en 1981) à L'Imprévu et à La Polonaise de Montréal (1982). Jean-Pierre Bonin écrit alors ses textes musicaux. En 1983, elle représente le Canada au Festival de Spa en Belgique, où elle remporte le Prix de la presse internationale. En compagnie de Jean-Pierre Ferland, Nanette Workman et Marie-Claire Séguin, elle fait partie du spectacle *Du gramophone au laser,* qui deviendra l'objet d'une émission dans laquelle elle trace le portrait de la chanson québécoise des dernières années. De 1986 à 1989, elle retourne au cinéma et joue notamment dans le film de Denys Arcand, *Le déclin de l'empire américain*. Ce rôle lui vaut le Génie de la meilleure actrice de soutien de l'année en 1987.

GILLES RIVARD

Né en mars 1949 à Drummondville, Gilles Rivard apprend la musique en autodidacte. Il écrit « High but low » pour Offenbach, puis entreprend d'écrire, d'arranger et de produire son premier disque, *Impulsions* (1975). Son deuxième microsillon, *Gilles Rivard* (1977), réalisé avec la collaboration de Gilles Valiquette, connaît un certain succès avec « La tête en fête » (1979). Il organise par la suite un spectacle bénéfice au Théâtre Saint-Denis, dont les profits sont versés à l'organisme international Unicef. Il représente la francophonie canadienne au Festival de Spa en Belgique (1979). Il assure la première partie du spectacle de l'humoriste Pierre Labelle (1981) à la Butte à Matthieu de Val-David et poursuit son travail dans le monde du disque et de la scène jusqu'à sa mort, survenue en 1991.

MICHEL RIVARD

Michel Rivard naît à Montréal le 27 septembre 1951. En 1968, il fonde le groupe Casgrain. Au début des années 1970, il participe à quelques émissions et séries de télévision. En 1970, il participe à la formation de La Quenouille bleue, pour qui il interprète et écrit de la musique. En compagnie de Robert Léger, Pierre Huet, Pierre Bertrand, auxquels s'ajoutent subséquemment Marie Michèle et Réal Desrosiers, il forme, en 1972, le groupe Beau Dommage (jadis La Quenouille bleue), dont il constitue le principal chanteur. Il compose, en collaboration avec Pierre Huet et Robert Léger, « La complainte du phoque en Alaska » (1974), « Amène pas ta gang » (1974) et « Le blues d' la métropole » (1975). À la suite du démembrement du groupe en 1978, il entreprend une carrière solo. C'est en France qu'il lance son microsillon *Méfiez-vous du grand amour* (1977). En 1980, il reçoit le Félix du meilleur scripteur au Gala de l'ADISQ. Il fait aussi du théâtre au sein de la Ligue nationale d'improvisation, où il devient champion compteur et ensuite capitaine de l'équipe des rouges. Il côtoie toujours les milieux du théâtre et du cinéma, comme comédien ou musicien, et assure l'animation de soirées de remises de prix ou de variétés à la télévision. Son disque *Un trou dans les nuages,* lancé en 1987, lui vaut le Grand Prix et le Prix international Paul-Gilson de l'Académie Charles-Cros. Ce microsillon figure au palmarès des meilleurs vendeurs de l'année 1988. Rivard fait aussi paraître *De Longueuil à Berlin* (1979), *Sauvage* (1983), *Bonsoir, mon nom est Michel Rivard et voici mon album double* (1985). En 1988, il se produit au Convention Hall de Toronto. Consacré interprète masculin de 1988 au Gala de l'ADISQ, il remporte un deuxième Félix pour le spectacle de l'année. Comédien, musicien, auteur, compositeur et interprète, il collabore avec plusieurs artistes, dont Alain Lamontagne et Paul Piché.

MARCEL SABOURIN

Marcel Sabourin naît à Montréal le 25 mars 1935. Il est à la fois scénariste de films et de théâtre, poète et parolier. Il enseigne à l'École nationale de théâtre, où il fait la connaissance de Robert Charlebois, étudiant. En 1968, il prend une année sabbatique et s'installe quelques mois à Paris où il s'adonne à l'écriture de chansons.

Robert Charlebois le rejoint et écrit de la musique sur les textes de son ancien professeur. En 1979, Sabourin publie un livre intitulé *Chansons,* constitué de pièces mises en musique et interprétées par Robert Charlebois, Louise Forestier, Vos voisins et Michel Garneau. Sabourin est également comédien au cinéma, à la télévision et au théâtre. Sa prestation dans *J. A. Martin, photographe,* dont il écrit le scénario, constitue le grand rôle de sa carrière.

MARIE SAVARD

Marie Savard naît à Château-d'Eau, en banlieue de Québec, le 15 août 1936. Après des études classiques au collège Jésus-Marie de Sillery, elle s'inscrit en sciences sociales à l'Université Laval (1957-1958). Elle fait alors partie de la Troupe des Treize, dirigée par Gilles Vigneault. En compagnie de ce dernier, elle participe à la fondation de la Boîte à chansons de Québec en 1960, où elle fait ses débuts comme interprète. De retour à Montréal après un voyage de quelques mois en Europe, elle écrit pour la Société Radio-Canada (1963-1964) et pour l'ONF (1968). Elle compose les textes de trois émissions pour enfants, dont *Coquillages* et

Sortant de l'école. Elle enregistre, en mai 1965, un premier microsillon avec Michel Donato et Pierre Leduc. Elle se produit dans les boîtes à chansons : Le Bistrot (Québec), Le Patriote (Montréal), la Butte à Matthieu (Val-David). Vers la fin des années 1960, elle se consacre à l'écriture radiophonique. En 1969, elle rédige pour Radio-Canada l'œuvre *Bien à moi, Marquise,* le premier texte de la « féminitude », qui mérite, au moment de sa reprise en 1971, le Prix des échanges francophones. Son microsillon de 1981, *La folle du logis,* continue cette quête de l'identité féminine. À la suite des événements d'octobre 1970, elle édite *Québékiss,* ensemble de chansons politico-sociales engagées vendu sous le manteau. De 1972 à 1973, elle participe aux spectacles *Poèmes et chants de la résistance.* Cofondatrice des éditions de la Pleine lune (1975), elle écrit aussi des poèmes, des récits et des essais.

MARIE-CLAIRE SÉGUIN

Marie-Claire Séguin naît le 27 mars 1952 à Pointe-aux-Trembles, en banlieue de Montréal. À l'âge de 15 ans, elle forme un duo avec son jumeau Richard et commence à composer quelques chansons. Mais c'est en 1972 que Les Séguin lancent véritablement leur carrière : ils publient quelques disques, dont *Récolte de rêves* (1975), et effectuent plusieurs tournées à travers le Québec. Le duo se sépare en 1978 ; Marie-Claire entame alors la préparation de deux premiers disques solos intitulés *Marie-Claire Séguin* (1978) et (1979). Elle participe également, tout comme Louise Portal, Jean-Pierre Ferland et Nanette Workman, au spectacle *Du gramophone au laser* (1985) et publie un troisième microsillon solo, *Minuit et quart*. Hélène Pedneault et Daniel DeShaime aident à l'écriture de ses textes. L'artiste se produit dans plusieurs endroits au Québec et le public peut notamment l'entendre au Festival d'été de Québec. En 1990, elle présente un nouveau disque, *Une femme, une planète,* dont elle interprète les chansons en spectacle.

RICHARD SÉGUIN

Richard Séguin naît le 27 mars 1952 à Pointe-aux-Trembles. Dès son adolescence, il forme un duo avec sa jumelle Marie-Claire. Les Séguin chantent ensemble jusqu'en 1976 pour se séparer définitivement en 1978. Richard conçoit alors un disque avec Serge Fiori, intitulé *Fiori-Séguin,* qui leur vaut quelques trophées au Gala de l'ADISQ de 1979. Séguin représente le Canada au Festival de Spa de 1981 où il remporte (*ex æquo* avec Romain Didier) le Grand Prix de la chanson avec « Chanson pour durer toujours » ainsi que le Prix de la meilleure chanson inédite. Toujours en 1981, il gagne aussi le Prix Joe-Carlier pour la meilleure musique et remporte un prix au Festival mondial de la chanson française à Antibes (France). Il crée le microsillon *Trace et contraste* (1981) en collaboration avec Louky Bersianik, essayiste et poète québécoise. Il effectue une tournée avec sept musiciens, participe à la *Grande virée* et au Festival franco-ontarien, se produit en France, en Belgique et dans des *high schools* américains (1982). Séguin revient avec un nouveau disque, *Double vie* (1985), qui se vend à près de 50 000 exemplaires et qui lui mérite plusieurs Félix au Gala de l'ADISQ, dont celui de l'auteur de l'année, du meilleur disque rock et du meilleur compositeur rock. *Journée d'Amérique* (1988) obtient un grand succès avec sa chanson éponyme (écrite en collaboration avec Marc Chabot) et devient disque platine en 1989. À la fin de 1991,

Aux portes du matin connaît rapidement la faveur populaire : les ventes se chiffrent, après seulement un mois, à plus de 60 000 copies.

DIANE TELL

Diane Fortin, dite Diane Tell, naît à Québec le 24 décembre 1957 d'un père québécois et d'une mère américaine. Elle étudie au conservatoire de l'Université du Québec à Val-d'Or et apprend le violon, le solfège, puis la guitare sèche et électrique. Elle compose dès l'âge de 12 ans. Elle présente un spectacle à L'Évêché de l'Hôtel Nelson à Montréal (1977), aux lundis de la relève. Elle étudie au Cégep Saint-Laurent, à Montréal, où elle approfondit sa formation musicale. En 1977, elle produit un microsillon et connaît son premier succès. Elle s'installe ensuite à New York pendant une année. Au début de sa carrière, le public peut l'entendre en première partie des spectacles de Chris de Burgh, de John Mayal, de Mahogany Rush, de Rick Derringer et de Leo Sayer. Elle reçoit deux Félix à titre de révélation et d'auteur-compositeur-interprète de l'année pour sa chanson « Gilberto » (1980). L'année suivante, elle obtient les principaux honneurs du Gala de l'ADISQ en récoltant quatre Félix, dont un pour la chanson de l'année avec « Si j'étais un homme » (1981). Son microsillon *Le mauvais numéro* accède au titre de disque d'or ; *En flèche* se vend à plus de 100 000 copies. De plus, elle entreprend une tournée européenne (1981) et ses disques se distribuent à 70 000 copies. Elle reçoit le trophée des révélations au Midem, en France, avec *Chimères* (1982). « Manhattan monotone » (1984), très populaire en Europe, obtient le titre de la chanson la plus populaire au Québec. Elle reçoit le Victoire français du microsillon francophone de l'année 1986 pour *Faire à nouveau connaissance*.

FABIENNE THIBAULT

Fabienne Thibault naît le 17 juin 1952 à Montréal, de parents originaires de Charlevoix. Après une formation en chant de quelque 10 années, elle fréquente l'atelier de chansons de son cégep, dirigé par Sylvain Lelièvre. Elle fréquente l'Université de Montréal, où elle obtient un Baccalauréat en orthopédagogie, puis décide de faire carrière dans la chanson. Son interprétation des « Gens de mon pays » (Gilles Vigneault) et de « La vie d' factrie » (Clémence DesRochers) à

Granby (1972) lui vaut un premier prix en interprétation, ainsi qu'une invitation à la *Chant'Août* de 1975. Le Gala de l'ADISQ de 1979 la proclame découverte et interprète féminine de l'année. Une grande partie de sa renommée tient à sa participation à l'opéra-rock *Starmania* de Michel Berger et de Luc Plamondon, première version (1979), où elle interprète « Les uns contre les autres » et « La serveuse automate ». Elle remporte également le Félix du microsillon le plus populaire de l'année au Gala de l'ADISQ (1981). D'abord interprète, elle en vient peu à peu à interpréter ses propres compositions. Sa dernière production, *Fabienne Thibault : les plus belles chansons* (1992), rassemble sur deux disques ses plus grands succès.

OSCAR THIFFAULT

Oscar Thiffault naît le 6 avril 1912 à Montréal. Jean Narrache de la chanson, Thiffault donne vie et parole à la classe populaire. Après la mort de son père, le jeune homme de 18 ans part pour les Rapides blancs dans la Haute-Mauricie afin d'y gagner sa vie. Ses compagnons de travail lui racontent des histoires et des aventures qu'ils ont vécues. Il s'en inspire pour composer ses chansons. « Le Rapide blanc », surtout, étonne : non seulement la pièce se vend-elle à 500 000 copies, mais elle connaît la notoriété jusqu'en France. Très populaire et largement influencé par la tradition folklorique, le chanteur enregistre plus d'une trentaine de disques et effectue de nombreuses tournées au Québec et en Nouvelle-Angleterre. Certaines de ses chansons sont faites sur des timbres. Incapable de vivre exclusivement de son art, Thiffault retourne travailler dans les mines. Ce n'est que plus tard qu'il remonte sur la scène et reprend ses gigues et ses chansons. Serge Giguère lui consacre un documentaire intitulé *Oscar Thiffault, ah ! ouigne in hin in !*

SYLVIE TREMBLAY

Née le 30 juin 1953 à Kénogami, au Saguenay, Sylvie Tremblay apprend le ballet dès l'âge de 3 ans, puis le piano et le chant (1963). Elle étudie la musique au Cégep d'Alma et à l'Université de Montréal, puis complète sa formation à l'Université Laval, où elle obtient un Baccalauréat en éducation musicale. Elle reçoit le premier prix au concours organisé par CHOI-FM de Québec, dans la catégorie auteur-compositeur-interprète (1980).

Elle remporte le concours Propulsion CTF 1981 de Suisse pour sa chanson « Simple pathétik ». Elle enregistre son premier microsillon, *Ni bleu ni vert* (1983), effectue une tournée au Québec et en Ontario, participe au Printemps de Bourges. Son deuxième disque, *Parfum d'orage*, paraît en 1986. Sa performance, en 1984, au Festival de Spa (Belgique), lui vaut le Prix de la presse. En 1987, elle obtient le rôle principal dans l'opéra *Pour en finir une fois pour toutes avec Carmen,* de Robert Lepage. La station CIEL-FM lui attribue le Prix CIEL/Raymond-Lévesque en 1988. Elle compose et interprète la musique de nombreux vidéoclips et documentaires. Elle assure notamment les effets vocaux dans *Le rêve de voler,* d'Hélène Doyle, en plus de tenir un rôle dans *Les déménagements d'Estelle,* téléfilm produit pour Radio-Canada. Elle collabore régulièrement avec Marc Pérusse.

GUY TRÉPANIER

Né à Sainte-Anne-de-Porneuf en 1949, l'auteur-compositeur-interprète Guy Trépanier enregistre son premier microsillon en 1971. C'est au cours de cette décennie 1970-1979 où il fait paraître plusieurs disques, qu'il connaît le plus de succès en tant qu'interprète avec « Dis-moé donc », « Aimons-nous d'abord » et « 100 000 années-lumière ». Il travaille en collaboration avec plusieurs artistes comme Serge Fiori et Réal Desrosiers (Beau Dommage). En 1977, il est recherchiste pour l'émission *L'heure de pointe,* où il travaille avec Winston McQuade. Il commence alors à écrire des indicatifs musicaux pour la radio et la télévision. Il met sur pied sa propre maison de disques en 1984, le Groupe Concept Musique, et compose pour la publicité, pour le cinéma ou encore pour divers interprètes. Il se consacre de plus en plus à l'écriture et délaisse quelque peu sa carrière d'interprète. Il crée les indicatifs musicaux de la télésérie *Lance et compte,* de l'émission pour enfants *Le club des 100 watts* et la mélodie principale du film *La grenouille et la baleine.* Il fait un retour sur disque, après sept années d'absence, avec *On court, on court* (1985).

GILLES VALIQUETTE

Né à Montréal le 7 avril 1952, Gilles Valiquette étudie la guitare aux cégeps Lionel-Groulx et Saint-Laurent de 1967 à 1970. Il forme avec quelques amis le groupe Someone. D'abord guitariste de studio, il s'impose peu à peu comme auteur-compositeur-interprète, puis comme réalisateur. Il se joint au duo des Séguin en 1971, puis devient guitariste pour Jacques Michel, qui l'encourage à entreprendre une carrière solo. Il publie alors son premier disque, *Pas besoin de frapper pour entrer* (1972). Il se consacre ensuite à la composition de musique pour l'industrie de la télévision, du spectacle et du cinéma. La revue *Pop-Rock* le consacre meilleur guitariste de l'année en 1974 au Québec. Il participe au Festival de Spa en Belgique comme auteur-compositeur-interprète. Il s'associe à Pierre Bertrand, avec qui il donnera une série de spectacles au Transit, à Montréal, et au Festival d'été de Québec (1982). Au début de sa carrière (1972-1980), il réalise les premiers microsillons de Daniel Lavoie, de Jim et Bertrand, des Séguin. Valiquette se range parmi les pionniers, au Québec, de l'utilisation de l'informatique dans l'industrie musicale. Il dirige aujourd'hui un studio d'enregistrement, un magasin d'équipement spécialisé (Midi-Musique) et une école-laboratoire (Musi-Technique).

STÉPHANE VENNE

Auteur-compositeur-interprète, Stéphane Venne naît à Verdun le 2 juillet 1941. Fils de musiciens, il débute très tôt sa formation personnelle en piano. Il obtient un Baccalauréat ès arts au collège Sainte-Marie, puis une Licence en histoire et en lettres à l'Université de Montréal. Par la suite, Venne joue du piano et chante dans les boîtes à chansons de Montréal, travaille avec François Cousineau. Avec la collaboration de François Dompierre, il produit le disque *Il y eut un jour,* dont la chanson « Tu es noire », interprétée par Renée Claude, reçoit le Prix de la meilleure chanson de l'année accordé par le Festival du disque. L'auteur remporte encore le Prix du Concours de composition d'Expo 67 grâce à « Un jour, un jour », qui devient la mélodie principale de l'Exposition universelle de Montréal. Venne présente des spectacles avec Les Cyniques à la Comédie-Canadienne de Paris. Il crée des chansons à succès pour Emmanuelle, Pierre Lalonde, Margot Lefebvre, Tony Massarelli et Yolanda Lisi. Venne signe notamment la trame sonore des *Plouffe* de Gilles Carle. Il pratique à la fois les métiers d'auteur, de compositeur, d'arrangeur, de chef d'orchestre, d'éditeur et de producteur. Son œuvre comporte jusqu'à maintenant au moins 300 chansons.

GILLES VIGNEAULT

Gilles Vigneault naît à Natashquan, sur la Basse-Côte-Nord, le 13 octobre 1928. Il termine son cours classique à Rimouski en 1950 et obtient une Licence en lettres de l'Université Laval en 1953. Durant sept années, il exerce plusieurs métiers. Il dirige pendant quatre ans la Troupe des Treize (Université Laval). Il écrit des chansons pour plusieurs interprètes, dont Colette Renard, Les Compagnons de la chanson, Danielle Darieux, Gilbert Bécaud, Pierre Calvé et Claude Léveillée. En 1960, il participe à l'ouverture de la Boîte à chansons, que fonde Gérard Thibault à Québec, où différents artistes interprètent ses compositions. En août, il y chante lui-même sa première composition, « Jos Monferrand » (1958). Gaston Rochon travaille à l'arrangement musical de ses œuvres. Malgré sa voix éraillée, Vigneault conquiert vite le public de Québec, puis de Montréal. Ses premières chansons demeurent des classiques : « Le bout du monde » (1958), que fait connaître

Monique Leyrac, « Jos Hébert » (1959), « Petite gloire pauvre fortune » (1960), « Jack Monoloy » (1961), « Si les bateaux » (1962), etc. Vigneault gagne le Grand Prix du disque de CKAC en 1963, le deuxième prix à Sopot (Pologne) pour la chanson « Jack Monoloy ». L'année suivante, il remporte, au cours du même festival, le premier prix pour la chanson « Mon pays ». La même année, le Festival du disque lui décerne le Prix du meilleur chansonnier. Il obtient un trophée Méritas au Gala des artistes en 1966, ainsi que le Prix Calixa-Lavallée, décerné par la Société Saint-Jean-Baptiste de Montréal. Il se produit dans tout le Canada, en France, en Belgique et dans plusieurs pays d'Europe. En 1971, il produit sa propre étiquette, le Nordet. Il fonde également les Éditions de l'Arc, qui deviendront les Nouvelles Éditions de l'Arc, où paraissent recueils de poèmes et contes pour enfants. La maison d'édition publie l'intégrale de l'œuvre chansonnière de Vigneault, ainsi que celle de certains auteurs dont Sylvain Lelièvre. En 1993, il est fait membre de l'Ordre du Canada.

CLAUDE DUBOIS

BIBLIOGRAPHIE DES AUTEURS[*]

ARSENAULT, Angèle

ARSENAULT, Angèle, *Première,* Montréal, Leméac, 1975, 125 p.

BLANCHET, Jacques

BLANCHET, Jacques, *Tête heureuse,* Montréal, Leméac, 1971, 240 p.

BUTLER, Édith

BUTLER, Édith, *L'Acadie sans frontières,* Montréal, Leméac, 1977, 129 p.

---

[*] Pour la plupart des auteurs, on peut se reporter à « *Blow-up* » *des grands de la chanson au Québec* (Maillé, 1969), à *Chanson d'hier et d'aujourd'hui* (1968), à *La chanson québécoise. Miroir d'un peuple* (Normand, 1981), à *Chansonniers du Québec* (Larsen, 1964), au *Dictionnaire de la musique populaire au Québec 1955-1992* (Thérien et D'Amours, 1992) et à l'*Encyclopédie de la musique au Canada* (Kallmann et Potvin, 1993), dont la référence complète se trouve dans la bibliographie générale.

CALVÉ, Pierre

CALVÉ, Pierre, *Vivre en ce pays... ou ailleurs,* Montréal, Leméac, 1977, 135 p.

CHARLEBOIS, Robert

GAGNON, Claude, *Robert Charlebois déchiffré,* Montréal, Leméac, 1974, 233 p. ; Paris, Albin Michel, 1976, 191 p.

JULIEN, Jacques, *Robert Charlebois, l'enjeu d'« Ordinaire »,* Montréal, Triptyque, 1987, 199 p.

L'HERBIER, Benoît, *Charlebois, qui es-tu ?,* Montréal, Les Éditions de l'Homme, 1971, 163 p.

RIOUX, Lucien, *Robert Charlebois,* Paris, Seghers, 1973, 173 p.

Robert Charlebois. Dossier de presse, 1968-1979, Sherbrooke, Bibliothèque du Séminaire de Sherbrooke, 1981, [82] p.

DAUNAIS, Lionel

PAGÉ, Pierre, « Lionel Daunais. Le trio lyrique », dans *Le comique et l'humour à la radio québécoise. Aperçus historiques et textes choisis 1930-1970,* Montréal, Fides, 1979, vol. II, p. 353-355. (Avec la collaboration de Renée Legris.)

DESJARDINS, Richard

DESJARDINS, Richard, *Paroles de chansons,* Montréal, VLB éditeur, 1991, 118 p.

DESROCHERS, Clémence

CAMBRON, Micheline, « *Le monde sont drôles,* recueil de nouvelles et de monologues de Clémence DesRochers », dans *Dictionnaire des œuvres littéraires du Québec,* t. IV : *1960-1969,* Montréal, Fides, 1984, p. 589-590.

D'AMOURS, Réal, « Aimer Clémence ou se voir différent », dans *La chanson en question(s),* Montréal, Triptyque, 1985, p. 142-151.

DESROCHERS, Clémence, *Le monde sont drôles. Nouvelles,* suivies de *La ville depuis (lettres d'amour),* Montréal, Éditions Parti Pris, 1966, 131 p.

DESROCHERS, Clémence, *Sur un radeau d'enfant,* Montréal, Leméac, [1969], 199 p.

DESROCHERS, Clémence, *La grosse tête,* Montréal, Leméac, 1973, 139 p.

DESROCHERS, Clémence, *J'ai des p'tites nouvelles pour vous autres,* Montréal, L'Aurore, 1974, 83 p.

DESROCHERS, Clémence, *Le monde aime mieux...,* Montréal, Les Éditions de l'Homme, 1977, 228 p.

DESROCHERS, Clémence, *Les plus belles chansons de Clémence,* Mont St-Hilaire, Publications Chant de mon pays, 1983, 48 p.

DESROCHERS, Clémence, *J'haï écrire,* Laval, Éditions Trois, 1986, 117 p.

DESROCHERS, Clémence, *Tout Clémence,* t. I : *1957-1974,* Montréal, VLB éditeur, 1993, 380 p.

GAULIN, André, « *Sur un radeau d'enfant,* recueil de poésies et de chansons de Clémence DesRochers », dans *Dictionnaire des œuvres littéraires du Québec,* t. IV : *1960-1969,* Montréal, Fides, 1984, p. 841-842.

GAULIN, André, « Clémence DesRochers et l'imaginaire social de l'Estrie », dans *La chanson en question(s),* Montréal, Éditions Triptyque, 1985, p. 152-162.

NORMAND, Jacques, *Les nuits de Montréal,* Montréal, Les Éditions La Presse, 1974, [v. p. 112-113].

PEDNEAULT, Hélène, *Notre Clémence : tout l'humour du vrai monde,* Montréal, Les Éditions de l'Homme, 1989, 447 p.

DOR, Georges

D'AMOURS, Réal, « *Chante-pleure* et autres recueils de poésies de Georges Dor », dans *Dictionnaire des œuvres littéraires du Québec,* t. IV : *1960-1969,* Montréal, Fides, 1984, p. 141-142.

DOR, Georges, *Poèmes et chansons I,* Montréal, l'Hexagone, 1968, 71 p.

DOR, Georges, *Poèmes et chansons II,* Montréal, Leméac/l'Hexagone, 1971, 71 p.

DOR, Georges, *Poèmes et chansons III,* Montréal, Leméac/l'Hexagone, 1972, 69 p.

DOR, Georges, *Si tu savais...,* Montréal, Les Éditions de l'Homme, 1977, 158 p.

DOR, Georges, *Poèmes et chansons IV,* Montréal, Leméac/l'Hexagone, 1980, 71 p.

DOR, Georges, *Poèmes et chansons d'amour et d'autre chose,* Montréal, Bibliothèque québécoise, 1991, 173 p.

DUBOIS, Claude

DUBOIS, Claude, *Album,* Mont St-Hilaire, Publications Chant de mon pays, 1979, 40 p.

DUBOIS, Claude, *Fresque. Chansons,* Montréal, VLB éditeur, 1993, 217 p.

DUGAS, Germaine

DUGAS, Germaine, *Germaine Dugas chante.*
Chansons, Laval, Éditions Trois, 1991,
99 p.

DUGUAY, Raoul

DUGUAY, Raoul, *Musiques du Kébèk,* Montréal,
Éditions du Jour, 1971, 331 p.

DUGUAY, Raoul, *Lapokalipsô,* Montréal, Éditions
du Jour, 1971, 333 p.

DUGUAY, Raoul, *Chansons d'Ô,* Montréal,
l'Hexagone, 1981, 177 p.

DUGUAY, Raoul, et Christine L'HEUREUX, *Raoul
Duguay ou le poète à la voix d'Ô,* Montréal,
L'Aurore, 1979, 245 p.

FERLAND, Jean-Pierre

D'AMOURS, Réal, « *Chansons,* de Jean-Pierre
Ferland », dans *Dictionnaire des œuvres
littéraires du Québec,* t. IV : *1960-1969,*
Montréal, Fides, 1984, p. 138.

FERLAND, Jean-Pierre, *Chansons,* Montréal,
Leméac, 1969, 218 p.

FERLAND, Jean-Pierre, *Mes années d'école,*
Montréal, Les Éditions Jaune, 1993, 272 p.

FILION, Jean-Paul

FILION, Jean-Paul, *Chansons. Poèmes et la Grondeuse,* Montréal, Leméac/l'Hexagone, 1973, 87 p.

FRANCŒUR, Lucien

FRANCŒUR, Lucien, *Rock-Désir. Chansons,* Montréal, VLB éditeur, 1984, 189 p.

GAUTHIER, Claude

GAUTHIER, Claude, *Le plus beau voyage,* Montréal, Leméac, 1975, 169 p.

JULIEN, Pauline

CALVET, Louis-Jean, *Pauline Julien,* Paris, Seghers, 1974, 176 p.

RHÉAULT, Michel, *Les voies parallèles de Pauline Julien* suivi de *Trente-deux chansons,* Montréal, VLB éditeur, 1993, 166 p.

LA BOLDUC

BENOÎT, Réal, *La Bolduc : sa carrière fulgurante, sa vie courageuse, ses chansons canailles,* Montréal, Les Éditions de l'Homme, 1959, 125 p.

DAY, Pierre, *Une histoire de La Bolduc. Légendes et turlutes,* Montréal, VLB éditeur, 1991, 134 p.

GAULIN, André, « Chansons, de madame Édouard Bolduc (née Mary Travers) », dans *Dictionnaire des œuvres littéraires du Québec,* t. II : *1900-1939,* Montréal, Fides, 1980, p. 208-211.

GRIMALDI, Jean, Jacques CIMON et Philippe LAFRAMBOISE, « Tournées avec La Bolduc », dans *Jean Grimaldi présente,* Montréal, René Ferron Éditeur, 1973, p. 48-57.

LECLERC, Monique, « Les chansons de La Bolduc : manifestation de la culture populaire à Montréal (1928-1940) ». Thèse de maîtrise, Montréal, Université McGill, 1974.

LONERGAN, David, *La Bolduc. La vie de Mary Travers,* Gaspé et Ste-Cécile, Issac-Dion éditeur (en collaboration avec le Musée de la Gaspésie), 1992, 214 p.

LANGEVIN, Gilbert

CLERC, Isabelle, « Chansons et Poèmes », dans *Dictionnaire des œuvres littéraires du Québec,* t. V : *1970-1975,* Montréal, Fides, 1987, p. 132-133.

LANGEVIN, Gilbert, *Chansons et poèmes,* Montréal, Éditions Vert, blanc, rouge/Éditions québécoises, 1973, 78 p.

LANGEVIN, Gilbert, *Chansons et poèmes 2,* Montréal, Éditions Vert, blanc, rouge/Éditions québécoises, 1974, 76 p.

LANGFORD, Georges

LANGFORD, Georges, *Le premier voyageur. Poèmes et chansons,* Montréal, l'Hexagone, 1992, 191 p.

LATRAVERSE, Plume

LATRAVERSE, Plume, *Chansons pour toutes sortes de monde,* Montréal, VLB éditeur, 1990, 279 p.

PERRON, Gilles, « Sociocritique de l'œuvre poétique sonorisée de Plume Latraverse ». Mémoire de maîtrise, Québec, Université Laval, 1990, 114 f.

LECLERC, Félix

BÉRIMONT, Luc, *Félix Leclerc,* Paris, Seghers, 1964, 186 p.

BERTIN, Jacques, *Félix Leclerc. Le roi heureux,* Paris, Arléa, 1987, 315 p.

CHARLAND, Roland-Marie, et Jean-Noël SAMSON, *Félix Leclerc,* Montréal, Fides, 1967.

EN COLLABORATION, *Les adieux du Québec à Félix Leclerc,* Montréal, Les Presses laurentiennes, 1989, 165 p.

Félix Leclerc – 1914-1988. Bibliographie et dossier La Presse, Montréal, Services documentaires Multimédia inc., novembre 1988, 36 p.

GAULIN, André, « *Cent chansons* », dans *Dictionnaire des œuvres littéraires du Québec,* t. V : *1970-1975,* Montréal, Fides, 1987, p. 105-110.

GAULIN, André, « *Le tour de l'île* de Félix Leclerc », dans *Urgences,* n° 26 (décembre 1989), p. 47-55.

LECLERC, Félix, *Cent chansons,* Montréal, 1988, 255 p.

LE PENNEC, Jean-Claude, *L'univers poétique de Félix Leclerc,* Montréal, Fides, 1967, 267 p.

MES FICHES, « Numéro spécial sur Félix Leclerc », n° 393 (octobre 1964), 24 p.

PAROLES ET MUSIQUE, « Dossier Félix Leclerc », n° 38 (mars 1984).

QUÉBEC FRANÇAIS, « Dossier Félix Leclerc »,
nº 33 (mars 1979), p. 37-44.

SERMONTE, Jean-Paul, *Félix Leclerc. Roi, poète
et chanteur,* Monaco, Éditions du Rocher,
1989, 155 p.

SYLVAIN, Jean-Paul, et Andrée LECLERC, *Félix
Leclerc,* Montréal, Les Éditions de
l'Homme, 1968, 157 p.

LELIÈVRE, Sylvain

LELIÈVRE, Sylvain, *Entre écrire. Poèmes et
chansons 1962-1982,* Montréal, Nouvelles
Éditions de l'Arc, 1982, 252 p.

LELIÈVRE, Sylvain, *À mots découverts.
Chansons,* Montréal, VLB éditeur, 1994,
212 p.

LEPAGE, Lawrence

LEPAGE, Lawrence, *Entre la parole et les mots.
Poèmes et chansons,* Rimouski, Éditeq,
1991, 99 p.

LÉVEILLÉE, Claude

CLERC, Isabelle, « *L'étoile d'Amérique* », dans
Dictionnaire des œuvres littéraires du

Québec, t. V : *1970-1975,* Montréal, Fides, 1987, p. 323-324.

GUÉRARD, Daniel, *Claude Léveillée aux trapèzes des étoiles. Chansons et poèmes précédés d'un essai biographique,* Montréal, Les Éditions de l'Homme, 1990, 296 p.

LÉVEILLÉE, Claude, *L'étoile d'Amérique,* Montréal, Leméac, 1971, 195 p.

LÉVESQUE, Raymond

GAULIN, André, « *Quand les hommes vivront d'amour,* recueil de poésies de Raymond Lévesque », dans *Dictionnaire des œuvres littéraires du Québec,* t. IV : *1960-1969,* Montréal, Fides, 1984, p. 746-747.

LÉVESQUE, Raymond, *Au cabaret avec Raymond Lévesque, dix nouvelles chansons,* Montréal, Éd. Archambault, 1959, 23 p.

LÉVESQUE, Raymond, *Quand les hommes vivront d'amour,* Québec, Éditions de l'Arc, 1967, 144 p.

LÉVESQUE, Raymond, *Au fond du chaos,* Montréal, Éditions Parti Pris, 1971, 50 p.

LÉVESQUE, Raymond, *D'ailleurs et d'ici,* Montréal, Leméac, 1986, 203 p.

LÉVESQUE, Raymond, *Le p'tit Québec de mon cœur, chansons,* Montréal, VLB éditeur, 1990, 243 p.

MICHEL, Jacques

MICHEL, Jacques, *Jacques Michel,* Mont St-Hilaire, Publications Chant de mon pays, 1979, 36 p.

PAQUETTE, Robert

LAMOTHE, Maurice, « Chanson ontaroise et leadership culturel en milieu minoritaire : le cas de Robert Paquette », dans *En avant la chanson !,* Montréal, Triptyque, 1993, p. 209-218.

PLAMONDON, Luc

GODBOUT, Jacques, *Plamondon. Cœur de rocker,* Montréal, Les Éditions de l'Homme, 1988, 461 p.

SABOURIN, Marcel

SABOURIN, Marcel, *Marcel Sabourin. Chansons,* Montréal, VLB éditeur, 1979, 135 p.

SAVARD, Marie

SAVARD, Marie, *Poèmes et chansons,* Montréal, Triptyque, 1992, 96 p.

SÉGUIN, Marie-Claire et Richard

DOSTIE, Bruno *et al., Séguin. Textes,* Montréal, L'Aurore, 1977, 154 p.

THIFFAULT, Oscar

CHANSONS D'AUJOURD'HUI, « Ah ! Ouingue in hin in », vol. 11, nº 1 (mars 1988), p. 26.

VIGNEAULT, Gilles

BARBRY, François-Régis, *Gilles Vigneault passe l'hiver,* Paris, Le Centurion, 1978, 156 p.

FOURNIER, Roger, *Gilles Vigneault, mon ami,* Montréal, Les Éditions La Presse, 1972, 204 p.

GAGNÉ, Marc, *Propos de Gilles Vigneault,* Montréal, Nouvelles Éditions de l'Arc, 1974, 127 p.

GAGNÉ, Marc, *Gilles Vigneault ; bibliographie descriptive et critique,* Québec, Les Presses de l'Université Laval, 1977, 976 p.

GAULIN, André, « *Balises* et autres recueils de poésie de Gilles Vigneault », dans *Dictionnaire des œuvres littéraires du Québec*, t. IV : *1960-1969,* Montréal, Fides, 1984, p. 81-85.

GAULIN, André, « *Ce que je dis c'est en passant* et autres recueils de poésies de Gilles Vigneault », *Dictionnaire des œuvres littéraires du Québec*, t. V : *1970-1975,* Montréal, Fides, 1987, p. 114-116.

PULS, Hans, et Edmond JUNG, *La chanson française commentée,* Frankfurt am Main/ Berlin/München, Verlag Moritz Diesterweg, 1979, 127 p. [v. p. 90-99.]

RIOUX, Lucien, *Gilles Vigneault,* Paris, Seghers, 1969, 191 p.

ROBITAILLE, Aline, *Gilles Vigneault,* Montréal, l'Hexagone, 1968, p. 141-145.

SEGUIN, Fernand, *Le sel de la semaine raconte Gilles Vigneault,* Montréal, Éditions de l'Homme, 1969, 94 p.

SERMONTE, Jean-Paul, *Gilles Vigneault, le poète qui danse,* Monaco, Éditions du Rocher, 1991, 185 p.

SMITH, Donald, *Gilles Vigneault, conteur et poète,* Montréal, Québec/Amérique, 1984, 158 p.

VIGNEAULT, Gilles, *Pour une soirée de chansons,* Montréal, Éditions de l'Arc, 1965, 42 p.

VIGNEAULT, Gilles, *Les gens de mon pays,* Montréal, Éditions de l'Arc, 1967, 115 p.

VIGNEAULT, Gilles, *Les neufs couplets,* Montréal, Éditions de l'Arc, 1973, 78 p.

VIGNEAULT, Gilles, *Je vous entends rêver,* Montréal, Éditions de l'Arc, 1974, 74 p.

VIGNEAULT, Gilles, *Tenir Paroles,* Montréal, Nouvelles Éditions de l'Arc, 1983, vol. I : *1958-Chansons-1967,* 283 p. ; vol. II : *1968-Chansons-1983,* 279 p.

VIGNEAULT, Gilles, *Le grand cerf-volant. Poèmes, contes et chansons,* Montréal/Paris, Nouvelles Éditions de l'Arc/Éditions du Seuil, 1986, 245 p.

BIBLIOGRAPHIE GÉNÉRALE

ANONYME, *Découverte de la capitale : chansonnier,* Québec, Éditeur officiel du Québec, 1975, 22 p.

ANTMANN, William (Willy), *La musique au Québec,* Montréal, Les Éditions de L'Homme, 1976, 420 p.

ARCAND, François, *Guide du spectacle et du disque,* Québec, Ministère des Affaires culturelles, 1978, 334 p.

AUBÉ, Jacques, *Chanson et politique au Québec 1960-1980,* Montréal, Triptyque, 1990, 134 p.

BAILLARGEON, Richard, et Christian CÔTÉ, *Destination Ragou. Une histoire de la musique populaire au Québec,* Montréal, Triptyque, 1992, 179 p.

BEAULNE, Jean, *Comment devenir vedette,* Montréal, Presses Libres, 1970, 123 p.

BÉGIN, Denis, *La chanson québécoise,* Cap-de-la-Madeleine, Éditions du Réseau U, 1987, 354 p.

BERNARD, Monique, *Ceux de chez nous : auteurs-compositeurs,* Laval, Agence de presse artistique, 1969, 169 p.

BESSETTE, Émile, Réginald HAMEL et Laurent MAILHOT, *Répertoire pratique de littérature et de culture québécoises,* Montréal, Ministère des Affaires intergouvernementales du Québec, 1982, 64 p.

BRUNSCHWIG, Chantal, Louis-Jean CALVET et Jean-Claude KLEIN, *Cent ans de chanson française,* Paris, Éditions du Seuil, 1981, 447 p.

CAMBRON, Micheline, *Une société, un récit. Discours culturel au Québec (1967-1976),* Montréal, l'Hexagone, 1989, 201 p.

CARRIER, Maurice, et Monique VACHON, *Chansons politiques du Québec,* Montréal, Leméac, t. 1 : *1765-1833,* 363 p. ; t. 2 : *1834-1858,* 1979, 450 p.

CHANSON D'HIER ET D'AUJOURD'HUI, Québec, Département D'études Canadiennes, vol. I-II, 1968.

CHARPENTREAU, Jacques, Edmond DESROCHERS, Alcide DUPUIS, Michelle DUVAL, Jean GENEST, Germain LEMIEUX, Guy MAUFFETTE et Alain SYLVAIN, *La chanson française,* Montréal, Bellarmin, [1965], 137 p.

CORMIER, Normand, Ghislaine HOULE, Suzanne LAUZIER et Yvette TRÉPANIER, *La chanson au Québec 1965-1975,* Montréal, Ministère des Affaires culturelles, Bibliothèque nationale du Québec, 1975, 219 p.

CÔTÉ, Gérald, *Les 101 blues du Québec 1965-1985,* Montréal, Triptyque, 1992, 248 p.

DAIGNAULT, Yvon, « La chanson poétique » dans *Archives des lettres canadiennes,* t. IV : *La poésie canadienne-française,* Ottawa, Fides, 1969, 701 p.

ENCYCLOPÉDIE ARTISTIQUE. LE MONDE DU SPECTACLE, vol. V, Ville d'Anjou, Les Publications Éclair, 1976, 353 p.

ENCYCLOPÉDIE ARTISTIQUE TV HEBDO 74, Ville d'Anjou, Les Publications Éclair, 1973, 321 p.

ENCYCLOPÉDIE ARTISTIQUE TV HEBDO 75, Ville d'Anjou, Les Publications Éclair, 1975, 342 p.

FILION, Jean-Paul, « Des poèmes et des chansons pour mieux vivre », dans *Littérature du Québec,* Montréal, Déom, 1964, t. I, p. 195-201.

GAULIN, André, et Réal D'AMOURS, « Des paroles et des sons pour rire, danser, ou rêver », dans *Découvrir le Québec. Un guide culturel,* Québec, Les Publications Québec français, 1984, p. 46-54.

GIROUX, Robert (dir.), *Les airs de la chanson québécoise,* Montréal, Triptyque, 1984, 213 p.

GIROUX, Robert (dir.), *La chanson en question(s),* Montréal, Triptyque, 1985, 200 p.

GIROUX, Robert (dir.), *En avant la chanson !,* Montréal, Triptyque, 1993, 249 p.

GIROUX, Robert *et al., La chanson dans tous ses états,* Montréal, Triptyque, 1987, 210 p.

GIROUX, Robert, Constance HAVARD et Rock LAPALME, *Le guide de la chanson québécoise,* Montréal/Paris, Triptyque/Syros Alternative, 1991, 179 p.

GUIMOND, Pierre, « La chanson comme phénomène socio-culturel ». Thèse de doctorat, Montréal, Université de Montréal, 1968, VIII-281 f.

HÉBERT, Chantal, et Gérard THIBAULT, *La petite scène des grandes vedettes (1938-1978),* Sainte-Foy, Les Éditions spectaculaires enr., 542 p.

KALLMANN, Helmut, et Gilles POTVIN (dir.), *Encyclopédie de la musique au Canada,* Saint-Laurent, Fides, 1993, t. 1 : *A-F,* LV-1293 p. ;   t. 2 : *G-O,* 1309 p. ;   t. 3 : *P-Z,* 1205 p.

LABBÉ, Gabriel, *Les pionniers du disque québécois 1920-50,* Montréal, L'Aurore, 1977, 216 p.

LACHANCE, Denise, *La chanson. Un art, une industrie,* Québec, Ministère des Affaires culturelles, 1975, 45 p.

LAMOTHE, Maurice, *La chanson populaire ontaroise de 1979 à 1990 ; ses produits, sa pratique,* Montréal/Ottawa, Triptyque/Le Nordir, 1994, 391 p.

LARSEN, Christian, *Chansonniers du Québec,* Montréal, Beauchemin, 1964, 118 p.

LASALLE-LEDUC, Annette, *La vie musicale au Canada français,* Québec, Ministère des Affaires culturelles, 1964, 99 p.

LECLERC, Mario, et Robert MYRE, *Chansons et poèmes de la résistance,* Montréal, Éditions d'Orphée, 1969, 68 p.

LEGENDRE, Victor (compilateur), *La chanson, bibliographie,* Cap-Rouge, [s.é.], 1970, 35 f.

LEMIRE, Maurice (dir.), *Dictionnaire des œuvres littéraires du Québec,* t. II : *1900-1939,* Montréal, Fides, 1980, XCVI-1363 p.

LEMIRE, Maurice (dir.), *Dictionnaire des œuvres littéraires du Québec,* t. IV : *1960-1969,* Montréal, Fides, 1984, LXII-1123 p.

LEMIRE, Maurice (dir.), *Dictionnaire des œuvres littéraires du Québec,* t. V : *1970-1975,* Montréal, Fides, 1987, LXXXVII-1133 p.

L'HERBIER, Benoît, *La chanson québécoise des origines à nos jours,* Montréal, Les Éditions de l'Homme, 1974, 190 p.

LIBRE, Louis, *Québec chante l'indépendance,* Montréal, Éditions « La Québécoise », 1964, 32 p.

LINTEAU, Paul-André, René DUROCHER, Jean-Claude ROBERT et François RICARD, *Histoire du Québec contemporain,* t. II : *Le Québec depuis 1930,* Montréal, Boréal, 1993, 834 p.

MAILLÉ, Michèle, *« Blow-up » des grands de la chanson au Québec,* Montréal, Les Éditions de l'Homme, 1969, [s.p.].

MATTE, Michel, « Performance chantée et communication. La chanson comme dispositif ». Mémoire de maîtrise, Montréal, Université du Québec à Montréal, 1985, VII-129 f.

MILLIÈRE, Guy, *Québec : chant des possibles...,* Paris, Albin Michel, 1978, 191 p.

NORMAND, Jacques, *Les nuits de Montréal,* Montréal, Les Éditions La Presse, 1974, 190 p.

NORMAND, Pascal, *La chanson québécoise. Miroir d'un peuple,* Montréal, France-Amérique, 1981, 281 p.

PAGÉ, Pierre, *Le comique et l'humour à la radio québécoise. Aperçus historiques et textes choisis 1930-1970,* Montréal, Fides, 1979, vol. II, 736 p. (Avec la collaboration de Renée Legris.)

PULS, Hans, et Edmond JUNG, *La chanson française commentée,* Frankfurt am Main/ Berlin/München, Verlag Moritz Diesterweg, 1979, 127 p.

RAISNER, Albert, *L'aventure pop,* Montréal, Éditions du Jour, Paris, Robert Laffont, 1973, 300 p.

ROBIDOUX, Fernand, *Si ma chanson...,* Ottawa, Éditions populaires, 1974, 158 p.

ROY, Bruno, *Panorama de la chanson au Québec,* Montréal, Leméac, 1977, 169 p.

ROY, Bruno, *Et cette Amérique chante en Québécois,* Montréal, Leméac, 1978, 295 p.

ROY, Bruno, *Pouvoir chanter,* Montréal, VLB éditeur, 1991, 452 p.

ROY, François, *Dix ans de rock,* Montréal, La Petite Aurore, 1977, 131 p.

SAINT-AMOUR, Robert, « La chanson québécoise », dans René DIONNE (dir.), *Le*

Québécois et sa littérature, Sherbrooke et Paris, Éditions Naaman et l'Agence de Coopération Culturelle et Technique, 1984, p. 339-361.

TÉTU DE LABSADE, Françoise, *Le Québec, un pays, une culture,* Montréal, Boréal, 1990, 458 p.

THÉRIEN, Robert, et Isabelle D'AMOURS, *Dictionnaire de la musique populaire au Québec 1955-1992,* Québec, Institut québécois de recherche sur la culture, 1992, 580 p.

TREMBLAY-MATTE, Cécile, *La chanson écrite au féminin, de Madeleine de Verchères à Mitsou,* Montréal, Éditions Trois, 1990, 391 p.

VOYER, Pierre, *Le rock et le rôle,* Montréal, Leméac, 1981, 123 p.

MICHEL RIVARD

un
trou
dans
les
nuages

INDEX DES CHANSONS

Diane
Dufresne
Sur la même
longueur d'ondes

INDEX DES AUTEURS,
COMPOSITEURS, INTERPRÈTES

Séguin, Richard, 11, 333, 352, 399, 450, 470, 474, 537, 538
Sénéchal, Pierre, 362
Soldat Lebrun, 18, 26, 27, 499
St-Roch, Christian, 257

T

Tell, Diane, 278, 521, 540
Thibault, Fabienne, 179, 531, 541
Thiffault, Oscar, 56, 542
Travers-Bolduc, Mary-Rose-Anna (voir La Bolduc)
Tremblay, Sylvie, 11, 376, 410, 457, 543
Trépanier, Guy, 337, 544
Trio lyrique, 48, 456

V

Valiquette, Gilles, 297, 523, 533, 545
Venne, Stéphane, 192, 487, 512, 547
Vigneault, Gilles, 11, 14, 64, 65, 67, 68, 69, 93, 107, 116, 120, 139, 142, 144, 171, 186, 215, 322, 438, 448, 452, 472, 479, 487, 510, 541, 548

TABLE DES MATIÈRES

ACHEVÉ D'IMPRIMER
SUR LES PRESSES DES ATELIERS MARQUIS
MONTMAGNY (QUÉBEC)
EN NOVEMBRE 1995
POUR LE COMPTE DE NUIT BLANCHE ÉDITEUR